KB166857

대천마을을 공부하다

어울림의 기쁨을 아는 열두 명의 마을 사람들 이야기

일러두기

1. 이 책은 2021년, 문화체육관광부가 주최한 '디지털 생활사 아카이빙' 사업을 통해 이루어 졌던 인터뷰 작업에 토대를 두고 있다.

2. 상기 프로그램에서 8명을 인터뷰했다. 이후에 단행본 작업을 하면서 김정은, 데이지, 손유 진, 이귀원을 추가로 인터뷰했다.

3. 상기 프로그램의 인터뷰는 2021년 6월~11월에 진행되었다. 단행본에 추가된 네 명의 인터 뷰는 2021년 10월~2022년 2월에 이루어졌다. 2022년 2월~4월까지 12명 전원에 대한 보 완 인터뷰를 진행하였다.

4. 이 책에서 언급되는 단체, 시설, 상호의 명칭과 약칭은 다음과 같다.
부산 북구 공동육아 사회적 협동조합(공동육아조합), 초등 방과후학교 징검다리 놓는 아 이들(징검아), 쿵쿵어린이집, 맨발동무도서관(맨발동무), 대천천네트워크, 대천마을학교 (마을학교), 우리집밥, 마을밥상협동조합(마을밥상), 부산참빛학교(참빛학교), 강아지똥 책방(강아지똥), 복합문화공간 무사이(무사이), 제로웨이스트샵 지구숲(지구숲), 이너프 커피(이너프)

목차

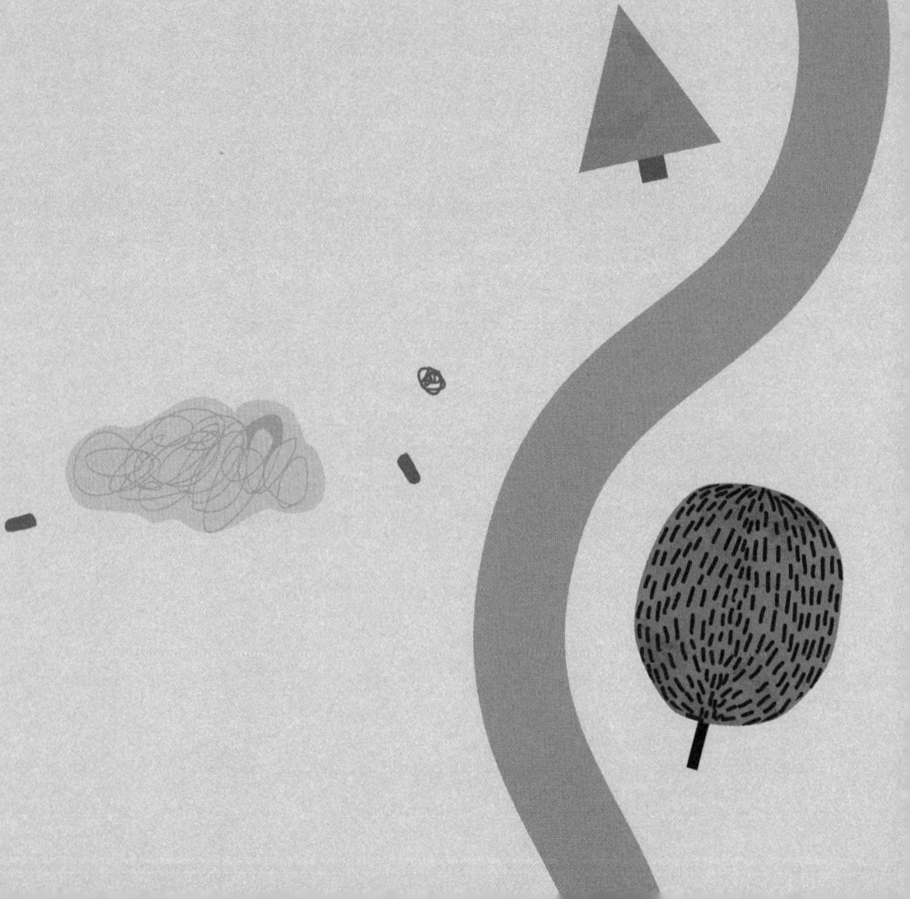

대천마을은 나의 유년이 시작된 곳이다. 이 동네에 아파트 단지가 들어서기 시작하던 무렵, 우리 다섯 식구가 이곳으로 이사를 왔다. 시간이 흐른 만큼 이곳의 풍경도 많이 달라졌지만 오랫동안 변함없는 것들도 있다. 집 근처의 산과 개천이 그렇다. 이곳에 사는 여느 사람들처럼 나 또한 대천천과 금정산의 품 아래서, 자연의 풍요로움을 한껏 누리며 살았다. 그러나 어릴 땐 잘 몰랐던 것 같다. 늘 그 자리를 지키고 있는 것들이 주는 충만함과 안정감을.

지금은 오래오래 머물고 싶은 이곳이 한때는 떠나고 싶은 곳이기도 했다. 버스 타고 서너 정류장을 더 가면 나오는 번화가로 이사 가는 건 우리 가족의 오랜 바람이었다. 가족이 다 함께 살기에 아파트는 비좁았고, 구석진 위치 탓에 교통은 불편했다. 늘 보는 얼굴들과 낯익은 장소들은 너무 익숙해서 좀 지겹게 느껴지기도 했다. 시간이 지나면서 함께 정을 나누었던 이웃들이 하나 둘 떠나갔다. 그걸 지켜보며 때론 쓸쓸함을, 더러는 조바심을 느끼기도 했던 것 같다.

하지만 언제부터인가 그런 생각이 바뀌었다. 우리 동네가 좋아지기 시작한 것이다. 번잡하지 않은 이곳만의 아늑함과 한적함이 좋았다. 도심에서 누릴 수 있는 산과 개천이 좋았고, 마을 사람들이 손수 만든 다양한 공간도 좋았다. 그 공간들을 통해 여러 사람들과 이어지며 내 삶이 더 풍요로워진다고 느꼈다. 어느새 동네 구석구석마다 내가 지나온 시간이 소중한 추억으로 스며들어 있었다. 이곳을 떠나고 싶어 했던 이유들이, 이제는 이곳에 계속 머무르고 싶은 이유가 되어 있었다. 신기한 일이었다.

무엇이 나로 하여금 '떠나고 싶었던 곳'을 '계속 살고 싶은 곳'으로 바꾸어놓은 것일까. 여러 이유가 있겠지만, 그중에서도 이 마을의 여러 공간(공동체)들과 만나고 연결되었던 경험을 빼놓을 수 없을 것 같다. 우리 동네의 특별한 점이라면, 여러 사람이 힘을 모아 꾸려가는 크고 작은 공간들이 마을 사람들의 생활 속에 나름 튼실하게 자리를 잡고 있다는 것이다. 그로부터 내가 이 마을에 더 깊은 소속감과 애정을 가질 수 있었다는 것을 뒤늦게야 깨달았다. 비로소 나는 그냥 여기에 사는 주민이 아니라, 그들과 더불어 사는 마을 사람의 하나라는 자각을 얻게 되었던 것이다. 그것은 내 삶에 있어 커다란 전환점이었다.

마을의 여러 공간 중에서도 가장 먼저 연이 닿은 곳은 맨발동무도서관이다. 십여 년 전 우연히 마을에 조그만 도서관이 있다는 걸 알게 되었다. 이용자로만 지내오다가 몇 년 전 상근 활동가로 근무할 기회가 주어졌다. 그 만남은 또 다른 만남들로 이어졌고, 그렇게 하나의 연결은 우연한 계기들 속에서 새로운 관계를 열어주었다. 이 공동체에 조금 더 깊숙이 들어와 보니 궁금한 것이 많아졌다. 대천마을 공동체가 어떻게 지금의 모습으로 성장하고 확장되어올 수 있었는지, 그 과정에 함께한 이들은 어떤 사람들인지 그들의 이야기가 궁금했다.

사람들과 인터뷰를 진행하면서, 지난 20여 년은 주민 자치를 통해 마을의 여러 공동체가 이 마을에 단단하게 뿌리를 내린 시간이었다는 걸 알게 되었다. 기꺼이 시간을 내어 나에게 이야기를 나누어주었던 그분들 모두는, 정성껏 씨앗을 뿌리고 그것을 가꾸어 마침내 살뜰하게 결실을 맺어온, 바로 그 뿌리내림의 장본인들이었다. 성별도 나이도 하는 일도 모두 다르지만, 그들에게서는 각각의 고유한 삶 속에서도 하나로 통하는 무엇이 있었다. 이 책은 바로 그 각각의 삶들이 모여서 이루어낸 공통의 무엇에 대한 이야기들이다. 마을에 대해서 알고 싶어서 시작한 대화였지만, 그것은 내가 단지 나인 것만이 아니라 우리라는 것을 느끼게 해준 공부의 시간이었던 것이다.

원고를 정리하며 지난 대화를 되새겨보니, 이분들은 순간순간의 삶을 충실하게 살아온 사람들이라는 생각이 들었다. 다만 자신이 사는 곳을 조금 더 낫게 만들어보고자 하는 마음으로, 할 수 있는 것들을 그저 열심히 실천해낸 사람들이었다. 자기가 키우는 아이들에게 좋은 것을 읽히고, 조금 더 건강한 음식을 먹이고, 다른 이들과 함께 어울릴 수 있는 사람으로 자라나게 하려는 그 당연한 마음이, 뜻을 같이하는 사람들의 선량한 의지들과 만나고 모여, 무언가를 이루어낸 것이다.

그러나 당연히도 그들의 이야기는 아름답고 감동적인 것들로만 채워져 있지는 않았다. 서로 다르게 느끼고 생각하는 사람들이 만나, 어긋나고 부딪혀 의도하지 않은 상처나 아픔을 남기기도 했다. 그런 과정을 거치며 그들은 알게 되었다. 함께 살아가기 위해서는 자기에 대한 공부가 절실하다는 것을. 우리 마을에 유독 공부 모임이 많은 이유가 그 때문인 줄을 이제야 알았다. 잘 살아가기 위해서는 끊임없이 배워야 하는 것이었다. 알고 보니 내가 만난 이들은 모두 공부하는 사람들이었고, 우리 마을은 그렇게 공부가 이루어지는 곳이었다. 사람이 살고 싶은 곳, 그런 마을을 만들어온 그들과의 대화를 통해 그 공부가 지금의 이 마을을 만들어왔고 또 만들어갈 것이라는 걸 알게 되었다. 그러고 보니 이 책도 그런 공부의 기록이라는 걸 알겠다.

그냥 그렇게 이루어진 시작

이귀원 * 대천마을학교 교장

부산 화명동의 대천마을에는 마을 주민들이 만들고 운영하는 다양한 공간이 존재한다. 이런 공간들이 생겨날 수 있었던 건 마을 안에 사람들이 모여 무언가를 도모하고 시도해 볼 수 있는 토대가 잘 마련되어 있었기 때문이다. 그 시작점엔 1999년도에 만들어진 '부산 북구 공동육아 사회적 협동조합'이 있다. 부산 덕천동에서 출발했던 공동육아 어린이집이 2003년 조합원들과 함께 부산 화명동으로 터전을 옮겨왔고, 그 조합원을 중심으로 모인 주민들이 다양한 마을 활동을 펼쳐나간 것이다. 그렇게 마을 도서관인 맨발동무가 문을 열었고, 초등 방과후학교와 대천마을학교가, 그리고 마을 밥집이 잇달아 문을 열었다. 그 토대 위에서 먹거리, 책방, 기록 협동조합이 생겨났고 마을 이웃이 운영하는 극장과 카페와 공방도 생겨났다. 이 공간들의 운영 주체는 각기 다르지만, 그 모두는 마을 안에서 느슨하게 또 때로는 촘촘하게 서로 이어져 있다.

대천마을 공동체는 여러 사람들의 노력과 정성이 모여 이루어진 것이지만, 그중에서도 특별히 주축이 되었던 분이라며 모두가 입을 모아서 지목한 분이 있다. 마을에서 '교장선생님'으로 불리는 이귀원 선생님이 바로 그 주인공이다. 도서관이든 마을학교든, 마을의 이곳저곳을 오가다 보면 어디서든 한 번쯤 선생님 이야기를 듣게 된다. 그렇게 한동안 그 이름에 대해 궁금해하고만 있다가, 언젠가 마을학교 명상 동아리에서 그분을 만난 적이 있었다는 사실을 뒤늦게 알게 됐다.

부산 북구 공동육아조합의 창립조합원이자 초대조합장을 지낸 이귀원 선생님은, 공동육아를 시작으로 마을의 여러 일들을 두루 맡아 오신 분이다. 방과후학교 졸업생들과 마을 사람들이 더 편안하게 보낼 수 있는 공간을 고민하다가 대천마을학교를 만드는 일에 앞장섰고, 그곳의 운영위원장이 되면서 사람들에게 교장선생님으로 불리기 시작했다. 임기 10년을 채운 후 공식적으로는 운영위원장직을 내려놨지만, 여전히 마을에서는 교장선생님으로 통한다. 이 밖에도 그는 마을의 대안학교 설립을 비롯해 화명동의 여러 단체가 연합해서 만든 대천천네트워크의 대표로, 또 마을밥상협동조합 이사장으로서 최선을 다해 활동해왔다. 우리 마을이 주민 자치의 공동체 문화를 나름 이렇게 단단하게 다질 수 있었던 것은, 성실하고 정성스러운 이분의 역할과 기여가 있었기 때문이다. 그것이 아마 사람들에게서 그의 이름이 또렷하게 기억되는 이유일 것이다.

사실 나는 처음부터 선생님을 만나 인터뷰를 할 생각을 하지는 못했다. 인터뷰를 준비하면서 나름대로 정한 기준이 현직에서 활동하는 분들의 이야기를 들어보자는 것이었는데, 그는 이미 일선에서 물러나 있었기 때문이다. 하지만 인터뷰를 할 때마다 그의 이름이 빠짐없이 언급되었고, 그때마다 호기심과 의문을 갖게 되었다. '도대체 어떤 분이기에 이렇게 여러 사람이 이야기를 하는 걸까?' 나는 결국 이분을 빼놓고는 대천마을 공동체를 이야기하기 어렵겠다는 생각에 이르렀다. 따지고 보면 그는 지금도 여전히 마을밥상 조합원이자 감사를 맡고 있고, 마을 일에 협력이 필요할 때면 발 벗고 나서서 돕고 있으니 일선에서 물러났다고만 할 수도 없었다. 오히려 지금이야말로 조금 거리를 두고 마을공동체를 만들어 나갔던 초창기의 이야기를 들어보기에 좋을 적당한 때가 아닌가, 하는 생각이 들었다. 그리고 이번 기회가 아니라면 언제 또 이분과 우리 마을에 관한 깊은 이야기를 나눌 수 있을지도 모를 일이었다. 이 작업은 우리 마을을 기록하는 일인 동시에 내가 사는 소중한 터전을 공부하는 일이기도 했으므로, 대천마을 공동체를 만들어 나갔던 그 초창기의 증언을 들을 수 있는 기회를 놓치고 싶지 않았다. 그렇게 뒤늦게나마 선생님께 인터뷰를 요청했다.

첫 인터뷰 때는 녹음기에 오류가 나는 바람에 3분의 2 정도 분량의 녹취 파일이 날아가는 낭패를 겪었다. 하필이면 그날 보조 녹음기를 사용하지 않았다가 그런 어이없는 일을 당하게 된 것

이다. 녹음기를 챙겨 복구센터에도 찾아가 봤지만 허사였다. 말
그대로 발을 동동 굴렀다. 같은 인터뷰를 다시 진행하기는 어려
울 테고, 추가 인터뷰로 충분히 만회가 되는지도 자신이 없었다.
아득한 마음이 컸지만, 그 또한 이 인터뷰의 운명이라는 생각으
로 마음을 다잡았다. 기억을 샅샅이 떠올리고 추가 인터뷰를 꼼
꼼하게 해서 원고의 빈틈을 메우고자 했다. 그 덕분에 두 번째 인
터뷰에서는 생각지 못했던 귀한 이야기들을 더 자세하게 들을
수 있었다. 이마저도 이 인터뷰에서 필요한 과정이었다는 생각
이 뒤늦게 들었다.

첫 인터뷰는 작년 10월 마을의 복합 문화 공간인 무사이 모임
방에서 이루어졌다. 선생님은 마을 일들에서 한 발 떨어져 지내
는 요즘, 그간 시간에 쫓겨 보지 못했던 전공 관련 도서를 보며
공부의 즐거움에 빠져 계신다고 했다. 여유가 생긴 덕에 근처에
사는 어머니도 자주 찾아뵙고 지내는 중이시라고. 간단한 근황
을 나눈 뒤, 우리의 이야기는 자연스럽게 부산 북구 공동육아조
합을 창립했던 1999년도로 거슬러 올라갔다.

호랑이 등에 올라탄 듯

'아이가 자주 나들이를 다닐 수 있다면 얼마나 좋을까?' 그가
첫 아이를 어린이집에 보내며 한 생각이다. 아이를 어린이집에

맡겼다가 하원 시간에 맞춰 다시 데리고 오는 그 문화가 조금은 아쉽다고 생각하던 차였다. 한 지인으로부터 몇몇 사람들이 부산 북구에서 공동육아어린이집을 만들어보려 한다는 소식을 들었다. 구체적인 내용을 알진 못했지만 아이를 자주 나들이에 데리고 간다는 점이 그의 마음을 끌었다. 그렇게 그를 포함해 뜻이 맞는 열한 가구가 모였다. 조합을 설립하기도 전에, 어린이집 문을 먼저 열면서 부모들의 공동육아가 시작되었다. 이름은 '쿵쿵어린이집.' 첫 아이가 네 살이던 1999년의 일이었다.

곧이어 조합이 만들어졌고, 그는 아내와 함께 부산 북구 공동육아협동조합의 창립조합원이 되었다. 가장 연장자라는 이유로 얼결에 조합장을 맡게 되었다. 이왕 하는 거 조합의 기틀을 잘 다져보자는 마음으로 1년간 최선을 다해 투신했다. 하지만 마을 일이라는 것이 계획했던 대로 무 자르듯 끊어지지는 않았다. 1년 단위로 바뀌는 조합장은 다른 사람들이 돌아가며 맡았지만, 창립조합원으로서 조합의 기초를 다지는 데에는 힘에 부치는 일이 적지 않았다. 그는 평소 예스맨이라 불릴 만큼 타고난 성품 탓에, 들어오는 제안들을 웬만해서는 잘 거부하지 못했다고 한다. 오죽하면 그가 가장 잘하는 말 중 하나가 "그래요"였다고. 그렇게 공동육아조합의 조합장, 대천천네트워크 대표, 대천마을학교 교장, 마을밥상조합의 이사장까지, 주어지는 일들을 마다하지 않고 하다 보니 어느새 이십여 년의 시간이 훌쩍 지나버렸다. 마을 활동에 투신했던 그때의 시간을 그는 '호랑이 등에 올라탄 것 같았다'는 표현으로 회고했다.

"처음엔 호랑이가 나를 데리고 어디로 가는지 모른 채 뛰어내리지도 못하고 그렇게 갔다는 거죠. 대천마을학교도 만들고 싶어서 만들었다기보다는, 이렇게 하지 않으면 뭔가 해결이 안 되니 일단 만들었던 거고, 그때 운영위원장 임기가 1년이어서 딱 1년만 하고 그만두어야겠다고 생각했지만 결국 10년을 해버린 거예요. 한 20년을 마을 일을 한 셈인데, 그러다 보니 연구자로서의 본업, 공부는 어느 순간 손을 놓게 되더라고요."

일은 계획과 다르게 흘러갔다. 하나가 끝나면 다른 일이 또 생겼고, 공동체 안으로 사람들이 모이다 보니 그때그때 필요한 일도 점점 늘어났다. 그래도 그 과정은 시간이 아깝지 않을 만큼 배우는 것도 많았고, 보람차고 재미있었다. '1년만 전념해보자'는 첫 마음과는 달리 오랜 기간 마을 활동을 이어올 수 있었던 이유도 바로 그 보람과 재미에 있었다.

"처음엔 억지로 맡은 것이지만 기왕 맡았으니 누가 이다음에 조합장을 하더라도 좀 수월하게 할 수 있도록, 딱 1년간 죽었다고 생각하고 투신해보자는 마음이었어요. 그런데 나도 모르게 점점 그 일들에 빨려 들어가게 되었어요. 말하자면 이 일도 일종의 창조인 셈이니까, 어린이집이라는 하나의 교육기관을 구현한다는 것에 재미를 느낀 거죠. 당시 부모들은 공동육아가 일반 어린이집이랑 무엇이 다른지도 잘 모르는 채 오는 경우가 많았습니다. 그분들이랑 함께 공동육아라고 하는 나름의 문화를 만들어 간 거예요. 그 속에서 대학 때 동아리 활동하듯이 사람을 사귀고 또 어울리고 하면서, 번듯한 육아공동체를 만들어 나가는 것이 참 보람 있고 즐거웠습니다."

하지만 재미와 보람만으로 이 일을 계속하기는 어려운 법. 그가 이렇게 긴 시간 마을 일에 투신할 수 있었던 데는, 정규적인 직장 생활에 얽매이지 않으면서도 또 생계를 책임져야 하는 가장으로서의 부담감이 비교적 덜했다는 그의 특별한 상황이 있었다.

"시간강사라는 건 아무래도 다른 직장에 비해 시간 내는 게 더 자유로운 편이니까요. 강의가 있는 날만 일이 있고, 논문을 쓰려고 하면 그렇지 않았겠지만 그걸 포기하면 시간은 얼마든지 낼 수 있었거든요. 또 제가 절박하게 집안 생계를 꾸려야 하는 건 아니었기 때문에 그런 면에서 제가 마을에서 여러 가지 일들을 맡기에 조건이 좋았던 거죠. 그러다 보니 사람들이 이런저런 제안이나 요구를 해왔을 때에도, 제가 비교적 큰 고민 없이 받아들일 수 있었던 것 같아요. 제가 정규적인 직장을 가지고 있거나 가족의 생계를 책임져야 하는 위치에 있었다면 결코 할 수 없는 일들이었죠."

이귀원 선생님은 당시 대학에서 학생들에게 역사를 가르치는 강사로 일하고 있었다. 하지만 마을에서 필요한 일들을 맡아서 하다 보니 어느 때부터인가 연구자로서의 정체성보다는 마을 활동가의 정체성이 더 큰 비중을 차지하게 되었다고 한다. 그렇지만 애초부터 마을 일을 하려던 생각은 아니었고, 그렇다고 뒤늦게나마 마을 활동가로서 살아가겠다는 뚜렷한 의지도 없었기에 본인으로서는 어중간한 처지였다고.

"돌이켜보면, 애당초부터 활동가로 살아보겠다는 마음을 먹고 했으면 괜찮지 않았을까 하는 생각은 해요. 마을공동체 활동가로서 전망을 세우고 입지를 만들고 그렇게 했으면 좋았을지도 모르는데 그런 생각은 또 아니었어요. 공부와 병행할 수 있을 줄 알았는데 하다 보니 점점 공부는 손을 놓게 된 거죠."

학생 운동과 출판문화 운동에 뛰어들다

어릴 적 그는 수줍음 많고 조용한 아이였다고 한다. 어른들로부터 유독 '암되다(남자가 성격이 소극적이며 수줍음을 잘 타는 데가 있다는 뜻)'라는 말을 많이 들었단다. 섬세하고 조용한 그 성격이 마을활동을 하며 사람들을 품고 이끄는 데에도 적지 않은 영향을 미치지 않았을까. 그와 공동육아조합부터 마을밥상조합 일을 함께해온 설정희 이사장님은 "이귀원 선생님이 아니었다면 우리 마을이 이렇게까지 단단한 공동체를 형성하진 못했을 것"이라 말했다. 한 사람이라도 놓지 않고 설득하는 과정, 의견이 다른 사람들의 이야기를 끝까지 들어주고 포용하는 그 품이 초창기 공동육아가 단단하게 자리 잡도록 만드는 데 큰 몫을 했다고 말이다. 그 역시 자신의 성격이 추진력이나 적극성 같은 고전적인 의미의 리더십과는 부합하지는 않는다고 했다. 하지만 사람들의 말을 잘 들어주고, 포용하고, 헌신하는 그런 측면에서는, 서로 다른 사람들의 뜻을 하나로 모아 일을 펼치는 데 나름대로 도움이 되었다고 말했다.

어린 시절에 그는 고물상, 역사학자, 서점 주인이 되고 싶었다고 한다. 언뜻 보면 서로 무관하고 어울리지 않은 것 같지만, 그 꿈들은 모두 작고 사소하고 오래된 것들을 향한 공통된 관심을 드러낸다. 자라면서부터는 책 보는 걸 좋아했다. 역사에 대한 관심 또한 책을 통해서 길렀다. 형이 고등학교에 입학하며 선물 받은 '세계·한국 인물 대사전'을 읽으며 자연스레 역사학자의 꿈을 키웠다고 한다. 역사학과로 진학을 하고, 각종의 세미나에도 적극적으로 참여하면서 여러 사회과학 책들을 읽어나갔다. 당시 국내에서는 이념적인 문제로 읽을 수 없었던 책들을 일본에서 들여와 읽는 풍토가 있었는데, 덕분에 그는 일본어 실력이 늘어 나중엔 직접 번역 작업을 맡기도 했다.

"언더 서클이라 하죠. 제가 그때 야학을 하고 있었고, 그 야학을 운영하는 학생 운동 서클에 들어 있었어요. 그 당시에는 사회과학 공부를 하려고 하면 일본 서적을 통해서 사회과학 학습을 해야 했어요. 그러니까 대학 1학년 들어가면 선배들이 일본 사회과학 서적을 읽게 하기 위해서 일본어 교육을 했어요. 문법 교육이죠. 대학 1학년 때 그렇게 일본어를 배웠는데 제가 워낙 일본어 습득을 빨리했어요. 그래서 그 이후로 제가 후배들 일본어 교육을 맡아서 하기도 했고요. 당시엔 일어과도 없던 시기였기 때문에 제가 일본어를 잘한다고 알려져 있어서 일본 사회과학 서적, 일본의 소설 그런 것들을 번역했죠."

대학 시절, 일본어 번역 일을 틈틈이 하던 그는 졸업 후 출판사에 취직해 2년간 근무하며 출판 운동을 하기도 했다. 그곳은 당시 부산에서 처음 생긴 사회과학 분야의 유일한 출판사였다.

"그때 당시에는 우리나라에 사회과학 서적들이 매우 적었어요. 학생 운동하는 사람들이 학습에 대한 욕구는 높은데, 그러한 욕구를 충족시켜줄 수 있는 서적들이 적었던 거죠. 그런 현실에 부응해서 사회과학 출판사들이 많이 생겨났어요. 당시 사회과학 서적의 상당수가 일본의 사회과학 서적을 가져와서 번역해서 출판하는 그런 형태여서, 저도 출판사에 일하며 그런 번역 작업을 했었어요."

그 시절 그는 여러 일본 책들을 번역했는데, 그 중엔 일본의 진보적인 문학가 코바야시 타키지의 작품도 포함되어 있었다. 지금은 그의 대표작 『게 공선 蟹工船』이 여러 번역본으로 나와 있을 만큼 널리 알려져 있지만, 그때는 그렇지 않았다. 그때의 인연으로 이후 그는 일본 학회로부터 초청을 받고, 한국판 선집 번역 작업을 함께하기도 했다.

"코바야시 타키지라고 하는 일본 프롤레타리아 문학가가 있어요. 그분 소설을 번역해서 당시 87년도에 출판을 했죠. 그로부터 한 30년 정도 지났나, 일본에서 연락이 왔어요. 일본에서는 좌파 문학가로서 대단히 이름이 높은 사람이었는데, 그분의 소설이 그때 일본에서 크게 다시 한번 붐이 일어난 거죠. 일본에선 당시에 한국에서 이분의 작품이 번역 출판되었다는 사실을 전혀 모른 채로, 코바야시의 작품이 한국어로 번역되기를 간절하게 원했고, 그런 접촉을 하고 있던 중에 이미 30년 전에 번역됐었다는 사실을 알게 된 겁니다. 그 계기로 저한테 연락이 왔고, 그 덕분에 일본에 두 번인가 초청돼서 다녀왔어요. 그분들은 코바야시의 책이 30년 전에 번역되었다는 사실도 몰랐지만, 그것이 당시 한국 민주화 운동의 과정 속에서 번역되어 나름의 영향을 미쳤다는 것에 감격을 한 것이지요."

학생 운동의 경험과 이후 출판문화 운동의 경력은, 그가 공동
육아조합원으로서 마을 운동을 펼쳐나가는 데도 적지 않은 영향
을 주었다. 이런 운동 정신이 부모가 된 후에는 보육 문화를 바꾸
는 활동으로 이어진 것이다.

공동육아협동조합원에서 마을 활동가로

그는 초창기의 공동육아를 민주화와 학생 운동의 경험을 공유
하고 있던 586세대의 육아 운동이라고 표현한다. 공동육아조합
이 안정적으로 뿌리내린 데는 이런 세대 특성의 영향도 있는 것
이다. 비슷한 시대 경험과 감수성을 공유한 조합원들은 서로 의
기투합하며 조합을 단단하게 만들어갔다. 사람과 사람이 긴밀하
게 엮이고 만나는 곳이라 갈등이 없을 수 없었지만, 그런 갈등조
차도 큰 문제가 되지 않을 만큼 초기 조합원들은 끈끈하고 깊은
관계로 발전했다. 나는 그에게 공동육아가 어떤 점에서 '운동'의
성격을 가지는 것인지 조금 더 자세한 설명을 부탁했다.

"공동육아가 심각한 사회 운동이거나 그런 건 아니에요. 사실 공동
육아를 운동이라고 생각하는 사람은 매우 소수의 사람들이죠. 운동

이라고 의식하든 안 하든, 어쨌든 공동육아에 들어와서 생활한다는 것 자체가 운동이라고 볼 수 있다는 겁니다. 부모들이 무언가를 바꾸겠다는 뚜렷한 목표 의식이 있었다기보다는, 공동육아에 참여하는 과정을 통해 보육 방식 그리고 마을의 변화가 자연스럽게 이루어졌다는 점에서 저는 그것이 하나의 운동이라고 생각하는 거죠."

공동육아조합은 마을의 오랜 전통문화를 보존하고 유지하는 일에도 앞장섰다. 대표적으로는 공동육아조합이 주축이 되어 꾸리는 '단오 축제'가 있다. 공동육아 터전이 덕천동에 있을 무렵인 2002년부터 진행한 어린이날 한마당이 이곳으로 옮겨오면서 '단오 한마당'으로 이름을 바꾸어 본격적인 마을 잔치를 시작하게 된 것이다. 2006년부터 다시 시작한 단오 한마당은 지금까지 이어지고 있다. 올해 역시 주민들이 꾸린 사물놀이패의 연주부터 전통 혼례식까지, 마을 안에서 많은 이들이 참여하여 성대한 잔치를 치렀다.

"그때 '어린이날 한마당'에서 '단오 한마당'으로 전환하길 잘했다고 생각하죠. 본래 전통적인 마을공동체에서는 단오가 최고의 마을 축제였거든요. 다른 행사들이 대체로 혈연에 바탕을 둔 거라면, 지역을 바탕으로 하는 명절 행사로는 단오가 최고의 마을 잔치였어요. 마을공동체를 지향한다고 하는 면에서 단오를 살리는 것이 공동육아

협동조합의 취지에 가장 부합하겠다는 생각도 있었고요. '쿵쿵'이나
'징검아'에서도 전통 놀이나 공동체 놀이가 주요한 교육이었기 때문
에 어린이집과 방과후학교에서 진행해 온 교육을 지역 사회와 공유
한다는 면에서도 단오 잔치가 가장 적합하겠다고 생각했어요."

조합원들은 이렇게 내 아이만 잘 키우는 일에 머무르지 않고
'마을과 어떻게 이어질 수 있을까'를 고민하며 새로운 보육 문화
를 만들어가기 위해 애썼다. 함께 힘을 합쳐 무언가를 만들어가
는 과정은 즐거운 만큼 고되기도 했다. 민주화를 경험한 세대지
만 일상에서 민주주의를 접해 본 경험은 적었기에, 자치로 조합
을 운영해가는 과정이 당연히 쉽지만은 않았다. 그러니 공동육
아는 이념으로 습득한 민주주의를 삶에서 실천하는 과정이기도
했다. 그의 말에 따르면 조합 내의 모든 결정은 '아래로부터' 이
루어진다. 조합원을 오래 지낸 사람이라고 그의 말에 더 권위가
부여되거나 권한이 주어지는 것은 아니다. 효율성과는 거리가
먼 이런 방식들이 지루하고 답답하게 여겨질지도 모르지만, 그
과정이야말로 자치의 중요한 덕목이라고 그는 말한다.

"조합원을 오래 한 사람일수록, 여기에 더 많은 시간을 쏟고 헌신해
온 사람일수록, 다른 사람보다 자신이 훨씬 더 합리적이고 바람직한
판단을 할 수 있다는 그런 우월 의식을 갖기가 쉬워요. 그런 생각을

항상 경계해야 하는 것 같아요. 내가 헌신할 때는 그런 생각을 잘 못해요. '내가 이렇게까지 깊이 생각하고, 이렇게까지 여기에 애쓰고 있는데 그걸 몰라줘?' 이런 생각들이 드니까요. 그러니까 내가 정말 헌신적일 때 오히려 나 스스로를 경계해야 하는 것 같아요."

이 과정에서 부모들 역시 민주적인 의사소통 방식을, 또 부모로서의 역할을 배워간다. 많은 이들이 공동육아가 부모를 함께 성장하게 만드는 곳이라고 말하는 이유다. 아이들이 자신을 친근한 친구처럼 대해주는 것도 공동육아의 영향일 것이라 생각한다며 그는 말을 이었다.

"어려서 받았던 유교적 엄격함, 대학 시절 받았던 이념적 사고나 행동. 이런 게 아이 양육에 영향을 미치는 건 불가피하죠. 제 성향이 어쩔 수 없이 아이들에게 영향을 미쳤겠지만, 그래도 공동육아를 한 탓에 그런 부분들이 많이 누그러졌다고 봐요. 아이들은 이제 저를 아주 편하고 가까운 친구처럼 대해주는데, 그럴 수 있었던 건 공동육아의 영향이 아닐까 생각해요. 아이들에게 지금은 거의 아무것도 바라지 않아요. 어떤 모습이 되어야 한다고 강요하는 것도 없고요."

그가 말하는 공동육아의 철학은 아이를 '도토리'로 보는 것이다. 끊임없이 아이 머릿속에서 무언가를 넣어줘야 한다는 생각으로부터 거리를 두고 아이에게 자유를 주는 것. 그것이 공동육아 교육이 지향하는 바이다.

"아이가 유년을 보내면서 그 시기의 삶을 충분히 누릴 수 있도록, 유년의 삶을 훼손하는 것들을 최대한 제거하려고 하는 그런 방향에서 교육이 이루어졌다고 생각해요."

공동육아어린이집은 부모가 주체적으로 교육기관을 운영하는 곳이기에 조합원으로서 적지 않은 노고가 요구된다. 이에 더해, 초창기 조합원의 역할은 더 다양했다. 어린이집을 꾸리는 일에 한참 에너지를 쏟고 나니, 졸업한 아이들이 초등 방과 후 시간을 보낼 장소에 대한 고민이 생긴 것이다. 그렇게 2004년, 협동조합 어린이집에서 한 발 나아가 방과후학교인 '징검다리 놓는 아이들'이 만들어졌다. 이곳은 어린이집을 졸업한 아이들이 하교 후 머무를 수 있는 교육 공간이었다.

방과후학교를 만들고 나니 또 다른 고민이 생겼다. 방과후학교를 졸업한 아이들이 안전하게 머무를 마을 공간이 필요해진 것이다. 아이들뿐 아니라 마을 주민들이 편하게 오가며 교류하고 배움을 나눌 수 있는 공간이 생기면 좋겠다고 생각했다. 그 고민으로 머리를 맞대어 탄생한 것이 '대천마을학교'이다. 그는 이곳의 운영위원장을 맡으며 자연스레 마을에서 '교장선생님'이라는 호칭으로 불리기 시작했다. 그 호칭에 저항해봤지만 사람들이 계속 부르다 보니 이젠 그러려니 한다고. 마을 주민들의 배움터이자 쉼터가 되기를 바라는 마음으로 문을 연 마을학교는 이제 이 마을의 교육문화 공간으로 단단히 자리매김했다.

마을학교가 생기고 얼마 뒤, 이번에는 마을밥집이 문을 열었다. 마을밥상협동조합원들이 만든 밥집이었다. 당시는 공동육아 협동조합부터 맨발동무도서관, 부산참빛학교, 대천마을학교 같은 교육문화공동체들이 착실하게 마을의 뿌리를 이루었고, 주민 환경단체인 대천천네트워크도 활발하게 활동하고 있는 상황이었다. 그는 여기서 한 걸음 더 나아가 경제공동체 사업들이 만들어져야 한다는 생각을 가지고 있었다.

"옛날에 전통사회 공동체라고 하면 여러 가지가 있겠지만 그중에도 두레가 공동체를 떠받치는 중요한 기둥이었잖습니까. 그걸 오늘날 그대로 재현할 수는 없지만, 어쨌든 경제 공동체를 만들어 나가는 것이 제 나름으로는 절실한 바람이었죠. 근데 그렇게 해서 조합이 만들어진 건 아니고, 처음에는 저의 이런 바람과 무관하게 마을에 밥집이 만들어지면 좋겠다는 논의들이 진행이 됐어요. 그 과정에서 논의를 하던 분들이 저에게 제안을 한 거죠. 협동조합 방식으로 한번 만들어보자고요. 그렇게 의견이 모아져서 마을밥상협동조합이 만들어졌고, 처음엔 마을밥집의 형태로 운영을 하게 된 겁니다. 지금은 밥집으로는 문을 닫고 공동구매 사업으로 전환해서 하고 있고요."

그때부터 마을밥상협동조합의 창립조합원으로 참여한 그는 지금까지 마을밥상의 살림을 함께 돌보고 있다. 대천마을학교 운영위원장으로 10년, 마을밥상협동조합 이사장으로 6년을 함께했다. 그 외에도 크고 작은 마을 일들을 꾸준히 맡아왔던 그는 20년 가까운 시간 동안 의도치 않게 마을 일을 하게 됐다. 한 번도 대가를 받고 일한 적은 없어서 누군가에겐 '사심 없는 행위'로 보일 수도 있겠지만, 그의 생각은 좀 달랐다. 그 역시 마을 일을 하는 과정에서 자신의 뜻대로 되지 않아 마음고생을 한 적이 있었고, 그 과정은 자신에게도 사심 아닌 사심이 있다는 걸 깨닫는 시간이었다고 한다.

"사람이 사심이 없긴 어렵죠, 어떤 형태로든. 그것이 금전적인 이익이나 권력, 명예 같은 것들이 아니라 하더라도 인간은 기본적으로 인정 욕구라고 하는 것을 버릴 수가 없어요. 그러니까 내가 아무리 희생적으로 일을 한다고 하더라도, 사람들에게 인정받고자 하는 욕망은 있는 거죠. 그런데 인정받는다는 건 곧 권력이거든요. 내가 그 권력을 얼마나 적극적으로 행사하느냐 안 하느냐의 차이는 있겠지만, 다수의 사람으로부터 받는 인정으로 나에게는 권력이 생기는 셈이에요. 아무리 작은 집단 내에서도 인정투쟁이 벌어지는 거죠. 그건 인간사회 속에서는 피할 수 없는 숙명입니다. 저 역시 상처를 크게 받고, 좌절하고(웃음) 그랬던 경험들이 있죠. 그런데 시간이 흐른 뒤에 '아, 그때 내 생각이 옳은 것이 아니었고, 다른 결정을 해 줬던 그분들이 옳았구나.'라는 걸 깨닫게 되더라는 거죠. 마을 일을 하다 보면 의사결정을 해야 하는 상황들이 자주 오는데, 그럴 때 내 생각을 사람들에게 관철시키고 싶어 합니다. 나에게 이것은 너무 절박하고, 중요한데 의사결정 과정에서 그것이 다수의 동의를 얻지 못하고 부결될 때, 그때는 상처랄까 이런 게 생기게 되죠. 상처가 생겼다는 건 내가 사심이 있었다는 얘기에요. 사심 없이 했으면 '아 그래? 그런가?' 하고 넘어가는 건데, 내가 그걸로 인해서 심각하게 상처 입었다는 얘기는 나에게 사심이 상당히 강하게 있었다는 거죠. 그 사심이라는 게 내가 뭔가 이익을 챙기겠다, 이런 건 아니지만 인정 욕구든 뭐든 있다는 거에요."

마을 일에 들인 시간과 애정이 길고 컸던 만큼, 그에게도 자신의 뜻대로 되지 않아 상심한 시간이 더러 있었다. 그 경험은 그로 하여금 공동체를 만들고 유지하는 과정에서 필요한 태도들을 익히게 만든 귀한 시간이었다. 어느 한 사람이 많은 역할을 떠맡는 구조는 건강한 조직으로 나아가기 어렵다는 것이 그가 깨달은 바였다.

"사실 헌신성을 발휘하게 된다는 건 좋은 건 아니에요. 그런 상황이 안 만들어지는 게 좋은 거죠. 스스로에게도 안 좋고 그 공동체에도 사실은 좋지 않은 거예요. 불가피하게 그것이 필요한 때가 있긴 하지만. '어떻게 하면 내가 헌신하지 않을 수 있을까' 그런 것들에 대해서 생각을 해야 됩니다. 또 어쩔 수 없이 발생하는 이견을 어떻게 받아들이느냐, 그러니까 나와 다른 타인의 생각에 대해서 얼마나 적극적으로 인정해주느냐. 하는 것들이 중요할 것 같아요. 내가 하는 생각이 옳은 생각이라는 것까지도 내려놓고 상대방을 적극적으로 인정해서 함께 가려고 하는 그런 것들이 공동체를 평화롭게 만드는 길이라고 생각합니다."

지난 시간을 돌아보면 함께한 사람들에게 고마운 기억도 많다.

"늘 고맙죠. 어쨌든 제가 제안을 했을 때, 그것이 마을학교가 되었든, 공동육아조합의 터전 이전이든, 마을밥상이든 그것들을 지지해줬으니까요. 이런 여러 상황에서 사실 냉소적일 수도 있잖아요. 너무 설친다거나 나댄다(웃음), 이렇게 받아들일 수도 있는데, 대부분의 사람들이 적극적으로 지지하고 지원해준 데 대해서 늘 고마웠죠. 마을학교 만들 때는 한 2천만 원 정도 기금을 모아야 했는데 마을 분들이 아낌없이 보태주셨어요. 그러저러한 지지와 마음들이 엄청 큰 힘이 되었지요. 돌아보면 마을 일에 뛰어든 데는 약간의 도피성도 있었던 것 같긴 해요. 제가 의식하지는 못했지만, 쉽지 않은 학문의 길에서 연구자로서 막막하고 어려운 그런 것들이 있었겠죠. 그렇다고 해서 지금 내가 후회하느냐면, 그렇지는 않아요. 개인적으로는 연구자로서의 삶보다는 마을 일을 하면서 살아온 게 더 보람 있었다고 생각해요. 그럼에도 불구하고 내가 연구자로서의 삶을 놓아버린 것에 대한 아쉬움은 어쩔 수가 없는 것 같아요. 그때 내가 다른 일에 에너지를 쓰지 않고 계속 연구를 밀고 나갔다면 어땠을까, 하는 생각을 해보게 되기도 하고요. 그건 누구나가 그렇겠죠. 그런데 이제 마을 일은 내가 뭔가를 더 할 수 있는 상황이 아니고, 또 내가 스스로를 마을 활동가로서 정립하면서 살아왔던 것도 아니고요. 물론 지금도 마을에서 이런저런 일들에 도움을 달라고 하면 조금씩은 하지만, 그 정도예요. 지금은 예전에 못다 했던 공부를 해보고 있어요. 시간적인 여유가 많지는 않습니다만 어쨌든 조금이라도 연구자로서 성과를 낼 수 있지 않을까, 그런 고민을 하면서 책을 보고 있습니다."

이제 그는 마을 활동에 대한 계획이나 전망보다는, 어떻게 나이 들어가며 잘 늙어갈 수 있을까에 대해 고민하는 시간이 늘어났다. 마을 사람들과 더불어서 같이 늙어갈 미래를 염두에 두고 삶을 계획 중이라고.

"특히 노인 되면 제일 큰 게 외로움이거든요. 우리 어머니를 보면 너무 외로워요. 너무 적적해. 예전에는 책도 보시고 글도 조금씩 쓰시고 했는데 지금은 아흔이 넘으셨으니 텔레비전 보는 것 외에는 할 일이 없어요. 친구였거나 친척이었던 사람들은 거의 돌아가셨거나 요양원에 계셔서 연락이 잘 닿지 않고, 거동이 불편하시니까 어딜 편히 돌아다니지도 못하시고, 거의 집안에서만 생활하시죠. 대가족 시절처럼 가족 구성원들하고 함께 생활하지도 못하고요. 어머니를 곁에서 지켜보니까 같이 늙어갈 사람들과 가까이 사는 게 필요하다는 생각을 해요. 그런 면에서 어쨌든 이 마을에서 흩어지지 않고 같이 늙어 가면 좋겠다고 생각해요. 일흔쯤 되면 저도 대동에 있는 공동주택에 들어가야지 하고 생각하고 있습니다. 사람 일은 또 모르는 거지만요."

마을공동체라는 울타리

"제가 어릴 때 마을이라고 하면 전통적인 마을공동체였죠. 고작해야 몇백 명 되는 그런 작은 마을인데, 아마 저희가 마을에서 성장한 경험을 가진 마지막 세대라고 생각돼요. 마을 아이들은 늘 모여 지냈고, 마을 형들 따라서 여기저기 돌아다니기도 했죠. 겨울이면 칡이 많은 곳에 같이 칡을 캐러 가고, 제일 재밌게 썰매 탈 수 있는 곳을 찾아서 썰매를 타고, 여름에는 어디 가면 신나게 물놀이를 할 수 있는지 아니까 그곳에 가서 놀고, 이렇게 마을 곳곳을 잘 알았던 것 같아요. 산딸기가 어디 가면 많이 나고, 돌배나무가 많은 곳은 어디이고, 이런 마을의 자연환경에 대해 잘 알았고 그런 것들을 어떻게 하면 잘 누리며 생활할 수 있는지에 대해서도 잘 알았죠. 마을의 놀이도 형들에게서 내게로, 또 동생들에게로 전달되면서 마을이 가지고 있는 놀이문화가 그대로 전승되었죠. 마을에 대한 여러 가지 이야기들을 듣기도 하고요. 마을에는 다양한 사람들이 있어요. 어른인데 백치에 가까운, 좀 모자란 사람은 똥장군을 메고 와서 변소를 치고, 농사짓는 사람한테 가서 농사 밭에 뿌리고 수고비를 받아서 그렇게 공동체의 일원으로 살아갔죠. 태권도 배우고 싶으면 애들끼리 '어디서 배우지?' '마을에 어떤 형이 태권도 잘해' 이러면 그 형한테 모여 가서 태권도도 배우고. 기타를 배우고 싶다 그러면 또 마을에 기타 잘 치는 형한테 가서 배우고. 그렇게 마을이 가지고 있는 교육 문화 환경이나 자연환경들을 최대한으로 누리며 자란 세대예요. 그러니 마을에 대한 뚜렷한 이미지가 있죠. 지금 저에게 마을이라고 하는 곳은 내게 힘이 되어줄 수 있는 이웃들이 사는 곳이고, 다양한 것들을 의논하고 시도해볼 수 있는 이웃과 함께 살아가는 곳이죠."

그에게 마을이란 다양한 사람들이 뒤섞여 살아가는 곳, 이야기와 놀이가 대대로 전승되는 곳, 곳곳에 배울 것과 먹을 것, 놀 것이 가득 차 있는 곳이었다. 유년에 경험한 마을의 이미지는 오랜 시간 자기 안의 일부이자 근원을 이루었다. 그가 경험한 마을의 문화를 도시에서는 더는 찾아보기 어렵지만, 그 경험을 간직한 사람들이 도시 속에서 복작복작 무언가를 만들어내며 그 문화를 이어가려는 시도는 계속되고 있다. 그런 시도들 덕분에 마을이라는 단어와 그 감각이 미흡하게나마 다음 세대로까지 이어질 수 있는 것이 아닐까. 도시 속에 형성된 마을공동체가 귀한 이유도 여기에 있을 것이다. 그리고 마을공동체라면 마을의 역사를 알고 전승하는 과정도 소홀히 할 수 없다. 자기가 사는 터전에 관심을 갖고 그것을 공부해나가는 것이 중요하다는 말이다.

"지금 우리가 경험하는 화명동은 불과 2~30년 전에 만들어진 동네죠. 그 2~30년에 관한 이야기, 그러니까 마을에 이런 교육문화공동체나 주민단체, 네트워크가 만들어진 이야기는 지금 우리 삶과 연결되니까 알 필요가 있다고 생각하는데, 그 이전의 이야기들은 지금 사람들과 무관하게 여겨지니까 아무래도 단절이 있을 수밖에 없죠. 그럼에도 알아야 한다면 지리적으로 같은 공간에서 이루어진 역사라는 점을 그 이유로 들 수 있겠네요. 마을이라는 자원을 활용해서 배움이 일어날 수 있다는 거죠. 내가 일상적으로 몸담고 사는 곳이 마을일 텐데, 그 마을을 통해서 세상을 공부할 수 있다고 생각합니다. '마을을 안다'라고 할 때, 그냥 보면 마을은 내가 누리는 하나의 외적인 환경일 뿐이지만 다르게 보면 대단히 풍부한 교육 자원이란 말이죠. 마을의 환경을 교육자원으로 만들어놓으면 그걸 필요로 하는 사람에게 전해지고, 그걸 통해서 끊임없이 배움이 일어날 수 있다고 봅니다. 그런 의미에서 마을이 가진 풍부한 교육자원을 충분히 활용할 수 있도록 이끌어 나가는 게 필요한 일이죠."

그는 지금 마을 일들에서는 한발 물러났지만 마을학교나 동네 초등학교에서 진행하는 '마을 알기' 프로그램과 같은 제안이 들어오면 흔쾌히 참여한다. '마을 알기' 프로그램처럼 우리 마을은 대천마을학교를 중심으로 마을에 대한 교육이 꾸준히 이루어지고 있는 곳이기도 하다. 지금 내 삶과는 조금 동떨어져 보이는 우리 동네의 역사를 알고 나면 신기하게도 내가 사는 이 마을에 더 애정이 생기곤 한다. 마을공동체의 한 일원이자 주민으로서 살아간다는 건 단순히 거주민으로서 산다는 것이 아니라, 마을과 교류하며 그 마을만의 고유한 문화를 함께 만들어가는 주역으로 살아가는 일이다. 그는 이 마을이 자라나는 아이들에게 무언가를 시도하고 실현해내며 삶을 일구어가는 토대가 되기를 바란다고 했다.

"우리 마을에서 자란 아이들이 청년이 되면서 다양한 일들을 할 건데, 그 가운데 몇몇은 또 마을에 남거나 마을로 돌아올 수도 있겠죠. 마을에서 뭔가 해보고 싶다고 할 때, 마을이 힘이 되어줄 수 있잖아요. '동글이' 남편처럼 마을에서 카페를 하고 싶어 하면 마을 사람들이 조금 더 관심을 갖고 도와줄 수 없을까 생각하게 되죠. 도서관에서 일하는 '데이지'처럼, 또는 징검아에서 일하는 '올챙이'처럼 어릴 때부터 이용하던 마을 도서관이나 자기가 다녔던 방과후학교에서 일하고 싶어, 라고 할 수도 있는 거고. 또 마을에서 창업을 하거나 새로운 일을 시도해볼 수도 있는 거고요. 그럴 때 마을에서 여러 아이디어나 정보를 제공하거나 고객으로서 적극적인 홍보를 할 수도 있지 않나. 마을에서 뭔가 모색하고자 한다면, 마을공동체가 함께해줄 수 있다, 하는 생각을 가지고 있죠."

다시, 마을로 돌아오다

데이지 ＊ 맨발동무도서관 청년 활동가

지금으로부터 17년 전 여름, 부산 화명동의 주민들은 십시일반 자금을 모아 어린이도서관을 만들었다. 가까운 곳에 공립 도서관이 없던 시절, 마을 사람 누구나 편히 드나들 수 있는 도서관이 있으면 좋겠다는 생각으로 마음과 정성을 모은 것이다. 누구든 편하게 벗은 발로 들어와 물 한 잔 시원하게 마시고 갈 수 있는 열린 공간이 되길 바라는 뜻을 담아, 권태응의 동시 '맨발동무'에서 그 이름을 땄다. 스무 평 남짓한 작은 공간에서 출발한 '어린이도서관 맨발동무'의 역사는 그렇게 시작되었다.

　도서관은 2005년 7월 17일에 개관한 이래로 지금까지 마을 주민들의 후원으로 운영되고 있으며, 후원 여부와 관계없이 누구나 자유롭게 이용 가능한 열린 공간으로 자리 잡았다. 마을 사람들이 보자기에 책을 싸 들고 긴 대열을 이뤄 함께 이사를 도왔던 2010년, 맨발동무는 대천천네트워크 건물 2층인 지금 이곳으로 자리를 옮겼다. 그때부터는 어린이 도서관이 아니라 아이와 어른 모두가 이용 가능한 사립 공공도서관으로서 더 많은 이용자와 만나고 있다.

나는 도서관이 이곳으로 이사 온 이후에야 비로소 맨발동무의
존재를 알게 되었는데, 우리 마을에 이렇게 근사하고 따뜻한 도
서관이 있다는 것에 놀랐던 기억이 지금까지도 선명하다. 이 동
네 주민으로서의 자부심이라면 집 근처에 맨발동무도서관이 있
다는 것을 가장 먼저 꼽을 만큼, 나는 언제나 이 도서관을 자랑스
러워했다. 그렇게 긴 시간 이용자로 지내오다 2020년부터 이곳
의 상근 활동가로 근무하게 되었다. 이용자에서 자원 활동가, 동
아리원을 거쳐 도서관 운영위원이 된 것이다. 근무 기간은 1년이
채 되지 않았지만 그 경험은 생각 이상으로 내 삶에 큰 영향을 미
쳤다. 이용자로 지낼 때와는 사뭇 다른 맥락 속에서 사람들과 새
로운 관계를 맺다 보니, 내 삶 또한 새롭게 구성된다는 느낌을 받
았다.

우선 도서관을 오가며 익숙하게 봐왔던 활동가들과는 직장 동
료로서 관계가 재설정되었고, 도서관 동아리 모임을 통해 오랜
시간 친분을 유지해 온 활동가들과도 더 가까워졌다. 그중에서
도 가장 친밀해진 사람은 '나눔자리'를 함께 지키던 '데이지'였
다. 도서 대출과 반납, 서가 정리를 비롯해 이용자들의 여러 문의
에 응대하는 자리가 도서관 나눔자리다. 나는 이곳에서, 내가 들
어오기 전까지 도서관의 막내 활동가로서 이용자서비스 업무를
도맡았던 데이지로부터 여러 업무를 배우게 되었다. 데이지가
내 사수였던 셈이다.

데이지와는 도서관 내 같은 동아리에 참여하기도 하고 함께 식사를 한 적도 있었지만, 정작 말문을 트고 가까워질 계기는 없어서 데면데면한 사이였다. 내가 데이지에 대해 알고 있었던 것은 그가 도서관 초대 관장님의 딸이라는 것과, 대안학교를 졸업한 뒤에 엄마의 일터였던 이 도서관에서 근무를 시작했다는 것 정도였다. 그랬던 것이 도서관 동료 활동가로 만나면서 훌쩍 가까워졌다. 학교 외에는 별다른 사회생활을 경험해보지 않은 내가 이곳을 첫 직장으로 경험하게 된 것도 복이었지만, 데이지 같은 사수를 만나게 된 것도 큰 행운이라는 생각을 자주 했다. 그는 나보다 나이는 어렸지만 배울 게 많은 친구였기 때문이다. 다른 곳에서 만났더라면 아마 나이에 따라서 언니와 동생이라는 구태의연한 관계를 맺었을지도 모르지만, 도서관에서 동료 활동가로 만나 서로를 '데이지'와 '열매'로 부르며 평등한 관계를 맺을 수 있게 된 것도 좋았다.

데이지를 두고 '앨리스'(맨발동무도서관 고은영 활동가)와 나는 "뭔가 다르다"는 말을 종종 하곤 했다. 나이는 어려도 우리보다 훨씬 어른 같다거나, 마음의 품이 더 넓은 것 같다는 말들이었다. '아, 역시 교육 환경의 힘인가?' 하는 생각을 자주 했던 것도 그 때문이었을 것이다. 데이지의 부모님은 대천마을 공동체의 뿌리이기도 한 부산 북구 공동육아협동조합의 창립조합원이다. 그의 어머니는 맨발동무도서관의 초대 관장으로 일했다. 데이지는 공동육아 어린이집부터 방과후학교, 대천마을학교와 맨발동무도서관 등 마을 사람들이 힘을 모아 가꾼 마을공동체의 품 안에서 성장했고, 지리산에서 대안학교를 졸업한 후 다시 이 마을에서 일하며 살아가고 있는 청년이었다. 그러니까 나는 데이지의 남다른 면모가 역시 그 남다른 부모님이나 교육 환경 때문이 아니었을까 막연히 생각했던 것이다.

데이지와 나눔자리에 앉아 이런저런 수다를 떨 때면 나는 자주 공동육아와 대안학교 시절 이야기를 물어보았고, 그때마다 "부러워요, 데이지!"라는 말이 꼭 튀어나왔다. 정말 부러웠다. 경쟁 위주의 공교육 현장에서 나는 자주 낙오자가 된 기분에 위축되었고, 선생님이나 친구 관계에서도 적지 않은 어려움을 겪으며 그다지 행복하지 않은 학창 시절을 보냈다고 여겨왔으니까. 데이지로부터 "내 인생에서 가장 안전한 울타리이자 행복했던 시절이라고 생각되는 게 징검아 때예요"라는 말을 들을 때면, 같은 마을에 살았지만 나에겐 찾아볼 수 없는 그 유년의 경험이 부러워졌고, "그런데 이 마을에서 자라면서 어려운 점도 많았어요"라는 예상치 못한 말을 들을 때면, 누구에게나 타인이 함부로 짐작하기 어려운 나름의 사연들이 존재한다는 당연한 사실을 새삼스레 깨달았다. 그전까지 데이지를 바라보는 내 시선이 그저 '좋겠다', '부럽다'에 머물러 있었다면, 데이지와 많은 대화를 나눈 뒤부터는, 즐거움만큼이나 어려움도 겪으며 나와 다르지 않은 평범한 성장기를 보낸 한 사람을 보게 되었다.

이 책을 준비하면서 마지막까지 고심하다가 뒤늦게 데이지에게 인터뷰를 요청한 이유도 여기에 있다. 이 마을의 품 안에서 자란 청년이 다시 자기를 키워낸 마을로 돌아와 일을 하는 것 자체가 귀한 이야기이기도 하지만, 내가 가졌던 선입견과 같은 시선으로 데이지를 바라보는 사람들이 있을 수 있겠다는 생각이 들었다. 평소 데이지의 성격을 어느 정도 알고 있었던 지라 거절당할 각오를 하고 인터뷰 제안을 했다. 며칠간 신중한 고민의 시간을 거친 데이지로부터 다행히 인터뷰를 해보겠다는 답이 돌아왔다. 그렇게 올 초, 얼마 전 독립한 도서관 앞 우리 집으로 데이지를 초대했다. 도서관에서 시도 때도 없이 나누던 수다와 비슷하면서도 조금 다른 온도로 두 번에 걸쳐 긴 이야기를 주고받았다.

내가 자란 마을의 도서관 활동가가 되다

도서관에서 데이지를 만나 이야기를 나누어 본 사람이라면 으레 하게 되는 생각이 있다. 이 마을이 키운 보배로운 청년이구나, 하는 생각 말이다. 그는 대천마을 공동체가 형성되는 출발점이 된 부산 북구 공동육아협동조합 어린이집의 초창기 원아다. 데이지는 두 살이 되던 해에 부산 북구 덕천동에서 창립한 공동육아협동조합 어린이집인 '쿵쿵어린이집'에 들어갔다. 조합이 덕천동에서 화명동으로 이전을 한 2003년에 그의 집도 함께 이곳으로 이사를 와서 지금까지 이 동네 주민으로 살아가고 있다. 공동육아 어린이집인 '쿵쿵어린이집'과 초등 방과후학교인 '징검다리 놓는 아이들'을 졸업한 5학년 때부터, 바로 그해에 문을 연 대천마을학교에서 데이지는 친구들과 방과 후 시간을 보냈다. 그러니까 그는 초등학교를 졸업할 때까지 마을 사람들이 직접 꾸린 공동체 안에서 가장 귀하다는 유년의 시간을 보낸 셈이다. 뒤이어 지리산에 있는 대안학교에 입학했고, 그곳에서 3년의 중등 과정과 2년의 고등 과정을 마치고서 부산으로 돌아왔다. 대학 진학의 목표도 없이 무얼 해야 할지 몰라 지쳐있었던 그때를 그는 '히키코모리처럼 집 안에만 있던 시절'이라 표현했다. 아무것도 하지 않고 지냈다는 말과는 달리, 사실 데이지는 아르바이트도 하고 도서관 자원 활동을 하며 그 힘든 시간을 나름의 방식으로 견뎌냈던 것 같다.

도서관에서 자원 활동을 하며 지내던 어느 날, 데이지는 도서관 활동가들로부터 정식으로 함께 일해보지 않겠느냐는 제안을 받았다고 한다. 처음엔 그 제안을 거절했다. 어릴 때부터 자주 찾던 곳이긴 했지만, 활동가로서 일을 하는 것은 전혀 다른 차원의 문제였기 때문이다. 게다가 자신이 여기서 어떤 일을 할 수 있을지도 전혀 감이 오지 않았다. 무엇보다 도서관 활동가들과 지금 정도의 관계가 딱 좋겠다는 생각도 있었다. 하지만 데이지를 오래 지켜봐 온 활동가들은 쉽게 포기하지 않았다. 1년 후 활동가들은 다시 제안을 해 왔다. 자원 활동을 하면서 나눔자리를 함께 지키던 활동가 '감자'로부터, 또 다른 주변 활동가들로부터 이 일이 데이지에게 잘 맞을 것이라는 이야기를 자꾸 들으면서 마음이 조금씩 움직였다.

"다시 제안을 받고는 거의 한 달 정도 심각하게 고민을 했어요. 처음엔 '내가 여기서 뭘 할 수 있지?' 하는 생각을 많이 했는데, 뭘 할 수 있어서 일을 하게 된 건 아니었고요. 당장 하고 싶은 것도 없는 데다 미래의 꿈이 뚜렷하게 있지도 않은 상태여서, '일단 한번 해보자' 하는 마음으로 하겠다고 했죠."

2018년, 그는 맨발동무도서관의 청년 활동가가 되었다. 데이지라는 별명은 퀜틴 블레이크의 그림책 『데이지는 못 말려』의 주인공 이름인 '데이지 아티초크'에서 따왔다. 도서관에서 자원 활동하던 시절, 그림책 주인공과 닮았다며 아이들이 붙여준 이름이었다. 그때부터 마을과 도서관에서 데이지라는 별명으로 불리고 있다. 도서관 활동가로서 첫발을 뗀 데이지는 이곳에서 일하는 자신의 모습이 낯설게 느껴질 때가 많았단다.

"어릴 땐 학교 마치면 늘 도서관에 갔어요. 책 읽으러 간 게 아니라 엄마가 있어서 간 거라, 가서도 딱히 책은 안 봤어요. 어렸을 때부터 글 읽는 것도, 책도 싫어했거든요. 엄마도 책을 읽으라고 강요하지 않았고요. 보통 엄마들이 이 시기엔 뭐를 읽고 뭐를 공부해야 해, 하는 게 있었다면 저희 엄마는 그런 게 없었어요. 그런데도 한 번은 저를 딱 앉혀 놓고 "이 책은 다 읽어야 해"라고 하는 거예요. 엄청 얇은 아동문학이었는데, 저한테는 그게 엄청 두껍게 느껴졌어요. '나는 절대 책에 둘러싸여서 공부하거나 일하지 않겠어'라는 다짐을 그즈음에 했어요. 지금 이 일을 하고 있는 걸 보면 신기하기도 해요."

절대로 책에 둘러싸여서 일하지 않겠다는 다짐이 무색하게 그는 책과 사람들로 가득한 공간에서 5년째 일하고 있다. 마을 도서관에서의 근무는 어려운 점도 많았지만 적성에 잘 맞기도 했다. 도서관 운영위로 근무한 지 3년 차에 대입을 준비하고는 2021년 3월, 부산 소재 대학의 문헌정보학과에 입학한 것도 이 일을 좀 더 제대로 배우고 싶다는 마음 때문이었다. 뒤늦게 대학에 진학하면서 도서관 운영위로 참여하기가 어려워진 지금은 도서관 스텝으로 주 1회 근무를 이어가고 있다. 데이지와 만나서 처음 나눈 이야기는, 남들보다 조금 늦게 시작한 지난 1년간의 대학 생활에 대한 것이었다. 같이 도서관에서 일을 하던 중에 원서를 넣고 면접을 준비하는 그 과정들을 지켜보았던 나는, 뒤늦게 마음을 바꿔 진학한 그의 대학 생활이 어땠을지 궁금했다.

"원래는 대학에 안 가려고 했고 거기엔 제 나름의 이유가 있었는데, 도중에 생각이 바뀌어서 가게 됐잖아요. 남이 떠밀어서 간 것도 아니고 내가 선택해서 간 건데도 되게 혼란스러웠어요. 역시나 대학은 내가 생각했던 곳 그대로였고, 그래서 좀 힘들었는데, 그래도 어쨌든 내가 가려고 했던 이유가 있었으니까 일단 다녀보자, 해서 다니고 있어요."

'대학을 꼭 가야 하는 걸까?' 그가 대안학교를 다니던 때부터 줄곧 품어온 질문이다. 언젠가 하고 싶은 일이 생기면 갈 수도 있겠다고 막연히 생각했지만, 그게 고등학교를 졸업한 직후여야 한다고는 생각지 않았다. 자신이 원하는 것을 대학 공부가 채워줄 수 있을지, 꼭 대학을 나와야만 하고 싶은 일을 할 수 있는지도 의문이었다. 친구들이 대학 생활하는 모습을 지켜보면서 꼭 대학을 다녀야 할 필요가 없겠다는 생각은 더 확고해졌다. 하지만 도서관 활동가로 지내며 사서 업무를 익히다 보니 이 일이 생각보다 재미있고 적성에도 맞는다고 느꼈다. 모든 일이 다 잘 맞는 건 아니었지만 서지 입력 업무는 시간 가는 줄 모르게 빠져들만큼 재미있었다. 스스로도 이 분야에 조금 더 전문성을 기르고 싶다는 생각이 들었다. 이전부터 함께 일하던 동료 활동가들이 문헌정보학과 진학을 추천하기도 했다. 전문 사서 자격증이 있다면 이 일을 더 오래, 안정적으로 할 수 있을 거라는 기대도 대학 진학을 결심하게 만든 동기가 되었다. 3년 정도 도서관에서 일하며 비로소 공부해보고 싶은 분야를 찾은 셈이었다. 그간 업무를 하며 느낀 한계를 대학 공부를 통해 매울 수 있지 않을까, 싶은 마음이 들었다. 그렇게 그는 도서관 근무를 하다가 스스로의 필요와 선택으로 대학에 들어갔다.

"학교 다닐 때는 유아 교육 쪽으로 생각을 했었어요. 아이들을 좋아하니까, 내가 만약 직업을 가지면 애들과 관련된 쪽으로 가는 게 좋지 않을까? 생각했는데, 어린이집으로 인턴십을 한 번 다녀온 뒤로 '나는 교육자는 아니다'라는 판단이 서서 유아 교육에 대한 마음을 접었어요. 스무 살 됐을 때 '나 대학 안 갈래' 하니까 아빠가 '유아 교육 쪽은 아예 생각이 없는 거냐'고 한 번 진지하게 물어봤어요. 그후로 부모님은 대학 안 가는 것에 대해서 크게 말을 안 했던 것 같아요. 어쩌면 그래서 공동육아를 보내고 대안학교도 보내고 했던 것 같아요."

고심 끝에 진학한 대학은 자신의 예상과 크게 다르지 않았다고 한다. '스무 살에 맞는 좀 더 수준 높은 교양 강의를 해 줘야 하지 않나?' 하는 생각이 들 만큼 대학의 커리큘럼이나 교육 방식에서 아쉬움을 느꼈다며 그는 말을 이었다.

"더 깊은 배움을 얻고 싶어서 대학이란 걸 선택하는 거잖아요. 대학이 필수 교육도 아니고요. 그런데 막상 가보니, 무언가를 더 깊이 배운다기보다는 빨리 학점 채워서 학위 받고 졸업하고 스펙으로 남을 만한 뭔가를 만드는 것에 치중하는 것 같다는 생각이 들었어요. 저는 명확하게 대학에서 배우고 싶은 게 있는 사람이잖아요. 문헌정보학을 배우고 자격증을 얻는 것이 대학 진학의 가장 큰 이유였는데, 저처럼 원하는 공부가 있는 사람에게 대학이라는 곳은 어쩌면 시간 낭비하는 곳처럼 느껴질 수도 있는 것 같아요. 그런데 또 제가 대학에 대한 부정적인 선입견을 갖고 들어와서 너무 그 면만 보고 있는 걸 수도 있어요. 아직은 잘 모르겠어요."

아직까지는 아쉬운 점이 더 크게 느껴지는 대학 생활이지만, 그래도 스스로 선택한 만큼 그는 최선을 다해서 공부하며 이 생활을 누리고 있는 중이다.

마을교육 공동체에서 보낸 유년

데이지의 부모님은 부산 북구 공동육아조합의 창립조합원이다. 동네에서 데이지 아버지는 '망태'로, 어머니는 '보리밥(이전 별명은 '개똥이')'으로 불린다. 공동육아조합원이면서 마을 도서관 관장이기도 했던 데이지의 엄마는 늘 바빴다. 마을공동체가 이

제 막 여러 활동들을 시작하던 때라서, 그 일들에 많은 시간을 쏟아야 했기 때문이다. 도서관이 만들어지기 전에 그의 어머니는 '동화 읽는 어른'이나 '어린이 도서 연구회'에서 활동하면서 글쓰기 공부방도 운영했다. 당시 부산 도시철도공사에서 근무했던 아버지 또한 지하철 2호선을 준비하는 팀에서 일하느라 밤낮없이 바빴다. 데이지는 어린이집에서 행사가 있을 때마다 부모님이 바빠서 오지 못할 거라는 걱정을 자주 했던 유년 시절의 이야기를 들려주었다.

"다른 친구들은 부모님이 다 오시는데 저는 늘 그게 좀 걱정이랄까. 엄마아빠가 안 오면 어떡하지? 안 오면 좀 크게 실망했지만 표현은 하지 않고 그랬어요. 그런데 또 어렸을 때부터 알던 친한 친구들 부모님이 오셔서 챙겨주고 하니까 '괜찮아' 이렇게 자기 최면을 많이 걸었어요. 어쩔 땐 너무 섭섭해서 엄마한테 짜증 내기도 했지만, 내가 어떻게 할 수 없는 부분이니까 일찍 마음을 내려놓았던 것 같아요. 그러다 사춘기가 되면서 그게 진짜 너무 섭섭한 거예요."

주변 사람들은 마을 활동하는 부모님 아래서 좋은 교육을 받으며 자란 것을 부럽다 말하지만, 본인은 어린 시절 늘 바쁜 부모님으로부터 때때로 방치된 듯한 기분을 느끼기도 했단다.

"공동육아나 대안학교를 경험할 수 있게 해 준 건 되게 고마운 마음인데, 한편으론 내가 원하는 만큼의 충분한 애정이나 관심, 보살핌을 받지는 못했다는 아쉬움이 있어요. 20대가 되고 도서관에서 일하기 시작하면서는 주변에서 부러워하는 사람들이 많았거든요. 오전에 아기 키우는 이용자들 만나 얘기 나누다 보면, '훌륭한 부모님 아래서 좋은 교육 받으면서 바르게 잘 자랐네요', 이렇게 말씀하시는 사람들이 있었어요. 내가 볼 땐 방목형이랄까, 그냥 무심한 건데.(웃음) 애들은 이런 교육을 받으니까 당연히 밥도 지을 줄 알고 자립할 수 있는 능력이 있으니까, 집에 두고 '알아서 밥 챙겨 먹어' 하고 본인들 일을 하신 거잖아요. 아까 얘기했던 것처럼 행사 때 우리 부모님만 안 온다든가 하는 부분에서 섭섭한 감정도 많이 느꼈고. 그래서 마냥 완벽하고 좋은 부모 밑에서 자랐다고 하기는 어렵죠."

조합 일부터 도서관 일까지, 마을의 여러 일에 참여하느라 바빴던 보리밥(데이지의 어머니)은 7년간 초대 관장을 맡은 뒤 이 마을을 떠나 순천의 관옥나무도서관으로 가서 다시 7년을 보냈다. 어려서부터 자기 공부를 중심에 두고 바쁘게 살아온 부모님의 모습이 익숙했기에 그게 이상하다고 생각해본 적은 없다. 물론 어린 시절의 서운함은 있지만 모든 것을 충족해주는 완벽한 부모가 어디 있을까. 그는 남들과 다른 경험을 하게 해 준 것에 대한 고마움 또한 늘 가지고 있었다. 쿵쿵어린이집과 징검아에서의 시간은 가장 소중하고 행복했던 한때로 그의 기억 속에 남아 있기 때문이다.

"지금까지 삶에서 가장 좋았던 때를 꼽아보라 하면 그때였던 것 같아요. 공동육아 어린이집이랑 방과 후 다닐 때. 그냥 계속 친구들이랑 놀고, 신났던 기억이 많아요. 누군가가 '다시 돌아가고 싶은 때가 있어?' 하면 저는 '안 돌아가고 싶은데?' 하는 사람인데, 그런데 굳이 돌아갈 수 있다면 쿵쿵 때부터 징검아 때까지라고 말해요. 학부모님들이랑 선생님들이 치열하게 회의하고 노력해서 우리가 즐겁게 배울 수 있는 환경을 만들어주셨거든요. 저는 어른들의 그런 마음과 사랑을 충분히 느낄 수 있었고요. 그런데 누가 '네가 나중에 아이 낳아서 키우게 되면, 너는 아이를 그렇게 보낼 수 있겠어?' 하고 물어볼 수도 있을 거예요. 물론 그 아이의 성향에 따라 신중해야겠지만, 가능하다면 저는 보낼 것 같아요. 물론 저는 되게 힘들겠지만, 아이가 좋을 테니까 보낼 것 같아요. 친구들이랑 모이면 진짜 끝도 없이 그때 이야기를 해요. 뭐가 그렇게 재밌었는지 정신없이 서로를 잡으러 마구 뛰어다니고, 얼마나 뛰어다녔는지 갈비뼈가 아플 정도였다고 얘기도 하고. 공동체 놀이부터 오징어달구지 놀이, 방별 나들이랑 전체 학년이 다 같이 노는 활동들, 수요일이면 갔던 먼 나들이에서 겨울에 광안리 갔다가 바다에 뛰어들어서 옷 다 젖은 상태에서 버스 타고 오고 했던 것도요. 제일 재밌었던 건 여름에 들살이 가는 거. 들살이 프로그램 중에 '평화원정대'라고 있는데, 학년을 다 섞어서 네 모둠을 만든 뒤에 밤에 지도를 받아서 미션을 수행하는 거예요. 그것도 재밌었어요."

그 시절 친구들이랑 재미있게 놀았던 추억들은 지금까지도 몸과 마음에 선명히 각인된 즐거운 기억이다.

"방과후학교 졸업하고 나서 옹기방, 달방, 샘물방이랑 그 아랫방 아이들까지 모두 모인 적이 있어요. 성인, 고등학생이 다 섞여 있었는데, 그때 같이 맥도날드에 갔다가 놀이터에 가서 옥상탈출 놀이를 진짜 미친 듯이 했어요. 학부모님들이 그 얘길 듣고는 너네 진짜 재밌게 논다고, 스물 몇 살이랑 열 몇 살이랑 다 섞여서 진짜 재밌게 논다고 그러셨어요. 징검아 졸업하고 중고등학교에 가서도 놀아본 경험이 있으니까 더 재밌게 잘 놀았던 것 같아요."

데이지는 그 시간 속에서 노는 법뿐만 아니라, 다른 사람과 관계 맺는 법 또한 배웠다.

"제가 고등학교 다닐 때 유치원에서 두 달 정도 인턴십을 했어요. 그 경험을 하면서 '내가 이런 방식으로 관계 맺는 걸 배운 사람이구나' 하는 걸 좀 느꼈던 것 같아요. 인턴십 갔던 유치원에서는 아이들 사이에 다툼이 생겼을 때 잘잘못을 따지는 느낌이 들었거든요. 애들이 싸우면 교사가 중재를 하는데, '넌 뭘 잘못했고, 뭘 잘했고' 이렇게 잘잘못을 따지면서 "화해해" 이렇게 되는 거예요. 그걸 보면서 '왜 이게 불편하지?' 싶더라고요. 저희는 싸우거나 부딪히는 일이 생기면 교사가 와서 이 아이의 얘기도 들어보고 저 아이의 얘기도 들어보면서 서로 이해하는 시간을 가진단 말이에요. 친구가 왜 이렇게 화가 났는지 들어보고, 이 친구가 화냈을 때 어떤 기분이었는지 물어보고, 그럼 화낸 아이도 자기가 화냈을 때 친구가 어땠을까 하는 걸 이해하는 시간을 가지면서 풀었던 것 같아요. 그래서 저도 인턴십 하면서 아이들한테 무조건적으로 화해하라고 하지 않고, 내가 경험했던 걸 떠올리면서 '얘는 왜 이렇게 화가 났을까' 서로 얘기를 들어보고 상황을 해결하려고 했던 것 같아요."

다툼이 생겼을 때 화해에 중점을 두기보다는 충분한 대화를 나누며 서로의 마음을 알아가는 과정을 중시하는 것은 그가 공동육아 공동체 속에서 경험한 관계 교육이었다. 또 하나, 공동육아어린이집의 특징으로 꼽을 수 있는 건 교사와 학생이 서로 의도적인 반말로 관계를 맺는다는 점이다. 외부에서 보면 조금 생소하고 특이할 수 있는 풍경이지만 쿵쿵과 징검이를 다닌 아이들에겐 익숙하고 편안한 문화다.

"쿵쿵이나 징검아에서의 관계가 다른 일반 유치원이나 초등학교랑은 좀 다르긴 했던 것 같아요. 일단 선생이나 아이들이 존댓말을 쓰지 않고 서로 편하게 어울려 노는 곳이잖아요. 그리고 또 저희는 별명을 부르잖아요. 그러면서 뭔가 더 수평적인 관계 속에서 편하게 선생님들이랑 지낼 수 있었던 것 같아요. 누구누구 씨, 하면 뭔가 벽이 있는 것 같고. 예를 들면 언니라든가, 이렇게 하면 서열이 생기는 거잖아요. 그런데 그런 것 없이, 서로 동등하게 사람과 사람이 만나는 것 같은 느낌이어서, 그래서 저는 별명 부르는 문화가 좋아요. 그렇게 해서 오히려 서로를 더 친밀하게 느끼며 존중할 수 있었던 것 같고요."

쿵쿵어린이집을 졸업하고는 바로 위층의 방과후학교 징검아에 다녔다면, 징검아를 졸업한 5학년 때부터는 그 위층에 생긴 대천마을학교에서 지냈다. 징검아를 졸업하던 해에, 마을에서 아이들이 방과 후 시간을 보다 안전하게 보낼 공간이 있으면 좋겠다는 마음을 모아 만든 곳이 대천마을학교였다.

"징검아 졸업하고 학원가는 친구들도 있고, 아무것도 안 하는 친구들이 있었는데 저는 학원을 안 갔으니까 마을학교로 가게 됐어요. 징검아는 같이 놀거나 나들이 가는 활동이 많았다면, 마을학교에서는 교과목 수업도 여러 개 있었어요. 책 만드는 것도 하고, 세밀화 그리는 수업도 하고, 친구들이랑 동아리 만들어서 영어 수업도 하고, 다 같이 영상 캠프를 가기도 하고. 영상 캠프 가서는 모둠별로 시나리오 짜고 역할 분담하고 편집해서 상영회까지 했었어요. 단편 영화를 직접 찍어봤는데 엄청 웃겼어요. 지금도 그 영상을 가지고 있는 친구가 있어요."

쿵쿵어린이집과 징검아, 마을학교로 이어진 초등 시절을 지나 지리산에 있는 대안학교로 진학했다. 5, 6학년 무렵부터 지리산 산내에 있는 '실상사작은학교'의 여름 계절학교에 가서 그 공간과 친숙해진 것이 계기였다. 엄마로부터 '꼭 일반 중학교에 가지 않아도 된다, 이런 학교도 있다'는 이야기를 듣고는 대안학교라는 곳에 관심이 생겼다. 대안학교가 뭐 하는 곳이냐고 묻자 '캠프 가서 한 것처럼 놀고 공부하고 하는 거지'라는 엄마의 대답에 귀가 솔깃해졌다. 캠프에서는 공부는 안 하고 계속 놀기만 했기 때문이다. 부모님이 공부를 강요하는 타입이 전혀 아니었음에도 공부란 재미없고 웬만하면 피하고 싶은 것이었던 데이지는 '공부 안 하는 학교가 있어?' 하는 마음으로 대안학교에 가겠다고 했다.

"초등학교 때 저희 학교가 시범학교로 선정돼서 달마다 시험을 쳐야 했어요. 점수가 나오면 공부에 관심이 없어도 스트레스를 받게 되잖아요. 학교에선 그렇게 공부하고, 학교 마치면 징검아에서 '공부 그런 거 필요 없어' 하면서 신나게 놀고. 그 사이에서 괴리감도 많이 느끼고 스트레스도 받았던 것 같아요. 그래서 '나 공부는 안 하고 싶어. 이렇게 놀면 재밌는데 왜 공부해야 해? 공부 안 하는 학교에 갈래' 해서 그 학교를 선택하게 된 거죠."

대안학교를 마치고 다시 부산으로

대안학교에서는 생태와 자립, 공동체 철학을 중시하는 교육을 받았다. 농사짓고, 밥 짓고, 건물 짓고, 옷 짓고, 집 짓는 일을 배웠다. 침놓고 뜸뜨는 법, 서각하는 법, 걷고 명상하는 것을 배웠다. 하지만 그는 이렇게 배운 기술들이 정작 사회에서 그다지 써먹을 때가 없다는 생각을 하면서 '뭘 위해서 이걸 했나' 하는 회의가 들기도 했단다. 졸업하고 한동안은 대안학교에서 보낸 5년의 시간을 어떻게 바라봐야 할지 혼란스러울 때가 종종 있었다.

"졸업하고 나서는 '선생님들이 말한 게 다 거짓말인가?' 하는 생각이 들면서 좀 혼란스럽기도 했어요. 대안학교에서 배우고 익힌 것들이 제 가치관을 세우는 데 많은 영향을 미친 건 맞지만, 그게 실질적으로 내 삶에 도움이 됐다고 느끼는 건 아직 없으니까요. 물론 다르게 생각하게 된 건 있어요. 어떤 문제나 무언가를 볼 때 내가 바라보는 시각이 다른 건 어렸을 때 공동육아 어린이집에서부터 대안학교까지의 과정에서 생겼다고 생각해요. 그런데 대안학교에 대해서는 아직 정리가 잘 안된 것 같아요. 그때의 마음이나 감정들이 쿵쿵이나 징검아보다는 훨씬 가깝고, 아직까지 진행되고 있는 것 같다는 생각이 들어서요. 졸업한 직후만큼 학교가 싫거나 불만에 가득 차 있진 않지만, 그렇다고 또 학교에 대해서 되게 좋은 기억들을 갖고 있는 것도 아니에요. 어쩌면 당연하겠지만, 좋았던 점이나 아쉬웠던 기억들이 뒤섞여 있어요."

대안학교는 일반 학교와 달리 경쟁 위주의 학업 스트레스에서 자유롭지만, 일찍이 집을 떠나 기숙사에서 생활해야 하며 좁은 관계 안에서 긴 시간 지내기 때문에 이점만큼이나 어려운 점도 적지 않다. 공동체의 경험도 마찬가지였다. 그는 사춘기 시절엔 자신에 대해 많은 것을 알고 있는 이 마을이 답답하기도 했다며 말을 이었다.

"대안학교 다니고 사춘기를 경험하면서 다시 여기(부산) 오기 싫었던 건 너무 나를 아는 사람들이 많은 거예요. 숨기고 싶은 부끄러운 기억까지, 나의 그런 모습까지 다 알고 있는 거예요, 여기 사람들은. 어린이집 때부터 지금까지 계속 알고 친밀하게 관계를 맺어온 사람들이니까. 길 가다가 나를 봐도 좀 모른 척하면 좋겠는데, 몇 발자국

가면 '어이, 누구누구야~' 하면서 다 알은체를 하고, 나는 누군지도 잘 모르는 사람인데 쿵쿵이나 징검이를 다녔다는 이유만으로 사람들이 나를 되게 친밀하게 여기는 것 같은 거예요. 사춘기 때는 누군가에게 관심받고 싶지도 않고 혼자 있고 싶은데 그게 잘 안되니까 엄청 힘들었어요. 친구들도 다 비슷하게 얘기해요. 이 마을에 다시 안 오고 싶은 이유가 '다 나 알아보잖아. 나는 별로 알리고 싶지 않아도 다 알잖아. 비밀이 없고 다 공개되는 기분이야. 그게 싫어.' 이렇게 말하기도 하고, 실제로 안 오는 친구도 있고, 나중에 다시 돌아온 친구도 있고 그렇죠. 저도 그랬고요. 내 모든 것을 다 알고 있는 게 마냥 편하진 않지만, 어쨌든 내가 여기서 살아야 한다면 피하기만 하기보다는 다른 방법들을 찾아가게 되는 것 같아요."

도서관에서 일을 시작하며 염려한 것도 그 지점이었다. 나를 잘 아는 마을에서, 자신의 유년과 성장 과정을 잘 아는 사람들과 일한다는 것. 게다가 이곳은 공과 사가 명확하게 구분되지 않는 독특한 업무 분위기 탓에 자신을 더 많이 드러낼 수밖에 없는 구조이기도 했다. 그 두 가지 영역이 뒤섞이는 것이 마을에서 일하는 것의 장점이자 단점이었다. 초창기에 그는 자신을 드러내기를 요구하는 일터에서 자신의 고민과 어려움을 어디까지 드러내야 할지, 그것을 드러냈을 때 동료 활동가들이 과연 받아줄 수 있는지 고민하기도 했다.

"도서관에서 1, 2년 차 때는 엄청 힘들었어요. '내가 이런 것까지 얘기해야 돼?' 하는 지점이 있었는데, 나중에는 그렇게 함으로써 우리가 서로 더 이해하게 된다는 걸 조금씩 알게 됐죠. 그렇다고 내 사생활을 다 꺼내놓는 게 옳다는 건 아니지만, 그런 과정도 어느 정도는 필요하다는 걸 이해하게 된 것 같아요."

매달 한 번씩 순천 관옥나무도서관에서 하는 공부 모임도 처음엔 낯설었다. 그곳에 가면 각자 자신의 사적인 고민이나 문제들을 털어놓고 이야기를 하는 시간을 갖는데, 자신을 너무 많이 드러내야 하는 그 시간이 익숙지만은 않았기 때문이다.

"관옥나무도서관 가는 건 제가 오기 전부터 맨발동무에서 계속 하고 있던 공부였고, 저는 이게 왜 필요하고 중요한지 그런 것도 모르고 그냥 간다고 해서 따라간 거였거든요. 알다시피 순천 가서 도서관 얘기를 하는 건 아니잖아요. 자기 얘기를 많이 하죠. 제가 합류했을 당시에는 다들 좀 힘든 시기였는지 자기 얘기를 특히 많이 했어요. 저도 저만의 문제가 있기도 했고, 도서관에서 막 일을 시작하면서 혼란스럽고 힘든 게 많은 시기였고요. 마치 집단 상담하듯이 자기 얘기를 꺼내고, 그럼 '두더지'가 '다음엔 이렇게 한번 해봐라' 말해주시는 풍경이 처음엔 좀 낯설었어요. '나는 여기서 직장인으로 일하는 건데, 왜 내 사생활을 다 오픈하고 얘기해야 하지? 이게 왜 중요하지? 이거

꼭 가야 하나?' 이런 생각도 많이 했고요. 그러던 중에 '부엉이(김부련 활동가)'랑 둘이서 공부 모임을 가게 된 거예요. 다른 분들은 시간이 안 돼서요. 두 사람밖에 갈 수 없는 상황이면 한 달 건너뛸 수도 있는 건데, 부엉이가 자기한테는 이 공부가 엄청 중요하다, 우리에게 의미가 있다고 하면서 둘인데도 가자고 하더라고요. 그때 같이 순천 내려가면서 이야기를 나누다 보니, 이런 과정이 일하면서 서로를 이해하는 데 도움이 되는구나, 하는 생각은 했어요. 맨발동무도서관이 그냥 일만 하는 곳은 아니잖아요. 업무적으로, 공적으로만 만나고 퇴근하면 터치 안 하는 그런 관계가 아니잖아요. 알게 모르게 사생활도 넘나들면서 관계를 맺고 있으니까 이런 공부 시간이 없으면 진짜 힘들수도 있겠다는 생각이 들었어요. 당시에는 잘 모르겠지만, 이게 중요하구나, 하면서 공부 모임을 꼬박꼬박 가게 됐죠. 도서관에서는 어쨌든 서로를 아는 게 굉장히 중요한 부분이니까요. 그래서 공부 모임을 포함해서 상반기 평가나 겨울 연수 같은 장치가 있는 것 같고. 이런 장치들이 아니면 일반 공립 도서관이랑 별반 다를 게 없고, 지금처럼 도서관이 운영되지 않았을 것 같기도 해요. 그리고 공립처럼 운영한다면 이런 것들이 불필요하다고 느꼈을 것 같아요. 그냥 일만 하면 되니까."

도서관에서 일하기 시작한 후로 아는 얼굴들은 더 많아졌다. 이전부터 알던 사람들을 포함해 새로 알게 된 사람도 늘어났다.

데이지의 성장 과정을 알게 된 사람들은 그에게 좀 더 관심이 많았다. 모든 일엔 양면이 있듯이 이 역시 좋기도, 싫기도 했다.

"저는 엄마가 도서관에서 일할 땐 제가 징검아에 다니고 있었고, 도서관이 이사하고 난 뒤에는 제가 지리산에서 학교를 다녀서 이 마을에 없었어요. 다시 돌아왔을 때는 엄마가 순천에 가 계셨고. 그래서 엄마가 마을 활동가여서 저에게 미친 긍정적인 영향은 글쎄… 잘 모르겠고, 안 좋은 점은 많죠. 나를 너무 잘 아는 거.(웃음) 그리고 "아~ 초대 관장님 딸?" 하면서 다른 시선으로 바라보는 거요. 기대치가 있는 것 같고. 그럴 때 '나는 엄마 없이는 설명이 안 되는 사람인가? 난 엄마만큼은 못할 건데' 하는 생각도 들고, 또 '난 엄마 때문에 이 도서관에 와서 일하는 게 아닌데' 하는 생각도 들어요. 그런 시선들이 부담되기도 하고요."

그럼에도 이곳에서 지내는 좋은 점을 꼽자면 자신을 잘 알기 때문에 그만큼 잘 이해해주고 받아준다는 것이다.

"그래도 여기는 사람을 이해해주는 문화가 더 큰 것 같아요. 아이를 공동육아 어린이집에 보냈다고 해서 아이만 그런 교육을 받고 자라는 게 아니라 학부모들도 그 공부를 계속하는 거잖아요. 회의하고 고민하고 공부하면서 생각이 바뀌기도 하고, 그렇게 어른들도 달라지는 것 같아요. 예를 들어 "나 이 일은 정말 못하겠어요. 이 일 말고 다른 일 하고 싶어요."라고 얘기하면 도서관에서는 "그래, 그럴 수 있지. 그럼 너 다른 걸 하거나 같이 해보자"라고 새로운 방법을 제시하거나 도와주잖아요. 여기가 아닌 다른 곳에서는 그게 가능할까 싶어요. 내가 어떤 부분이 힘들고, 어떤 걸 못 하겠는지 그런 걸 이해받지 못하고 그냥 해야 하니까 견디다가 그만두거나 할 것 같은데. 여기서는 저를 이해 받는 부분이 큰 것 같아요."

마을은 나에게 편안한 곳

"어떤 이용자께서 저한테 책을 골라달라고 할 때, 나를 믿는다는 생각에 기분이 좋아져요. 내가 추천한 책을 좋게 읽었고, 그래서 나의 선택을 믿는 거니까. 그럴 때 '아 좋다' 그런 생각이 들어요. 나눔자리에 제가 없을 때도 '데이지는 어디 갔어요?' '그때 그 선생님 어디 갔어요? 그 선생님이 책 찾아줘야 하는데' 하고 저를 찾을 때. 그럴 때 보람도 느끼고 '나 그래도 꽤 잘했네?' 이런 생각이 드는 것 같아요. 그리고 스스로 내가 좀 멋있다고 느껴질 때는 이용자가 찾는 책이 없다고 도움을 요청했는데 내가 짠하고 찾아줄 때, 그때 '나 좀 멋있는데?' 그런 생각 하죠.(웃음)"

이곳에서 일하며 어떤 순간이 보람되냐는 나의 질문에 데이지가 고심 끝에 꺼낸 답변이다. 처음엔 "힘든 순간이 많아서 보람을 느낄 새가 거의 없었다"고 했지만 그럴 리가 없다며 추궁하자 들려준 이야기였다. 보람인지는 모르겠지만 이런 곳이 있어서 좋다고 느낄 때도 있다며 그는 말을 이었다.

"예전에 들은 이야기인데, 마을의 청소년에게 어떤 문제가 생겼을 때 도서관에 도움을 요청했다고 들었어요. 그럴 때 맨 처음 도움을 청한 곳이 우리 도서관이라는 게, 그런 신뢰와 관계를 쌓아온 시간이 느껴져서 '아, 이런 공간이 굉장히 필요한 거구나' 하고 생각했던 것 같아요. 이런 게 마을 도서관의 역할 중에 하나구나 하고 느꼈어요. 아이들이 학교 마치고 학원가기 전에 마땅히 가 있을 만한 곳이 없으니까 자연스럽게 도서관에 와서 시간을 보내는데, 아이들이나 부모들이나 이곳을 안전한 장소라고 생각하는 것 같아요. 그럴 때도 이 공간의 필요성을 느껴요. 도서관이 단순히 책만 빌리는 곳이 아니라, 도서관에서 늘 말하듯이 마을의 사랑방이고 평상 같은 곳이구나, 하고 느낄 때가 많아요. 대천마을에는 여러 단체와 공간들이 있는데, 그 단체들은 거기에 소속된 사람들 사이에 친밀감을 토대로 관계를 쌓는 거잖아요. 징검아 같은 경우는 아이들이나 학부모님들 사이의 유대가 있고, 참빛학교도 그런데, 도서관은 소속된 특정한 누군가가 아니라 누구든 다 만날 수 있게끔 열린 공간이잖아요. 그게 이 마을의 다른 공간들과 좀 다른 지점인 것 같아요."

데이지는 도서관에서 일하며 필요한 책은 대체로 이곳에서 빌려 보기에 다른 도서관을 찾을 일이 거의 없다. 그래서인지 가끔 공립 도서관에 갈 때마다 어딘지 모르게 어색하고 불편한 느낌이 들 때도 있다고.

"일단 맨발동무는 아무래도 공립 도서관하고 분위기가 좀 다르니까 훨씬 편안한 느낌이 있어요. 좀 더 이용자서비스를 적극적으로 하는 곳이기도 하고요. 생각해보면 맨발동무는 사립이기 때문에 가능한 지점들이 있는 것 같아요. 누구 한 명이 이런저런 아이디어를 내고 '해볼까?' 하면 모두가 자기 역할을 찾아서 하고, 서로 돕고, 그렇게 뭔가가 만들어지는 게 있어요. 작으니까 그게 더 잘 되는 것 같아요. 운영위에서도 그런 일들을 업무적으로만 받아들이지 않으니까 함께 일할 때 재미가 있어요."

도서관에서 일하며 이곳에서만 누릴 수 있는 배움과 보람의 순간도 크지만, 들이는 노고에 비해 박봉이라는 현실적 여건도 무시할 수 없다. 이런 조건은 도서관의 청년 활동가가 늘어나기 어려운 이유이기도 하다.

"저는 제안을 받고 일을 시작하게 된 거라 처음부터 직업으로 도서관 활동가를 택한 게 아니다 보니, 돈을 얼마 받는지는 사실 크게 궁금하지 않았어요. 일 시작하면서 관장님이 궁금한 걸 물어보라고 했을 때 내가 얼마 받는지보다 내가 여기서 무슨 일을 할 수 있는지를 더 많이 물어봤어요. 돈은 그냥 먹고살 정도 벌면 됐지, 하는 생각이었거든요. 아직은 집에서 부모님과 함께 살고 있기도 하고, 내가 내는 생활비가 하나도 없잖아요. 그런데 만약에 내가 이걸 평생직장으로 삼거나 더 오래 일을 해야 한다고 하면 이 돈 받고 일하기 어렵겠다는 생각은 하죠. 그렇다고 다른 곳에 갈 순 없을 것 같으니 돈을 좀 더 받으면 좋겠다는 이야기를 사무국장님한테 해요. "우리 적어도 150만 원이나 200만 원 이렇게, 사람이 사람답게 살아갈 수 있는 최소한의 돈을 받으면 좋겠어요"라고요."

편안하고 즐거운 유년을 보낸 곳이었다가 한때는 답답하고 벗어나고 싶은 곳이기도 했던 이 동네. 마을을 잠시 떠나 지낸 시간도 있었지만 그는 어느덧 다시 이곳에서 일하며 살아가는 중이다. 나는 데이지에게 이 마을에 계속 머물고 싶은 이유가 있다면 무엇일지 물었다.

"저는 익숙함 같아요. 어렸을 때 편안한 공간에서 편안한 사람들이랑 지냈고, 새로운 걸 도전하고 싶지 않아서 대안학교를 선택했고.(웃음)

중학교라는 공간이 너무 무서웠거든요. 교복 입은 언니들도, 공부도, 또 실상사작은학교 캠프 다니면서 '이 공간 괜찮네' 하고 편안함을 느꼈던 것 같고요. 고등학교 진학하는 과정에서도 다른 대안학교에 갈 수도 있었는데, 내가 아는 공간이고 편안하게 지낼 수 있는 공간에 계속 머무르고 싶어서 다니던 학교를 쭉 다녔어요. 도서관에서 일하게 된 것도 일단 알고 있는 사람들이고 내가 익숙한 공간이니까, 일을 하기 전에 고민을 좀 하긴 했지만 여길 선택하게 된 것 같고. 저는 편안하고 익숙한 걸 좋아하는 반면에 새로운 걸 도전하고 시도하는 건 별로 안 좋아하는 것 같아요. 두려움이 크고요. 마을에 나를 알아보는 사람들이 많아서 다른 데 가고 싶다고 생각하면서도 결국 여기에 남는 걸 선택하는 이유는 그런 편안함 때문인 것 같아요."

나는 데이지가 말하는 그 편안함이 무엇인지 충분히 공감할 수 있었다. 나도 동네 곳곳의 공간들을 경험하면서 우리 마을을 더 깊게 알아갔기 때문이다. 그 공간들을 만들고 지켜온 사람들을 생각하게 되면서부터, 내가 사는 이곳을 다른 눈으로 볼 수 있게 되었다. 자기가 사는 곳을 더 좋게 만들고 싶다는 소박한 마음들이 모여서 지금의 우리 마을을 있게 한 것이다.

"다른 데에 이런 곳은 없을 것 같다는 생각은 많이 들어요. 나를 많이 알아서 힘든 것도 있지만 그래서 좋은 점도 있으니까요. 나를 더 이해

받을 수 있는 공동체이고, 또 이 공동체 안에는 최근에 영화관도 생기고 마을밥상도 있고 도서관이나 마을학교나 책방 같은 여러 공간들이 있잖아요. 그 공간들을 내가 또 누릴 수 있고요. 이런 마을이 또 없을 것 같다는 생각을 자주 하죠. 친구들이 놀러오면 되게 좋다고 하거든요. 대천천도 있고 산도 있고, 도시인데도 자연도 좋고, 친구들 입장에서는 이 도서관도 되게 신기한 곳이거든요. 공립 도서관과는 그 풍경이나 이미지가 많이 다르니까요. '너 이런 데서 이런 걸 누리고 있구나' 하면서 부러워하는 친구들을 보면 '아, 내가 사는 이곳이 나쁘지 않은 공동체구나, 다른 데 이만한 곳이 있을까? 여기만큼 나를 이해해주고 받아주는 곳이 또 있을까?' 하는 생각은 들어요."

지금도 일요일이면 맨발동무도서관에서 데이지를 만날 수 있다. 도서관에서 일할 때 데이지와 함께 나눔자리를 지키던 즐거운 기억 때문인지, 그 자리에 앉은 데이지의 모습을 보면 괜히 더 반갑다. 도서관이 문을 연 이래로 누구도 정리하지 못했던 '이용자 서비스 매뉴얼'을 데이지가 직접 완성해 와서 동료 활동가들을 모두 놀라게 했던 날을 지금도 생생하게 기억한다. 데이지 같은 청년 활동가가 이 도서관에, 그리고 이 마을에 함께 있다는 사실을 생각하면 어쩐지 마음이 더 든든하다. 대가와 관계없이 주어진 일에 최선을 다하는 마음, 그렇게까지 안 해도 될 것 같은 일에도 기꺼이 그렇게 하고서 보람과 기쁨을 느끼는 그 단순하고 소박한 마음. '그런 사람들이 모여 있는 이 마을은 역시 참 살기 좋은 곳이구나.' 데이지와 긴 인터뷰를 마치며 생각했다. 그리고 이런 바람도 들었다. 그가 맨발동무도서관에서 오래오래 일하면서, 아이들에게 자기와 꼭 닮은 주인공이 나오는 그림책을 오래도록 읽어주었으면 좋겠다고.

같이 한 번 살아봅시다!

장소라＊부산참빛학교 교사

도서관 나눔자리에 앉아있으면 나도 모르게 미소 지어지는 풍경이 있다. 평상자리에 앉아 도란도란 책 읽는 아이들 모습이나 가족들이 옹기종기 모여 책을 고르는 모습, 아기들이 아장아장 도서관 곳곳을 걸어 다니는 모습이 그렇다. 소라 씨네 가족을 볼 때도 그런 흐뭇한 미소가 지어졌다. 그는 태어난 지 얼마 되지 않은 둘째 아이를 품에 안고서, 또 어떨 때는 네 식구가 함께 도서관을 찾았는데, 그 모습이 참 보기 좋았다. 인상적이었던 건 도서관 사람들이 모두 소라 씨의 첫째 딸 하진이를 무척 예뻐한다는 점이었다. 동료 활동가들이 워낙 아이들을 좋아하긴 해도 하진이를 대하는 태도에는 그 이상의 끈끈한 애정이 느껴졌다. 뱃속에 있을 때부터 엄마 따라 자주 오던 아이가 태어나서 커가는 모습을 곁에서 쭉 지켜봤으니 그럴 만도 하지, 싶었다. 그래서 하진이를 보면 꼭 마을 도서관이 함께 키운 아이 같다고 느꼈다. 하진이에 이어 동생 하민이까지, 이들 자매는 도서관의 품 안에서, 사람들의 따스한 지지와 애정 속에서 지금도 씩씩하게 잘 자라고 있다. 훗날 그 아이들에게 이곳은 어떻게 기억될까?

맨발동무도서관의 열성 이용자이기도 한 이들 가족은 도서관을 살뜰히 챙기는 이웃이기도 하다. 소라 씨네 가족이 제주도 한 달살이를 떠났던 몇 년 전 겨울, 도서관으로 귀한 선물을 보내왔던 일은 지금도 따스한 기억으로 남아 있다. 덕분에 도서관 사람들은 부산에선 쉬이 볼 수 없는 설원 풍경이 담긴 영상을 돌아가며 감상하고, 이용자들과 오메기떡을 나누어 먹으며 웃음꽃을 피웠다. 둘째 아이 하민이 백일 때는 도서관 이용자들과 백일 떡을 나누어 먹으며 뜻깊은 날을 함께 기념했다. 소라 씨네 가족과 도서관 사이의 유대관계를 생각하면, 그 따뜻하고 정겨운 기억들에 괜스레 가슴이 뭉클해졌다. 도서관이 단순히 책을 빌리고 반납하는 곳만이 아니라, 새로운 관계를 만들어 나가는 곳이기도 하다는 것을 알게 된 것이다. 이전엔 단지 이용자로서 마을 도서관이 우리에게 얼마나 든든한 존재인지에 대해서만 생각했었다면, 여기서 일하게 된 이후부터는 이용자들이 건네주는 그 마음이 얼마나 귀한 것인가에 대해 진지하게 생각해볼 수 있게 되었다. 모든 관계는 서로 품과 마음을 내어줄 때 더 돈독하고 깊어진다는 걸 알게 된 것이다.

소라 씨의 일터는 부산 화명동에 위치한 12년제(초중고) 대안학교인 '참빛학교'다. 남편 '행복(소라 씨 남편의 별명)' 또한 이 동네에서 공동육아협동조합으로 운영되는 초등 방과후학교 교사로 근무 중이니 부부가 모두 마을 안에서 일하고 살아가는 셈이

다. 내가 이들을 처음 만났던 때는 두 사람 모두 육아휴직을 하고
서 아이를 돌보며 지내고 있었다. 평일 오후 시간대의 도서관 프
로그램에 같이 참여할 수 있었던 것도 그래서였다. 동반 휴직이
라는 쉽지 않은 결정을 내린 이 부부의 삶을 조용히 응원했던 기
억이 난다. 그 무렵 도서관 프로그램을 통해 소라 씨가 어떻게 대
안교사의 길로 들어서서 지금의 삶을 살게 되었는지 듣게 되었
는데, 듣고 나니 소라 씨라는 사람이, 그의 지난 이야기가 더 궁
금해졌다. 얼마 후 그에게 인터뷰를 제안했고, 고맙게도 그는 선
뜻 수락을 해주었다. 지면에 다 담을 수는 없었지만, 그 이야기들
은 나를 '장소라'라는 한 사람의 삶 한가운데로 불쑥 이끌었다.
작년과 올해, 한 번은 우리 집에서 한 번은 소라 씨네 집에서 만
나 그와 긴 이야기를 나눴다.

다시 돌아간 일터에서

첫 인터뷰 당시는 소라 씨가 육아 휴직을 마치고 복직해서 막
한 학기를 마친 무렵이었다. 일을 통해 일상의 또 다른 활기를 찾
은 듯 보였던 그에게 나는 부부가 함께 휴직하고 보낸 작년 한 해
에 대해 먼저 물어보았다. 어려움은 없었는지, 그 시간이 가족 모
두에게 어떤 시간이었는지 궁금했기 때문이다. 소라 씨는 얼굴
에 미소를 띠며 어떤 주저도 없이 단박에 말했다.

"생각이 짧았던 거죠. 주위에 권하지 않는다고 말해요.(웃음) 그런데 또 한편으로는 다 같이 보내는 시간이 있었으면 하고 바랐는데, 그 시간을 만들 수 있는 건 좋았어요. 하민이가 작년 5월에 태어났는데, 아이 아빠가 일하는 상태로 저 혼자 신생아와 첫 아이를 데리고 살 수 있을지 엄두가 안 나더라고요. 저희 부부는 부모님들이 다 멀리 사셔서 도움을 받을 수도 없는 상황이거든요. 하민이 낳고 나면 또 내가 복직할 건데 우리가 언제 애들이랑 다 같이 온전히 함께할 시간이 있을까. 처음엔 그 생각이 제일 컸던 것 같아요. 다 같이 있을 시간. 그래서 같이 휴직을 하기로 했죠."

동반 휴직을 결정하기까지는 그리 오래 걸리지 않았으나 막상 살아가다 보니 좌충우돌은 피할 수 없었다. 하필 휴직한 때가 코로나 시기와 겹치는 바람에 네 식구가 집 안에서 꼼짝없이 엉겨 붙어 지내야 하는 시간이 늘었던 것이다. 소라 씨는 빈틈없이 빡빡했던 그 시간이 부부에게도, 아이에게도 조금 버거울 때가 있었노라 말했다. 부부간에 크고 작은 갈등들을 오롯이 직면하느라 두 사람이 호된 시간을 보냈다면, 아이는 아이대로 서로의 영역이 다른 엄마 아빠와 종일 함께 지내느라 고생 아닌 고생을 했다. 그렇게 네 식구가 한 공간에서 투덕거리는 날이 많았지만, 한편으론 그 부대낌 속에서 서로를 이해하는 힘도 길렀다.

"그 시간을 겪으면서 얻은 건 남편과 진짜 동지가 된 것 같다는 거예요. 제가 하진이 낳고 키우면서 남편에게 제일 많이 했던 말이 '네가 나의 동지가 맞는지 잘 모르겠다. 나는 왜 너에게 동지애가 느껴지지 않느냐'는 거였거든요. 서로 서운한 걸 주고받을 때 가장 많이 느끼는 것도 서로의 온도가 다르다는 거죠. 그전에는 '왜 넌 나의 온도를 이해하거나 느끼지 못해?'라고 싸웠다면, 이제는 서로 다를 수밖에 없다는 걸 일단은 받아들이게 된 거죠. 이걸 어떻게 전달하면 좋을까, 그렇게 소통의 방법을 고민하고 또 배워나가는 데 1년이 걸린 것 같아요. 물론 아직 그 방법을 제대로 터득한 건지는 모르겠지만요."

경제적으로 빠듯한 생활을 감수한 선택이었다 해도 생계 걱정을 아예 하지 않을 수는 없었다. 남편이 현실적인 문제로 고민할 때 소라 씨는 오히려 담대했다. 소라 씨가 "뭐 어떻게든 될 거야. 설마 죽겠나? 안 굶어 죽는다~"라고 말하면 남편은 "뭐?" 하는 의심스러운 대꾸를 하면서도 그를 따라왔다. 다행히 아이 아빠가 육아휴직을 쓰는 경우 첫 석 달은 월급의 백 프로를 받을 수 있었고, 아이들 앞으로 나오는 양육 수당과 아동 수당이 있어 그럭저럭 버틸 만했다. 벌이 없이 지낸 그 1년은 두 사람에게 '살아지겠나?'라는 물음이 '살아지네?'로 바뀌는 시간이기도 했다.

"사실 남편이 3년 휴직 쓸 때는 좀 파격적이었죠. 징검아에서는 사실 남자가 휴직하는 것도 흔치 않은데 한꺼번에 3년을 내달라고 했으니까요. 부담스러우셨을 건데 그렇게 해주셔서 감사했어요. 1년을 보내면서 좋았던 건 아이를 같이 본 시간이 있으니 얘기할 거리들이 확실히 좀 더 많다는 거예요. 남편이 경험한 걸 내가 들어서 아는 게 아니라 같이 경험하니까요. 그리고 하진이가 어려서 기억 못할 줄 알았는데 작년에 있었던 일들을 제법 또박또박 얘기하더라고요. "그때 좋았어. 이거 좋았어, 엄마" 이런 이야기를 들었을 때는 '아, 같이 시간 보내길 잘했구나' 하는 생각이 들었어요. 둘째 하민이가 태어나고서, 가족 간에 서로를 이해할 수 있도록 애쓸 만한 시간이 있었던 거죠. 조리원 안 가고 태어나는 순간부터 가족이 쭉 같이 있었거든요. 그래서 하진이도 동생이 생긴 것에 대해 좀 더 빨리 적응하지 않았을까, 생각해요. 물론 하진이가 동생한테 그렇게 친절하진 않지만, '저 아기가 나의 동생이야, 나의 가족이야'라는 것을 자연스레 받아들이고 있다는 느낌이 들어요. 그런 것들이 좋은 점 같아요."

참빛학교 교사로 3년간 근무한 소라 씨는, 이후 3년을 육아 휴직으로 쓴 다음 지난 2021년 복직했다. 일한 만큼의 시간을 휴직한 후 다시 돌아간 일터가 낯설진 않았을까. 그는 복직한 일터에서 보낸 시간을 돌아보며 자신이 꼭 '이상한 나라의 앨리스' 같았다고 말했다.

"참빛 와서 스물아홉부터 서른하나까지 일했네요. 그 3년과 지금을 비교해보면 질적으로나 양적으로나 완전 다른 삶이에요. 아이 낳고 육아하다가 3년 만에 복귀하니, 내가 그동안 여기에서 제대로 자리를 잡지 못했었다는 느낌이더라고요. 그전에는 어떻게 살았는지도 모르겠고…. 다시 일을 시작하면서 그간 육아하며 익숙해진 생활 패턴을 새롭게 조정해야 했는데 그것이 잘 안돼서 처음엔 좀 힘들었어요. 명상하시는 선생님들한테 물어보니, 한참 육아에 빠져 있다가 다시 일터로 나오면 충분히 그럴 수 있다고 하시더라고요. 사용하는 파동이 달라서 그렇다고. 이따금 어렸을 때의 기억들을 더듬어보면 '그래 나는 그런 사람이었지' 하고 생각할 정도로 결혼하고 아이 키우면서 내가 완전히 다른 사람이 되었구나 싶었어요. 휴직하는 동안 제 삶이 온통 육아로 채워져 있었기 때문인지는 몰라도, 복직 후에는 모든 걸 새롭게 다시 찾아가는 느낌이었어요. 일도 완전히 새로 시작하는 느낌이 컸고요."

육아에 익숙해졌던 일상을 일하는 생활에 맞춰 새롭게 정비하는 데 어려움은 따랐지만, 그래도 다시 아이들과 부대끼며 함께할 수 있다는 건 행복한 일이었다.

"애들이랑은 사실 너무 좋았죠. 제가 맡은 반이 중3이었는데 이 아이들 성향이 대체로 조용하고 신중해요. 저는 좀 즉흥적인 사람인데 이 아이들이 나의 그런 점을 잘 잡아주는 거예요. 그러지 않았으면 이런 저런 사고를 치고 다니거나 엄청 힘들었을 것 같아요. 저는 고민이나 어려움을 붙들고 지내는 걸 잘 못하고, 마음이 불편하면 어떻게든 터뜨려버리는 성향인데, 아이들이 얌전하고 잘 따라주다 보니 저의 그런 성향을 다잡고 잘 조절하게 되더라고요. 그 점이 되게 고마웠어요. 그리고 애들이 힘들어할 때 어떤 말을 해줘야 할까를 내 안에서 찾다 보니, 그게 곧 나한테 해주고 싶은 말일 때도 많은 거예요. 그렇게 아이들과 보내는 시간 속에서 도움을 많이 받았어요. 그래서 아이들하고 함께 지낸다는 것이, 내가 혼자서 가르친다기보다는 서로 같이 배워나가는 것이구나, 그런 생각을 되게 많이 했어요. 복직하니까 일과 육아를 병행하는 어려움이 있긴 해도 일하는 게 너무 좋아요. 저희 남편은 아직도 일하면서 육아하는 게 제일 힘들었다고 이야기하는데, 일하는 걸 좋아하는 저하고는 성향 차이가 있는 것이겠죠. 아무튼 제 일이 아이들과 만나는 거다 보니, 이게 내 아이를 키우는 것과 때로는 부딪힐 때도 있지만, 반대로 저의 사적인 육아와 돌봄의 경험이 집 밖에서 아이들을 대하는 데도 크게 도움을 주더라고요. 그 반대인 경우도 있고요. 그런 부분들이 고맙고 재밌어요."

그는 대학에서 특수교육을 전공하고 특수학교에서 쭉 근무했다. 그런 그가 대안 학교 교사가 된 계기는 무엇이었을까. 시작은 부산 온배움터에서 들은 강좌였다. 사회생활을 하던 중에 안 좋은 일들이 연이어 몰아쳐 몸도 마음도 힘든 시기에, 부산 온배움 터와 인연이 닿아 자연농 강의를 듣게 되었다고 한다. 소라 씨는 그때를 자신의 삶이 그전과는 다른 흐름 속으로 연결된 중대한 분기점이 된 시기로 기억했다.

"제가 처음으로 사람들과 관계도 다 끊고 우울함도 많이 느낄 만큼 힘든 때였는데, 우연히 '생각다방 산책극장'이라는 데를 알게 됐어 요. 아는 오빠로부터 거기 가보라고, 사람들도 재밌고 좋더라는 이야 기를 들은 거죠. 가보니 편안하고 좋았어요."

그곳에서 여러 친구를 사귀었다. 다큐 〈자연농〉 감독 '솔빳'(강 수희), 그리고 동네 가수로 활동하는 이내, 양산에서 모모의 정원 을 꾸리고 있는 '호야'(이정호)도 그때 맺어진 인연이다.

"솔빳이 "나 이제 이런 거 찍을 거야" 하면서 자기가 만들고 있는 자 연농 다큐를 보여줬어요. 자세한 내용은 하나도 기억이 안 나는데, 희한하게 그 뒤에 바로 『짚 한 오라기의 혁명』, 『자연농법』 이런 책들 을 찾아보면서 '아 농사를 지어야겠어' 하는 생각을 밑도 끝도 없이 하게 된 거예요. 때마침 제가 근무하던 교실에서도 원예치료가 한창 붐이었어요. 아이들하고 화분 만드는 활동을 자주 했는데 죽어가는 화분을 살리고 새순 돋는 모습을 보면서 전에 없이 마음이 되게 좋았거든요. 그런 것들이 복합적으로 물리면서 '시골에 가야겠다'는 마음을 갖게 된 것 같아요."

자연농 강좌를 수강하던 즈음 온배움터에서 대안교사 양성과정이 개설되었다는 소식을 들었다. 자신을 유심히 지켜보던 한 선생님께서 대뜸 대안교사 양성과정 좀 들어야 하지 않겠느냐고 말씀을 하셨고, 그 제안이 뜬금없었지만 싫지 않았던 소라 씨는 두 강좌를 같이 듣기 시작했다. 왜인지는 몰라도 재미있을 것 같았다. 당시 계획은 자연농 수업으로 농사를 배운 뒤 3년 정도 돈을 모아 부산을 떠나는 것이었지만, 대안교사 양성과정을 들으며 그 계획이 달라졌다. 수업 막바지, 부산 소재 대안학교 다섯 곳을 탐방하는 과정에서 한 학교 교장선생님으로부터 같이 일해보자는 제안을 받은 것이다. 그때만 해도 당장 대안학교 교사로 일할 마음은 없었다. 하고 싶은 공부를 계속하면서 지금 생활을 유지하기 위해서는 특수교사로 일하는 것이 시간적으로나 경제적으로나 도움이 되는 상황이었기 때문이다. 하지만 막상 참빛학교 교장선생님을 만나 이야기를 나눠 보니 마음이 흔들렸고, 그 자리에서 덜컥 수락해버리고 말았다. 집에 돌아와서 곰곰이 생각해본 소라 씨는 아무리 계산해도 그 벌이로는 지금처럼 살기 어렵겠다는 생각이 들어서 결국은 결정을 번복했다.

"교장선생님께 전화해서 안 되겠다고 하니까 그럼 만나서 이야기하자 해서 또 한 번 만났어요. 만나서 이야기하시는 거 듣다 보니까 '아 그런가?' 하면서 설득이 되는 거예요. 알겠다고 하고 집에 갔는데 또 안 되겠는 거예요. 그 짓을 세 번을 했어요."

소라 씨와 교장선생님은 다시 마주 앉았다. 세 번째 만남은 부산 참빛학교에서였다.

"세 번째 만났을 때 제 얘기를 듣던 진병찬 선생님이 "소라 쌤 지금까지 맨날 혼자 살았죠?" 이렇게 묻더라고요. '그렇지 않은 사람도 있나?' 이런 질문이 속에서 막 생겨나더라고요. 그때 교장 쌤이 "같이 한 번 해결해봅시다"라고 말하셨거든요. 그때 기분이 되게 이상했어요. 그 말에 낚여서 지금 여기서 이렇게 지내고 있어요. (웃음) 그 말이 저에겐 되게 컸던 것 같아요. 이번에 복직하면서 쓴 글에서 나도 모르게 그런 말이 나오더라고요. 그 이전이라고 내가 누구에게 도움을 안 받고 살았겠냐마는 그전에는 모르고 산 거죠. 내가 누구한테 도움을 받고 살았는지. 나 혼자 살고 있다고 생각하면서 살았던 것 같아요. 그런데 여기 와서 살면서 그런 걸 좀 많이 배운 것 같아요. 받는 법도 배우고 주는 법도 배우고 함께 산다는 것에 대해서도 고민하게 되고, 그랬죠. 그리고 제가 뭐라고 포기하지 않고 세 번씩이나 저를 설득해준 교장선생님의 후의도 이제는 조금 알 것 같기도 하고요."

사람이 사람을 알아준다는 것은 단순한 격려 이상의 무엇이 될 때가 있는 것 같다. 그렇게 소라 씨는 졸업 후 계속해오던 특수교사 일을 그만두고 대안학교에서의 근무를 시작했다. 불가능할 같았던 삶이 가능해지고, 도저히 안 될 것 같던 일들이 어찌어찌 풀려가면서 삶이 새롭게 펼쳐지는 기분이었다.

"신비로웠어요. 지금 생각해도 그래요. 그 돈으로 안 살아질 것 같았는데 살아지더라고요. 또 희한하게 결혼하면서부터는 혼자 살면서 가졌던 경제적인 팍팍함이 갑자기 좀 사라졌어요. 형편이 더 나아진 건 아닌데 신기하게 그렇게 됐어요."

참빛학교에서 근무를 시작한 후 곧이어 결혼을 했고, 직장이 있는 이 마을에 신혼집을 얻었다. 때마침 마을에서 공동육아협동조합으로 운영되는 초등 방과후학교인 '징검다리 놓는 아이들'의 교사 채용 공고가 떴다. 남편은 서울에서 하던 일을 정리하고 잠시 쉬고 있던 차였다. 소라 씨는 "한번 해볼래?" 넌지시 물어보았고, 남편은 정말 지원서를 제출하고 면접까지 보고는 근무를 시작하게 됐다. 관련 분야에서 아무 경력도 없던 남편이 단번에 채용되었다는 사실에 부부 모두 놀랐다. 소라 씨 말처럼 모든 것이 착착 맞아떨어진 신비로운 시기였다.

"타이밍이 잘 맞았어요. 지원자가 남편 한 명밖에 없었거든요. 두 명을 뽑아야 하는데 한 명만 냈으니 바로 붙은 거죠. 얼마 뒤에 2차 공고가 났는데 그땐 쟁쟁한 사람들이 지원해서 경쟁이 치열했던 걸로 알아요. 2차에 지원했다면 아마 떨어졌겠죠.(웃음) 제가 참빛에서 근무를 시작하고 남편도 일 정리하고 부산으로 내려오고, 마침 징검아 채용 공고가 떠서 지원했더니 순조롭게 채용이 되고. 그 시기에 아귀가 딱딱 맞아떨어진다고 할까, 그런 느낌이 있었어요. 남편은 어쨌든 한번 결정한 일은 후회하지 않고 묵묵하게 하는 스타일이어서, 방과후 교사 일도 최선을 다해서 하더라고요. 징검아에서 3년 일한 덕분에 그래도 나름 괜찮은 아빠가 되지 않았을까 생각해요. 본인도 그렇게 얘기하고요. "내가 그래도 징검아에서 일한 게 있어서 이 정도지." 이렇게 말하더라고.(웃음)"

대안학교 교사로 살면서 벌이는 줄었어도 그 안에서 살아가는 법, 새롭게 관계 맺는 법들을 배웠다. 불안정하고 우울했던 지난 직장 생활과는 사뭇 다른 시간이었다. 이런 삶이 가능할지 감히 상상도 안 되던 때가 있었지만, 그는 살아보니 이것이 어쩌면 자신이 원해온 삶의 모습일지도 모르겠다는 생각을 한다.

"실제로 내가 정말 원했던 삶은 일과 일상이 분리되지 않는 삶이었던 것 같아요. 그 둘이 단절되기보다는 하나의 삶의 흐름으로 가져가는 걸 간절히 원했던 것 같아요. 그게 나에게 안정감을 주기도 하고요. 사는 거랑 일하는 걸 분리시키는 게 저는 자꾸 내 안의 일부가 소실되는 느낌이었어요. 기간제할 때 사실 그런 것들 때문에 공립 임용을 치지 않겠다고 생각한 것도 있거든요. 당시가 나이스 교사 평가제 이런 이야기들이 계속 나오던 때였는데 그런 것에 대한 반감도 있었던 것 같아요. 20대 미혼의 기간제 특수교사의 위치라는 건 교사 집단에서도 최하위 계급인 거거든요. 그런 것들이 어느 순간부터 저를 섬처럼 만들더라고요. 나도 그것으로부터 나를 지켜야 하니까 다른 나를 만들고. 한동안은 학교 교문 들어갈 때 내가 다른 스위치를 켜는 느낌이 있었어요. 퇴근 후의 삶이 진짜 내 삶인 건데, 그런 시간엔 글을 쓰거나 악기를 연주하거나 그런 일을 했어요. 이런 걸 못 찾았을 때는 그냥 술 먹는 거죠. 술 먹거나 놀거나 노래방 가거나. 그런 것들이 계속 나를 소실시키더라고요. 나를 갉아먹는 거죠. 그러고 싶지 않아, 하는 생각으로 다른 무언가를 찾게 되니까 '생각다방' 친구들을 만나게 된 것 같아요."

삶의 자연스러운 흐름에 따라, 또 그 속에서 내린 선택들이 뒤섞여 소라 씨는 지금 여기에 도달했다. 이전에 벌던 월급의 절반을 받아도 삶은 더 풍성해졌다.

"대안학교 와서 결혼하고 아기도 낳고 완전히 이 동네에 가정을 꾸리면서는 더 이상 후회 안 하는 것 같아요. 이게 내가 원했던 삶의 방식이라는 생각을 해요. 물론 이 안에서도 고민은 있지만, 그 고민은 여기서 내가 살지 말지인 거잖아요. 나는 이런 식의 고민이 훨씬 편한 거에요. 이걸 하고 안 하고, 하는 취사선택의 문제가 아니라 살면 살고 아니면 아니고. 이런 사고가 좀 더 마음이 편하고, 더 좋아요."

작년엔 중3 아이들과 복닥복닥 지냈다면, 올해는 졸업을 앞둔 고3 아이들과 만나고 있다. 아이들이 졸업하고 살게 될 곳인 이 마을을 조금 더 구체적으로 느끼게 해 주고 싶어 우리 주변에서 일하며 살아가는 사람들을 만나게끔 하는 수업을 꾸려가고 있다. '비건'을 주제로 마을 도서관 사람들을 인터뷰하는가 하면 '진로'를 주제로 마을에서 다양한 일을 하고 있는 사람들을 만나 인터뷰하는 과제를 내주기도 한다.

"실제로 인터뷰하고 정리하고 애들이 고민하는 지점들을 들어보니 삶의 모양이 다양해지는 건 당연한 결과라는 생각이 드는 거에요. 지금 자리에서 자기 일에 만족감을 가지고 하고 계신 분들, 자기 삶에 대해서 책임 있는 분들을 좀 많이 찾아야겠다는 생각이 들었어요. 하고 싶다고 해서 그 일을 하면서 살게 되지 않잖아요. 아이들에게 '주어져서 만나진 것을 진지하게 열심히 하면서 살 수도 있어'라는 말을 해주고 싶었던 것 같아요. 특히 가까이에서 언제든 볼 수 있는 사람들을 이 기회에 좀 새롭게 다시 볼 수 있는 기회가 있으면 어떨까 싶었어요. 1학기 때 부엉이랑 데이지 만난 것도 그런 맥락이었던 거죠. 작년에 수업 마치고 교육과정 평가를 하는데, 결국 아이들한테 줘야 할 건 삶을 어떻게 바라볼 건가 하는 관점과 그 시선을 기르는 힘이구나 싶더라고요. 무언가를 가르치면서 '이게 맞아, 옳아'라고 할 수 있는 건 아무것도 없는 것 같았어요. '삶에서 주어지고 맞닥뜨리는 많은 것들을 결국 내 힘을 가지고 바라보고 고민해야 하는 거야'라는 것 말고는 해줄 말이 없는 거예요. 그래서 아이들에게 다양하게 보여주는 것이 중요하다고 생각했어요."

공교육의 커리큘럼에 비해 상대적인 자율성을 갖는 대안학교에서는, 오히려 그 자율성이 더 깊은 고민을 안겨주기도 한다. 그럼에도 교과서적인 틀에 맞추기보다 아이들에게 진짜 필요한 것이 무엇일까를 고민하다 보면, 생각지 못했던 의외의 배움과 기쁨을 얻을 때가 있다고 한다.

"고마운 건 우리 학교에서는 그 무엇도 '나쁘다라고 말할 수 있는 건 없다'고 말해준다는 거예요. 중요한 건 어떤 방식으로 하든, 무슨 내용으로 하든, 중심이 어디에 가 있는지를 잘 보면 좋겠다고 얘기해주세요. 근데 재밌어요. 그런 고민들을 할 수 있는 것들이 재밌고, 그런 걸 연구할 수 있는 것도 좋아요. 우리도 공교육 교사들이랑 똑같이 교과 연구를 하고 수업 연구를 하거든요. 근데 그것이 뭔가를 더 많이 알게 해준다기보다는 '정말 한 사람에게 제대로 된 배움을 줄 수 있으려면 어떻게 해야 하지?' 같은, 그러니까 '자기 안에서 스스로 무언가가 일어나도록 하려면 어떻게 해야 하지?' 이런 걸 깊이 고민하게 되는 거죠. 저는 그게 너무 재밌어요."

하지만 모든 일이 그렇듯 이 일에도 즐거움만큼이나 다양한 어려움들이 따른다. 특히나 교사로서의 소명을 생각하면 어쩔 수 없이 부담감이 따라온다.

"때로는 저도 재밌는 일을 하고 싶다는 마음이 들 때도 있어요. 작년에 문득, 내가 이 직업에 너무 소명 같은 걸 부여하고 있는 건 아닐까 하는 생각이 들면서 좀 재밌는 일을 하고 싶다는 마음이 들더라고요. 작년에 무슨 고민을 하다가 거기까지 생각이 닿았는데, 어디 가서 세탁조 청소만 하라고 해도 그 일을 하며 행복하게 살 수 있겠다는 마음이 들었어요. 그런데 교사라는 일의 소명을 떠올리면 내가 단순히 오늘 하루를 충실히 살겠다는 마음만으로 안 끝나지는 거예요. 뭔가를 자꾸 더 해야 할 것 같은 마음이 계속 따라오는 거죠. 그것에 대한 질문은 있어요. 이 일도 사실은 그냥 하루하루를 충실히 사는 일인데, 다른 일과 결코 다르지 않을 텐데, 내가 이 일에 무거운 당위를 부여하고 있기 때문에 부담스러운 걸까, 그걸 계속 고민하고 있는 것 같아요. 명상하면서 한살림 선언을 읽는데, 가치 있는 것을 너무 좋아가면 마음이 힘들어진다는 걸 느꼈어요. 잘하겠다는 의지가 부담이 되고 집착이 되면 결국은 스스로를 괴롭히게 되잖아요. 할 수 있는 게 없는 것 같고, 무기력하게 느껴지고. 근데 그냥 다시 이렇게 내려와서 내가 무엇을 할 수 있는지부터 가면 다시 기쁨이 생기는 거예요."

만나는 아이들은 달라졌어도 학생들과 부대끼며 가르치고 또 배우며 지내는 일상은 한결같다. 특수교사로 일할 때와 달라진 점이라면 자신이 살고 있는 마을에서 일하는 까닭에, 삶에 대한 고민과 일에 대한 고민이 겹쳐진다는 점이다. 그의 말대로 삶과 일은 분리되지 않고 하나로 이어져 있었다.

"교사로서의 고민도 있지만 이 마을에 사는 주민으로서의 고민도 있는 것 같아요. 여기에서 더 많은 사람들이 더 재밌게 같이 살 수 있으려면 어떻게 해야 할까, 하는 고민들도 하고요. 그렇게 거창하지 않더라도 말이에요. 또 학교에는 또래 친구들과는 조금 다른 아이들도 있어요. 일반적인 방식으로 직장을 구하고 살아가는 게 어려운 아이들인데, 그 아이들이 졸업 후 마을에서 함께 어떻게 살아갈 수 있을까 그 구체적인 방법에 대한 고민도 계속하고 있어요."

삶이라는 게 그렇듯 크고 작은 여러 고민이 끊임없이 생기지만 마냥 그 고민에 빠져 있을 새가 없다. 그것이 다시 현실로 돌아와 주어진 삶에 뛰어들게 하는 동력이기도 하다.

"근데 진짜 아이들이란 존재는 기다려주지 않으니까 어쨌든 킵고잉하게 만드는 것 같아요. 생각을 하면 계속 힘이 빠져 그러면 아무것도 할 수 없어, 라고 내려앉지만 다음 날 학교에서 아이들을 만나서도 그렇게 있을 순 없잖아요."

마을, 나에겐 안전하고 따뜻한 둥지

참빛학교에 근무하면서 화명동 주민이 된 소라 씨는 이후 자연스럽게 맨발동무도서관의 이용자가 되었다.

"맨발동무는 참빛 오면서 자연스레 알게 됐는데 확 인연이 됐던 건 문화 다양성 사업을 같이하면서죠. 그때 부엉이가 엄청 적극적으로 받아 주셔서, 도서관에서 문화 다양성 공부 모임을 시작해서 한 3년을 했어요. 그러면서 도서관이랑 적극적으로 관계를 맺게 된 것 같아요."

그 이후부터 가족 모두 도서관과 더 가까워졌다. 마을 안의 관계망 속으로 점점 깊숙하게 들어오게 된 것이다. 이제는 도서관 식구들 모두 소라 씨네 가족에겐 편하고 든든한 이웃이다. 소라 씨는 자신이 살고 있는 이 마을이 꼭 둥지 같다고 말했다.

"전 이 마을에 되게 감사해요. 마을로부터 받는 것이 정말 많아요. 아이가 지나다니면서 인사할 사람이 있고, 알아봐 주는 사람이 있다는 것부터가 감사한 일이에요. 오늘도 오전에 집을 비워야 해서 아이들을 우리 학교에 데리고 갔거든요. 교실에서 오전에 놀다가 왔는데, 이제 나의 생활의 영역이 가족만은 아닌 거예요. 혈연으로 한정된다기보다는 물리적으로, 거리상으로 가깝고 옆에 있는 그런 것들로부터 내가 보호받고 있는 느낌이 있어요. 아이도 마찬가지고요. 우리 남편이 작년에 육아 시작하면서 저랑 막 싸우고 울면서 까치(맨발동무도서관 백복주 활동가)를 찾아갔더라고요. 까치가 학부모이기도 하지만 육아 선배이고 또 가까운 사람이라고 느꼈나 봐요. 우리 남편이 진짜 낯을 많이 가리는데, 남편에게도 마음이 힘들 때 찾아갈 수 있는 사람이 이곳에 있다는 게 다행이다 싶더라고요. 사실 남편한테 좀 미안하고 고마운 게, 여기는 자기한테 아무 연고가 없는 곳이잖아요. 저는 그래도 근처에 만날 친구들도 있고 한데. 그런데 이 사람도 어쨌든 이 안에서 이런 이야기를 나눌 관계를 찾은 거니 저도 좀 안심이 되고 그랬어요. 여기 살아가면서는 우리가 이 속에서 보호받고 있다고 느껴요. 그러니까 이 마을은 우리 가족에게 꼭 둥지 같아요. 그동안 그렇게까지는 생각을 안 해 봤는데 오늘 이야기 나누면서 그 생각이 많이 들었어요. 이 마을이라는 곳 안에서 내가 탁 감싸여서 살고 있다는 느낌. 그래서 둥지 같다는 말이 딱 맞는 표현인 것 같아요."

소라 씨는 자신이 이 마을에서 받은 만큼 자신 역시 또 다른 누군가에게 베풀고 싶다는 마음이다. 이 마을이 그런 마음을 가지게 만들었다.

"하진이를 키울 때, 또 하민이가 배 속에 있을 때 언니들이 정말 많이 도와주셨거든요. 도서관 모든 언니들부터 마을 학교나 동네에서 만난 언니들이 애 키울 땐 다 그런 거라고 위로도 해주고 또 많이들 챙겨주셨어요. 나에게도 동생들이 생기면 그런 사람이 돼야지, 하는 생각을 많이 하는 것 같아요. 뭐든지 해줘야지, 이런 마음이요."

한 잔의 맛 좋은 커피를 내어준다는 것

김정은 * '이너프 커피' 사장

대천천 앞 골목 어귀엔 조그마한 가게가 하나 있다. 동네에서 '하품'으로 불리는 김정은 씨가 운영하는 '이너프 커피'다. 조금만 걸어 나가면 대형 프랜차이즈 카페가 즐비한 곳이지만, 이 소담한 공간이 주는 멋과 맛이 좋아 이곳을 찾는 사람들이 적지 않다. 작지만 머무는 이들에게 편안하고 충분한 공간이 되기를 바라는 마음으로 지은 이름답게, 동네 사람들은 집과 가까운 거리에서 맛있는 커피 한 잔이 마시고 싶을 때라든가, 잠시 머무를 공간이 필요할 때면 이너프를 찾는다.

'하품'은 정은 씨가 초등 방과후학교 '징검다리 놓는 아이들'에서 잠시 일하던 무렵에 지은 별명이다. 카페 창업 전 그는 동네 사람들이 만든 마을밥상협동조합의 '우리집밥' 매니저로 일하기도 했다. 마을과는 이전부터 교류가 있었지만 정식으로 마을 주민이 된 건 결혼을 하면서부터다. 방과후학교 교사인 혜수 씨와 마을에서 결혼식을 올리고, 아내의 직장이 있는 이곳에 신혼집을 마련한 것이다. 그리고 얼마 후 이너프 커피를 열었다. 그때만 해도 그는 이 마을이 어딘지 어색하고 부담스러웠다고 한다. 아내와 친분이 깊은 사람들이 많은 이 동네가 마치 아내의 친정처럼 느껴지기도 했다고. 하지만 지금 이곳은 그에게도 편안하고 익숙한 삶의 터전이자 일터이다. 어느덧 7년째 이 동네에서 카페를 운영 중인 그는 주6일 카페 문을 열고, 마을밥상협동조합의 이사진으로 참여하고, 동네 남자들로 꾸려진 독서모임에 참석하고, 마을에서 도움이나 협력을 요청하는 일에 함께하면서 대천마을의 어엿한 주민이자 이웃으로 살아가고 있다. 작년 겨울과 올해 봄, '이너프 커피' 대표인 김정은 씨와 마주 앉아, 카페 주인이자 마을 주민으로서 지내는 일상의 이야기를 들어보았다.

우연한 계기로 커피를 만나다

매일 11시면 이너프가 문을 연다. 월요일 하루를 제외하고는 오전 11시부터 밤 9시까지 손님을 맞는다. 이너프의 하루는 어떻게 흘러갈까.

"일과랄 건 크게 없는데, 출근하면 늘 그렇듯 문을 열고 커피를 내리고 손님들을 기다리죠. 로스팅하는 날, 콜드브루 내리는 날, 드립백 만드는 날, 레몬청 담그는 날이 다 다르다 보니 일과는 같아도 그날 그날 하는 일은 조금씩 달라요."

코로나 이후로는 손님들의 변화도 느낀다고 한다. 홈카페를 선호하는 사람들이 많아지면서 원두나 핸드드립 세트를 구입하는 손님이 늘어난 것이다. 재개발 때문에 위치를 이전하면서 카페 분위기도 좀 달라졌다.

"전에는 더 동네 분들, 아는 분들만 오는 카페, 그러니까 가게 같지 않은 가게 느낌이 좀 있었어요. 입구도 그렇고 위치도 너무 안쪽이다 보니 그런 얘기하시는 분들이 많았거든요. "여기 장사하는 데냐" 문 열고 물어보고 들어오는 분들도 있고요. 이쪽으로 옮긴 뒤로는 일반 카페다운 느낌이 좀 더 생긴 것 같아요. 그냥 오다가다 잘 모르는 분들, 처음 뵙는 손님들도 꽤 오셔요. 주말 되면 좀 멀리서 물어물어, 전화해서 위치가 어떻게 되는지 차를 어떻게 대야 하는지 물어보고 오시는 분들도 있고요. 그 차이를 좀 느껴요."

카페 직원으로 일하던 시기까지 합치면 커피 일을 한 지도 벌써 십 년이 넘었다. 대학에서는 국문학을 전공했고, 평소에 커피를 그다지 좋아하지도 않았던 그가 커피에 관심을 갖게 된 계기는 무엇이었을까. 커피를 일로써 처음 접한 건 지인으로부터 단기 아르바이트를 제안 받으면서였다.

"사실 대학은 조금 더 관심 있는 학과를 선택해서 온 거였고, 졸업할 때까지 취업 준비를 하나도 안 했어요. 졸업하니까 '뭘 해야 하지?' 싶더라고요. 그러다 아내랑 연애할 땐데, 장모님 친구분이 중앙동에서 카페를 준비하고 계셨어요. 카페를 차리는데 아르바이트를 할 사람이 필요하다고 하셨어요. 마침 제가 그때 놀고 있을 때라 가서 일을 좀 도와드렸죠."

그곳에서 일하며 카페 일을 곁눈질로 배웠다. 그러던 어느 날, 오픈 준비가 끝나고 사장도 자리를 비운 사이에 혼자서 손님을 맞게 되었다고 한다. 커피 기계며 원두며 다른 모든 것은 준비가 되어 있었는데, 자기가 할 수 있는 것이 하나도 없었다. 결국 그는 냉장고에 있던 우유를 꺼내 손님에게 내주었다고 했다. '아, 이게 쉬운 일이 아니구나. 내가 잘 모르는 세계구나.' 그때 그는 처음으로 이 일에 대해 진지하게 궁금증을 갖게 되었다. 그리고 얼마간의 시간이 지나고 나서, 커피를 제대로 배워봐야겠다는 생각이 들었고 곧 바리스타 학원에 등록을 했다. 커피의 역사부터 로스팅 기술까지, 커피에 대해 배우는 일은 재미있었지만 그 목표가 단지 자격증을 따기 위한 것이라는 게 그는 좀 아쉬웠다. 자격증을 얻기 위한 시험에서는 주어진 시간 안에 서로 다른 종류의 커피 몇 잔을 만들어서 서빙하는 기술을 보여야 하는데, 그런 식의 단순 테스트로 자격증을 얻는 것이 썩 내키지 않았던 것이다. 그는 결국 필기시험만 치고 실기엔 응시하지 않았다. 자격증 없이 커피 일을 시작한 것이다. 카페에서 일하거나 창업을 하려는 사람이라면 당연히 갖추어야 하는 게 바리스타 자격증일 거라고 생각하지만, 꼭 그렇지만은 않다며 그는 부연했다.

"카페에서 직원을 고용할 때 바리스타 자격증을 요구하는 경우도 있죠. 요구하는 사람은 자격증이 있는 걸 좋다고 여기는데, 오히려 안 좋아하는 사람도 있어요. 사장 입장에서는 직원이 내가 말하는 대로 해줬으면 좋겠는데, 어디서 다른 방식으로 배워온 거니까요. 종종 '내가 하는 게 맞아' 하면서 자기 방식을 고집하는 사람도 있는데, 그런 직원이라면 사장 입장에서는 조금 힘들어지는 거죠. 요즘엔 다른 자격증도 많이 생겼어요. 커피 맛을 가려낼 줄 아는 '큐그레이더'라는 커피 감별사 자격증도 있고요. 그러니 자격증이 다 쓸모없다고 얘기하는 것도 맞는 말은 아닌 거죠. 워낙 다양해져서요."

처음 커피 일을 시작할 즈음엔 지금처럼 커피에 관한 자료가 별로 없었고 스마트폰이 대중화된 시기도 아니어서, 필요한 정보를 얻는 데도 여러 어려움이 따랐다고 한다. 혼자 공부하는 데 한계를 느낀 그는 전문적인 지식을 갖춘 분에게 메일을 보내 궁금한 점을 물어보기도 했다. 정성 담긴 답장을 받고 감사했지만, 전문 지식이 부족하다 보니 그 노하우를 자기 것으로 소화하는 일이 쉽지만은 않았다고.

"커피에 관한 이론과 지식을 쌓는 공부도 재미가 있고 필요한 일이에요. 그런데 저는 이걸 업으로 삼은 사람이니까, 결국 맛있는 커피를 만들어내는 게 중요한 거더라고요. 실제로 결과물이 나오는 게 핵심인데, 그건 결국 현장 경험을 통해 얻어지는 것 같아요. 그런 건 카페에서 일하면서 가장 많이 배웠죠. 창업하기 전에 직원으로 일할 때, 하루 쉬는 날에 각자 어디 가서 뭔가를 배워오고, 서로가 배운 걸 같이 이야기 나누면서 직접 만들어보기도 하고 그랬어요. 그러면서 점점 실력이 늘더라고요."

커피 일은 잘 맞았지만 카페에 고용되어 일하는 이상, 자신이 할 수 있는 것이 한정적이라는 사실이 그는 늘 아쉬웠다. 당시로는 그 정도의 임금으로도 생활이 가능했지만, 멀리 바라보면 과연 이 일을 계속할 수 있을지 막막해질 때도 많았다고 한다.

"이쪽이 그렇게 임금이 높지가 않거든요. 그 당시로는 버틸 만한데 내가 더 나이가 들면 이 돈을 받고 일할 수 있을까, 싶은 거죠. 아마 대부분의 바리스타들이 하는 고민일 거예요. 그럼에도 창업을 하고 싶었던 가장 큰 이유는 내가 원하는 커피나 내가 하고 싶은 걸 좀 더 마음껏 하고 싶다는 거였어요. 내가 좋아하는 원두나 장비를 써본다거나, 내가 원하는 방식으로 커피를 내려 보고 싶었어요."

마을밥상협동조합의 '우리집밥' 매니저가 되다

그는 카페 창업을 마음먹던 즈음에 여자 친구로부터 화명동에 '마을밥상협동조합'이 생긴다는 소식을 들었다. 조합에서 '우리집밥'이라는 친환경 밥집을 여는데, 함께할 매니저와 셰프를 구한다는 말에 귀가 솔깃했다. 만약 이곳이 잘 되면 마을 술집, 마을 세탁소로도 확장할 수 있다는 얘기를 들었기 때문이다. 그 중엔 분명 마을 카페도 있지 않을까 싶었다. 협동조합 형태로 열더라도 직원으로서가 아니라 직접 운영할 수 있는 카페가 있으면 좋겠다고 생각하던 그는 '마을 밥집에서 일하다가 카페로 일을 옮기면 되겠다'는 야무진 뜻을 품었다. 그리고 근무하던 카페를 그만두고 밥집에서 일을 시작했다. 2014년의 일이었다. 개인적인 목표가 있었기에 이곳에서 일하는 건 어렵지 않았지만 주변에 이 일을 설명하는 데는 애를 좀 먹었다.

"누군가가 "어디서 일하세요?" 하면 "밥집에서 밥 나르고 있어요" 이렇게 해야 하는데, 잘 모르는 사람이야 그러려니 하고 넘어간다 해도 엄마가 물어보면 그렇게 이야기하는 게 좀 그런 거예요. 이 일이 미래가 창창한 느낌이 아니기도 하고, 또 협동조합 얘기도 드려야 하고, 설명을 많이 해야 하는 게 좀 어렵더라고요."

그밖에도 우리집밥 일은 생각과 다른 점이 많았다. 매니저로

들어왔지만 하는 일은 청소하고 음식 나르고 설거지하는 일들이
대부분이었다.

"원래 매니저는 회계 정리나, 영수증 모아서 돈 계산 하는 거, 세무서
에 세금 신고하고, 임금 나가는 거 처리하는 일을 주로 하죠. 그런데
그런 일만 할 정도로 규모가 크진 않았으니 출근하면 비질하고 닦고,
밥 나르고, 치우고 설거지하고. 음식 만드는 거 빼고 다른 일들은 거
의 다 했던 것 같아요. 설거지 일을 막 하다가 허리가 아파가지고 못
걷겠다, 이런 날도 있고요. 안에서도 일하시는 분들끼리 안 맞을 때
도 있거든요. 그런 걸 또 풀어가고 조율하고. 그건 어디 가도 비슷하
니까요. 아무튼 제가 밥집을 한 1년 정도 하면서 지금 생각하니까 좀
힘들었던 것 같아요."

알게 모르게 스트레스가 컸는지 그는 그 시기에 위염으로 한
참 고생도 했다. 그렇게 1년 정도 밥집에서 일을 하다가 그만두
었고, 우리집밥도 얼마 지나지 않아 경영난으로 문을 닫았다. 그
는 유통업으로 바뀐 마을밥상에서 지금까지 재정과 시설 담당
이사로 4년째 함께하고 있다. 집밥 일은 생각한 것과 달랐지만,
그 또한 마을을 경험하는 중요한 시간이었다.

"사실은 돈이 없으니까 내 가게를 차린다는 게 너무 먼 일인 거예요.

임대료도 그렇지만 커피 기계라도 하나 사려면 1천만 원씩 이렇게 하니까요. 카페에서 몸으로 때워가며 돈을 모아서 창업하는 게 현실적으로 너무 힘드니까, 그러면 마을에 좀 기대어가지고 할 수 없을까, 하는 생각이 들었던 거죠. 솔직히 마을을 위해서라거나 마을 밥집의 의미에 부응하자, 그런 마음은 아니었어요. 마을 안에서 사람들과 같이 뭔가를 한다는 게 당시 저에게는 좀 생소한 것이기도 했고. 그걸 몸으로 좀 더 체감해보려고 마을밥상 일을 경험해 봤던 것 같아요."

마을밥상 일을 하던 무렵 그는 동네에서 남자들끼리 하는 독서모임에도 참여하기 시작했다. 이 동네에서 직장 생활을 하는 대학 후배가 같이 가보자고 제안한 것이다. 그때만 해도 지금보다 낯을 더 많이 가리던 시기라, 모임에 참여해서 아무 말도 안 하고 돌아올 때도 많았다. 그래도 그렇게 모이는 시간이 생각보다 재미가 있어서 빠지지 않고 가다 보니, 어느덧 모임원들과도 친숙하고 편한 사이가 되었단다.

"제 와이프도 방과후학교의 교사지만, 대학 후배도 거기서 교사로 있었거든요. 그 후배가 먼저 동네 아저씨들이랑 모임을 같이 하고 있었는데, 저보고 같이 가자고 하더라고요. 마을 밥상에서 매니저로 일할 때부터 참여했어요. 맨날 집과 직장, 이렇게 반복하다가 이런 모임을 가니까 재미있고 기다려지더라고요. 같이 뭔가를 하는 것이 그 자체로 재미있었어요. 우리 독서 모임은 사실 책 안 읽어도 별로 상관없거든요. 그냥 와서 좀 조롱을 당하면 돼요.(웃음) 그 모임원이 거의 다 동네 분들이고 아저씨들이에요. 돌아가면서 책을 정하고, 책이 선정되면 두말없이 봐야 한다는 규칙을 정해서 하고 있어요. 다양한 직업에 얘기하기 좋아하는 사람이 아홉 명이나 모이다 보니까 동시발화자가 최소 두 명은 있죠. 비슷한 일상을 살아가다가 거기 가면 그래도 재밌어서 즐겁게 잘하고 있어요."

'이너프 커피'를 창업하다

마을 밥집을 그만두고 얼마 뒤, 동네에서 저렴한 월세로 나온 가게를 발견한 그는 서둘러 계약했다. 세 들어 있던 분이 마침 장인어른과 아는 관계여서 생각보다 일이 더 빨리 진행됐다. 생각했던 '마을 카페'의 꿈은 이루어지지 않았지만 드디어 자기만의 가게를 시작하게 되는 순간이었다.

"밥집을 그만두고 공간을 알아보다가 임대료가 싼 건물을 하나 알게 됐어요. 지금은 재개발로 없어진 건물인데, 임대료가 한 달에 20만 원이더라고요. 그래서 바로 질렀어요. 인테리어부터 해서 가구 짜고 이런 것들을 마을 분들이 많이 도와주셨죠."

카페 창업 준비를 하면서 독서 모임 구성원들에게도 여러 조언과 도움을 받았다. 카페 사업계획서에 대한 의견을 듣기도 하고, 그중 가구를 잘 짜는 분에겐 카페의 모든 가구 제작을 부탁했다. 2015년 여름부터 부지런히 준비하기 시작했다. 카페 이름은 '이너프 커피'. 처음엔 '모퉁이 카페' 이름을 생각했다가, 아내가 이너프라는 이름을 떠올렸다.

"어떻게 보면 카페랑 좀 안 어울리는 이름일 수도 있잖아요. 그래서 그 말이 더 좋아 보였던 것 같아요. 크기도 좀 작고 저 혼자 작은 기계로 커피를 볶아서 내리는 이런 조그마한 공간에서, 손님들이 오셔서 커피 맛이 됐든 공간이 됐든 마음에 찰 때까지 충분히 즐겼으면 하는 그런 마음으로 정했어요."

카페를 오픈할 때 주변 사람들의 조언을 참 많이도 들었다고 그는 회상했다. 건물 인테리어를 할 때도 지나다니는 동네 사람들이 한두 마디씩 말을 보탰다. 아는 사람부터 초면인 사람까지 모두 이 가게에 관심을 보였다. 돌아보면 이너프가 탄생하는 과정엔 마을 이웃들의 크고 작은 관심과 손길이 함께한 셈이다. 그렇게 2015년 가을, 대천천이 마주 보이는 작은 골목 어귀에 '이너프 커피'가 문을 열었다. 바리스타로 일한 경력이 있으니 커피 내리는 일은 어렵지 않았지만, 카페 홍보나 운영, 회계에서는 어김없이 막혔다. 사장보다는 직원 마인드가 더 강했다. 틈만 나면 땡땡이치고 싶은 욕구가 일었다. 그럼에도 이너프를 열면서 생각했던 꿈은 있었다. '이 마을에서 오래오래 살아남는 가게가 되자'는 것이었다. 커피 맛이든, 공간의 편안함이든 손님들이 오랫동안 꾸준히 찾는 가게로 만들고 싶다는 마음이 컸다. 그리고 애초에 마을 밥집에서 일할 때의 꿈처럼 이곳을 '마을 카페'로 키워나가고 싶은 욕심도 있었다.

"처음엔 간판에 '마을 카페'라고 적고 싶은 거예요. 제 마음속에 우리 카페가 마을 카페로 불릴 수 있으면 좋겠다는 그런 생각이 있었던 거죠. 그런데 다시 생각해보니 그게 무슨 의미가 있나 싶더라고요. 보통 간판에 '원조 맛집' 이런 거 넣으면 '아, 진짜 원조 맛집이구나' 하고 받아들이는 사람 거의 없잖아요. 뭐가 마을 카페일까, 정의를 해보려면 되게 어렵거든요. 공간적으로 동네 안에 있어야 한다는 걸 먼저 꼽을 수 있는데, 어디까지가 우리 동네인가 생각하면 그것도 복잡해지는 거고요. 쉽게 생각하면 여기 오는 손님들이 "우리 동네 카페야, 마을 카페야" 하고 말하면 그게 다인 거잖아요. 어디 새기거나 적어놓을 필요 없이. 그러니까 말이나 단어에 집착하기보다 그 의미가 중요한 거죠. 마을 카페라는 이름이 아니라 진짜로 마을 사람들의 카페."

마을 카페가 무엇인지 명확히 정의하기는 쉽지 않지만, 그의 말대로 손님들이 이너프를 '우리 마을 카페야'라고 여기고 편히 오갈 수 있다면 그걸로 충분하지 않을까. 그는 마을 카페를 만들고 싶었던 초창기의 마음을 들여다보면서 이너프의 정체성과 방향을 더 명확히 다질 수 있었다.

"처음 시작할 때, 이너프를 통해서 마을 사람들하고 좀 더 친근하게 알고 지내고, 마을 분들이 이곳을 편안하게 이용할 수 있으면 좋겠다는 생각이 있었는데 그 목표대로 잘 되고 있는 것 같아요. 그리고 커피하는 사람 중에 그나마 제가 동네 사람들에게 좀 친근하고 편한 사람으로 여겨지는 것 같아요. 커피에 대해서 궁금하거나 커피에 대해서 이야기하고 싶을 때, 커피 관련 일로 무언가를 부탁하고 싶을 때, 그럴 때 떠오르는 이웃이요. 동네에 계신 학교 선생님이 아이들 커피 체험을 해보고 싶은데 제가 생각이 났다면서 전화를 해 주시기도 하고, 얼마 전에는 화명동 뇌병변복지관에서 일하시는 분이 마을에서 우연히 제 이야기를 들었다면서 다른 복지사분이랑 커피를 드시러 오셨더라고요. 뇌병변 장애가 있는 분들과 커피 수업을 해보자고 제 안해주시기도 했어요. 그런 점에서 제가 처음 목표했던 대로 그럭저럭 잘 하고 있다는 생각이 들어요."

그에게 '마을 카페'라는 이름보다 중요한 것은, 사람들이 이곳을 얼마나 자주 찾아오고 싶은가, 하는 것이었다. 사람들이 자주 찾는 곳이 되려면 무엇보다 커피 맛이 좋아야 한다고 생각했다. 손님들에게 맛 좋은 커피를 내려주는 것이 카페 운영의 최우선 순위가 된 것도 그 때문이다.

"제가 중요하다고 생각하는 걸 잘 지켜서, 내 기준에서 최대한 먹을 만한 커피를 만들려고 애쓰는 게 이너프의 전부거든요. 좋은 콩을 사서 볶고, 맛있는 커피를 한 잔 내어드리는 것. 손님들이 오셔서 맛있는 커피를 마시는 것. 마을 카페고 무슨 카페고 그런 거 상관없이 그게 제일 커요. 그걸 지키는 게 저한테는 제일 중요해요. 그걸 지켜가면서 다른 분들이 마을 카페로 여겨주시고 좋아해 주시면 고마운 거죠. 만약 커피가 맛없는 마을 카페다, 저라면 별로 안 가고 싶을 것 같아요.(웃음)"

최근에는 타지에서 알음알음 찾아오는 분들도 늘고 있지만 이너프 손님은 여전히 마을 사람이 대다수다.

"너무 말이 없는 손님분들에게는 가끔 찔러봐요. 맛이 괜찮으셨냐고. 새 커피가 들어왔을 때 사람들이 좋아할지 아닐지를 모르니까 물어보거든요. 그럴 때 자기가 아는 모든 감각이나 용어들을 동원해서, 최선을 다해서 대답을 해주세요. 들을 때는 당연한 것처럼 편하게 들고 있는데, 사실 해보려고 하면 쉽지 않거든요. 내가 느낀 커피 맛을 누군가에게 잘 전달해주려고, 도움이 되려고 말을 골라서 표현하는 거잖아요. 내가 최대한 애를 써서 커피 한 잔을 만들었는데 그걸 누군가 최대한 애를 써서 평가를 해 보려고 하는 것, 서로가 그런 노력을 하는 게 정말 쉽지 않은 일인데, 그렇게 해주는 분들이 계시니 되게 고맙죠. 그리고 오다가다 귤 한 개나 붕어빵 한 봉지, 이런 걸 챙겨주시는 분도 계시고요. 독서 모임 하는 분들은 반찬을 가져다주신다거나, 김장하면 김치도 주시고요. 또 요즘 어디 가 봤는데 뭐가 좋더라, 그런 소소한 정보도 전해주시고요. 쉽지 않은 일 같은데 굳이 오셔서 그런 것들을 전해주시는 게 감사한 일이죠."

대천천 변에 있다 보니 마을 아이들도 종종 카페에 들른다. 자전거를 타고 지나가다가 물 한 잔을 얻어 마시거나 화장실을 이용하기도 한다. 그의 아내 혜수 씨는 말한다. 이런 것만으로도 충분히 마을 카페로서의 역할을 하는 것이라고 말이다.

"감당할 수 있을 정도의 민폐다, 그 정도 생각하고 있어요. 아이들이 와서 장사를 방해하거나 그런 건 아니거든요. 보통은 얼굴 아는 애들이 오는 정도예요. 저도 어릴 때 그랬는데, 가서 뭐 얻어먹고 가면 재밌잖아요, 그런 느낌으로.(웃음)"

그는 커피 만드는 게 지금도 너무 재밌다. 자신이 모르는 세계가 많다는 것 역시 이 일을 더 잘하고 싶다는 동기부여가 된다.

"일단은 이 분야가 생각보다 더 다양하다는 점이 좋았어요. 그리고 제가 하는 일이, 많은 사람들이 좋아하는 거라는 게 좀 더 매력적으로 보였어요. 와이프도, 장모님도 커피를 되게 좋아하거든요. 주변에서 커피 좋아하는 사람이 되게 많더라고요. 내가 사람들이 좋아하는 일을 하고 있구나. 그런 걸 느낄 때마다 제가 하는 일에 대한 자부심과 만족감이 더 생기는 것 같아요. 처음 이 일을 시작할 땐 사실 돈을 버는 직업으로만 생각했었어요. 시작을 하고 보니까 이 일이 되게 매력적인 게, 입문은 쉬운데 숙달되기는 되게 어려운 영역인 거예요. 커피를 한 잔 내리기는 쉬운데 이거를 잘 내리기는 또 되게 좀 어렵거든요. 어찌 보면 매일 똑같은 일을 반복하는 것 같이 보이는데, 커피라는 건 매일이 다르더라고요. 한 잔 내리고 다음 한 잔 내릴 때 또 다르고, 커피를 볶을 때도 똑같은 콩이어도 똑같은 맛을 내기가 물리적으로 어려워요. 최대한 똑같이 맛있게 만들려고 하는데 그게 쉽지가 않죠. 매번 달라져서 어렵기도 한데, 또 그 이유 때문에 재미있는 것 같아요. 이 업계도 늘 뭔가 조금씩 새로워지고 바뀌는 게 있거든요. 자격증도 더 세분화되고, 공부 분야도 더 다양해지고요. 그런 것들이 이 일을 지겹지 않게 만들어주는 것 같아요."

개인 카페를 운영하는 것이 멀리 있는 일일 줄만 알았는데 어느덧 카페 사장으로 보낸 시간이 짧지 않게 쌓였다. 그는 이 사실이 가끔 신기하다. 어떻게 이게 가능해질 수 있었을까, 생각하다 보면 역시나 이 마을이기에 가능한 일이구나, 싶은 생각이 든다고.

"그냥 없는 돈으로 카페를 하고 싶어서 알아보다가 이 공간을 만난 거죠. 이 마을이라서 월세가 싸기도 하고, 사실 이 공간이 그렇게 잘될 거라는 생각도 없었거든요. 번화가나 이런 데는 개인 카페라 해도 인테리어도 삐까뻔쩍하고 그런 좋은 곳도 많잖아요. 저는 그렇게까지는 못하니까 이 안에서 한번 근근이 버텨보자, 생각했죠. 그렇게나마 시작이라도 할 수 있다는 게 되게 컸어요. 그런 공간을 찾다 보니 결국에 그냥 여기였던 것 같아요. 카페를 하고 싶은 가난한 청년에게 그래도 조그마한 틈이라도 보여준 거는 여기였던 것 같아요. 만약 그때 카페를 창업하지 않았다면 지금도 어디서 직원으로 일을 하고 있거나 다른 쪽으로 갈아타거나 그러지 않았을까 싶어요."

마을에서 일하고 살아가다

그는 결혼과 동시에 이 마을 주민이 되었다. 아내 혜수 씨는 공동육아협동조합의 초등 방과후학교 교사로 근무 중이다. 거슬러 가보면 아내의 직장에서 한 달 정도 아르바이트를 한 것이 그가 이 마을과 처음 인연을 맺은 계기다.

"다니던 쌤이 갑자기 일을 못하게 되면서 땜빵이 필요한 상황이었어요. 저는 계속 놀고 있으니까 여자 친구가 한 번 와보라 그래서 하게 됐어요. 저는 원래 교사라는 일에 관심이 없기도 했고 특히 애들을 만난다는 게 걱정되더라고요. 아이들에게 제가 악영향을 끼칠까봐요. 막상 가니까 예상대로 애들이 말도 잘 안 듣고, 저 왕따 시키고, 좀 힘들었어요.(웃음) 지금 이사로 참여하고 있는 마을밥상 일도 그렇고, 다른 일들도 그렇고, 마을 일들이 좀 신기한 게 있어요. 막상 그 안에 있을 때는 이게 나중에 나한테 얼마나 큰 도움이 되는지, 여기서 만난 사람들이 어떻게 계속 인연이 이어지는지 이런 게 잘 안 보여요. 그 안에 있을 땐 그냥 힘들고 애들은 말 안 듣고 그렇죠. 그런데 지나고 보면 그 또한 저마다 필요하고 또 중요한 시간이었구나, 알게되는 것 같아요. 그래서 저는, 만약 대천마을이 아닌 데서 살아야 한다고 하면 그곳에서 똑같이 카페를 차리고 집을 얻고 해도 뭔가 좀 심심할 것 같아요. 조건이 다 똑같다 해도, 화명동의 대천마을이 아니라면 지금과는 다르겠죠. 그래도 제가 이 동네에서 결혼하고 카페를 운영하고 있으니까, 제가 무슨 일을 겪거나 할 때 은근히 힘이 되고 든든한 건 있어요. 카페를 하고 싶은데 돈이 없는 청년이 여기 와서 기댔던 것처럼, 제가 삶에서 겪는 여러 일들에 대해 하소연이라도 한 번 할 수 있고, 주변 어딘가에 도움이라도 한 번 요청해볼 수 있지 않나, 그런 생각이 드는 거죠. 아까 제가 처음 이 마을 가운데 떨어졌을 때 사람들이 나를 관찰하고 평가하진 않을지 그런 것들이 신경 쓰이고 겁난다고 했는데, 실은 그 바탕에는 호의가 깔려 있었던 것 같아요. 근원은 잘 모르겠는데, 그냥 좋아해 주시는 거예요. 카페에 있다 보면 "맨발동무도서관에서 얘기 듣고 왔어요" 이렇게 말해주시는 분들이 있거든요. 제가 그 분한테 잘 보이려고 애를 쓴 것도 아니고 뭘 한 것도 아닌데, 그냥 우리 동네에 커피 맛있는 집 있다, 거기가 보라는 소리를 듣고 오셔서는 가게가 그다지 안 예쁜데도 막 예쁘다고 해 주시고요. 그분들도 저를 잘 모르지만, 그럼에도 생판 남으로 만났을 때보다는 저에 대해 뭔가 호의를 보여주셨던 것 같아요."

아내 덕분에 인연이 닿은 곳이지만, 지금은 이 동네에 살아가는 것이 감사할 때가 많다. 이곳이 그에게 더 특별한 이유는 자기 일을 해보고 싶어 하던 한 청년을 기꺼이 품어준 곳이기 때문이다. 그는 말했다. '이렇게나마 시작할 수 있게 해준 곳, 카페를 하고 싶은 가난한 청년에게 조그마한 가능성이라도 보여준 곳'이 여기였다고. 마을의 응원 속에서 카페를 창업하고 7년이라는 시간이 지났다. 아는 사람만 오는 듯했던 '가게 같지 않은 가게'가 지금은 어엿한 카페로 성장해, 거리가 먼 곳에서도 물어물어 찾아오는 손님이 있을 정도가 됐다. 자영업이라 벌이가 늘 일정하진 않지만, 그래도 어느덧 이너프는 작지만 단단한 존재감으로 마을 안에 자리 잡았다. '동네 사람들에게 '커피' 하면 떠오르는 친근한 이웃 정도가 되고 싶다'던 그의 소박한 꿈도 어느새 이뤄진 것인지, 이제는 마을 사람들도 커피와 관련된 일이라면 그를 먼저 찾는다. 앞으로 그가 생각하는 이너프의 미래는 어떤 모습일까. 인터뷰를 마무리하며 그에게 질문했다.

"이너프의 미래 모습은 여러 버전이 있을 수 있겠는데, 단순하게 생각하면 지금 그대로 계속 가는 것도 저는 좋을 것 같아요. 지금처럼 공간이 똑같은 곳이든 근처가 됐든 간에, 지금 정도로 그냥 마을 안에서 주변 사람들이나 친구들이랑 놀러 오기 좋은 곳. 아니면 대천천 산책 나왔다가 여름에 더울 때 '저기 가면 맛있어' 라거나 '산책하다 목마르면 저기 가면 돼' 이런 공간으로 남으면 좋겠어요. 마을 사람들에게 만족할 만한 매력을 꾸준히 주는 공간이고 싶어요."

내가 선택한 길

박혜수 * 부산 북구 공동육아 사회적 협동조합

초등 방과후학교 '징검다리 놓는 아이들' 교사

작년 여름부터 동네에서 책 읽기 수업을 하고 있다. 독서교실 아이들 중 한 반은 공동육아조합의 초등 방과후학교인 '징검다리 놓는 아이들'을 졸업한 5학년생들이다. 이 아이들과 수업할 때면 한 번씩 등장하는 낯익은 이름이 있는데, 바로 징검아에서 아이들과 4년간 같이 생활한 교사 '동글이'다.

아이들과 동화 『그 사람을 본 적이 있나요?』를 함께 읽고서 "너희가 만난 어른 중 가장 기억에 남는 멋진 어른은 누구야?"라는 질문을 던졌을 때도, 『마지막 이벤트』를 읽은 후 "주인공 말대로 살아있을 때 장례식을 한다면 누구를 초대하고 싶을까?"라는 주제로 대화를 나눌 때도 아이들은 입을 모아 "동글이!"를 외쳤다. 저마다 돌아가며 동글이가 자신에게 어떤 사람인지, 왜 동글이가 멋지고 좋은 어른인지에 대해 이야기하는 아이들의 모습을 보고 있으면 신기한 기분이 들었다. 어떻게 하면 교사와 학생이 만나 그런 관계가 만들어질 수 있는 걸까 놀라웠기 때문이다. 인생을 통틀어 몇 되지 않을 법한 귀한 인연을 벌써 얻은 아이들을 볼 때면 어쩔 수 없이 부러운 마음도 들었다. 자기 인생에서 소중한 사람을 단번에 떠올릴 수 있는 아이들뿐 아니라, 자신을 귀한 인연으로 여겨주는 제자를 가진 동글이 선생님도.

하지만 그런 마음이 그리 오래 가진 않았다. 서로를 향한 그 신뢰란 시간에 비례해 쌓인 결과임을 모르지 않기 때문이다. 일주일에 한 번 아이들과 만나면서도 크고 작은 마음의 부침을 겪곤 하는 나에겐, 매일같이 아이들과 함께 보낸 동글이 선생님의 그 4년이라는 시간이 그저 아득하게만 느껴졌다고 할까. 그러니까 그 돈독하고 끈끈한 관계의 밀도란 어떤 시간을 충실히 겪어낸 자에게만 허락된 것이란 생각에 감히 부러워할 엄두가 나지 않았던 것 같다.

마을에서 동글이라는 별명으로 불리는 박혜수 씨는 부산 북구 공동육아 사회적 협동조합 초등 방과후학교인 징검아의 대표 교사이다.* 그는 근무 연차만 벌써 17년 차인 베테랑 교사이기도 하다. 이 마을에서 워낙 오래 일해오기도 했고, 맨발동무도서관과 대천마을학교 같은 마을 공간들이 공동육아에서부터 출발한 경우가 많다 보니 마을 활동을 하는 이라면 그를 모르는 사람이 거의 없다.

사회초년생이던 20대부터 지금까지, 긴 시간 이 마을에서 지

---

* 부산 북구 공동육아 사회적 협동조합은 3세부터 7세 아이들이 다니는 '쿵쿵어린이집'과 초등 1학년부터 4학년 아이들이 다니는 방과후학교 '징검다리 놓는 아이들'을 운영 중이다.

내온 혜수 씨에겐 많은 이야기들이 켜켜이 쌓여 있을 듯했다. 특히 얼마 전 혜수 씨가 가르친 제자가 징검아 교사로 채용되어 함께 일하고 있다는 소식을 듣고는 더 궁금해졌다. 제자와 함께 일하는 심경도, 그간 마을에서 일하고 살아온 시간의 의미도. 그렇게 작년 여름과 올해 봄, 징검아에서 그를 만났다. 그는 인터뷰 도중 유독 '재미'와 '행복'이라는 단어를 많이 사용했다. 지금도 여전히 이 일이 너무 재미있고, 이 마을에서 쌓아 온 행복한 기억들이 참 많다는 혜수 씨. 그 이야기를 할 때의 반짝이던 눈빛과 목소리가 지금도 떠오른다. 여러 어려움과 고충에도 불구하고 지금까지 계속 이 일을 해올 수 있었던 이유를 조금은 짐작할 수 있는 시간이었다. 그가 들려준 지난 이야기를 통해, 관념으로서가 아니라 구체적이고 생생한 관계와 일상 속에서 길어 올린 '마을'의 이야기를 만날 수 있었다.

공동육아조합의 방과후학교 교사가 되다

부산 북구 공동육아 사회적 협동조합의 초등 방과후학교 '징검다리 놓는 아이들'은 초등 1~4학년 아이들이 하교 후 함께 놀거나 배우며 시간을 보내는 생활 공동체이다. 협동조합으로 운영되는 만큼 부모들이 주체적으로 꾸려간다는 점에서 기존의 보육 공간과는 좀 다르다. 혜수 씨는 이 공간을 '공교육과 함께 가는 대안 교육'이라고 설명했다.

"누군가 저에게 "방과후에서 뭐가 제일 좋아?"라고 물으면, 저는 "한계가 없는 것"이라 대답해요. 이곳은 저와 아이들이 필요하다고 여기는 것이라면 그것이 어떤 것이든 시도될 수 있는 공간이니까요. 매년 아이들의 특성이나 관계에 맞춰서 새로운 프로젝트를 기획하는데, 그때마다 '뭘 해야 하는가'가 아니라 '아이들은 뭘 좋아하지? 애들한테 뭐가 필요하지?' 이런 걸 고민하고, 아이들에게도 저에게도 재밌을 수 있는 프로그램을 짜요. 필수 교과서가 없다는 게 교사로서는 정말 행복한 일이죠. 하지만 이곳이 보통의 학원과는 또 다르니까, 그런 면에서는 이곳에서의 시간을 함부로 채울 수 없다는 무게감도 동시에 존재하는 것 같아요. 지금 저렇게 학부모님이 청소하러 오시듯이 모든 운영을 부모와 교사가 같이 만들어가고 애쓰거든요. 부모님들 역시 그냥 돈만 내고 다니거나 쉽게 그만둘 수 있는 곳이라고 여기지 않으시고요. 그만큼 우리도 아이들하고 가치 있는 시간을 보내고 싶고, 4년이 지나고 나서 그 시간이 뿌듯하고 또 의미 있으면 좋겠다는 생각을 해요. 이 공간은 뭐든 할 수 있지만, 그렇다고 해서 결코 가볍지는 않아요."

아이만큼이나 부모도 함께 부대끼며 살아가는 공동체이기에, 조합을 운영하기 위해서는 어른들끼리 서로 조율하고 맞춰나가는 과정은 필수적이다. 혜수 씨가 징검아에서 가장 중요하게 꼽은 것도 '함께 생활하는 일'이었다. 놀고 배우고 생활하는 것. 이 세 가지가 유기적으로 이어진 이 공간에서 아이들은 어떤 시간을 보낼까?

우선 아이들은 하교 후 징검아에 도착해 충분히 쉬고 또 논다. 이곳에서는 매일 나들이나 놀이를 하면서 자기 안에 쌓인 것들을 풀어내는 걸 중요시 한다. 놀이는 곧 자기 안의 또 다른 공간을 만들어내는 시간이라 여기기 때문이다. 다음으로는 생일잔치나 어린이 회의처럼 함께 생활하기 위한 활동을 한다. 1, 2학년은 주로 '이야기 듣고 표현해보기'나 '수에 대해 재미있게 배워보기' 같은 활동을, 3, 4학년은 프로젝트 수업을 진행한다. 징검아 프로젝트에서 가장 중점을 두는 건 '마을과의 연계'다. 마을 기록하기나 마을 어른들 인터뷰하기, 또는 마을 공간을 활용한 활동을 통해 아이들이 스스로 마을 구성원이자 사회 구성원이라는 걸 느끼게 해주는 것이다. 마을에서 돈을 벌어보는 일도 빼놓지 않는 프로그램이다. 어른들 신발을 수거해서 빨아보거나, 옷을 세탁하는 아르바이트를 하며 마을 안에서 직접 경제 활동을 해보는 것을 중시한다.

이곳만의 특별한 점이라면 매년 달라지는 아이들에 따라 커리큘럼도 바뀐다는 것이다. 아이들 구성이나 성향이 다른 상황에서 일률적인 교과 과정을 적용할 수 없다고 판단하여, 힘들더라도 교과 과정을 매년 새롭게 기획한다고. 또 하나는 학년 대신 '방'이라는 호칭을 사용한다는 것이다. 각 방별로 부모들이 적극적으로 운영에 참여한다. 어린이집 홍보부터 청소, 재정까지, 그 역할은 다양하다. 그런 만큼 이 공간에서 가장 익숙한 건 '회의'다. 많은 일이 민주적인 회의 과정을 통해 이루어진다.

물론 혜수 씨가 처음부터 공동육아 어린이집의 이런 운영 방식을 제대로 알고 일을 시작한 건 아니었다. 그가 징검아에서 일하기 시작한 때는 2005년, 그러니까 방과후학교가 만들어진 다음 해였다. 당시 공동육아조합의 창립조합원이던 외삼촌의 제안을 받은 것이 계기였다. 징검아에서 교사를 뽑고 있다며 "한 번 해볼래?" 하는 권유에 큰 고민 없이 면접을 보러 갔다. 방과후학교 교사가 어떤 일을 하는지 정확히 모른 채였다.

"아마 알려주셨을 텐데 제가 제대로 못 알아들은 상태에서 갔을 거예요. 협동조합이라는 게 제가 경험해 본 시스템도 아니었고, 방과후학교 같은 곳도 당시엔 거의 없는 상황이었어요. 일을 하기로 한 후에 명절에 삼촌, 숙모랑 같이 모여서 이야기를 하는데, 숙모가 저를 보고는 "이제 내가 너랑 회의를 한다고?" 이렇게 걱정하시는 거예요. 이제야 알겠어. 그 걱정이 뭔지.(웃음) 친한 사람과 이곳에서 함께 일한다는 건 수없이 반복되는 회의를 같이한다는 거고, 그건 그 사람과 바닥을 내놓고 이야기해야 한다는 뜻이니까요. 그걸 미리 경험해

봐서 알고 있는 입장에서는 그런 말이 나올 것 같아요."

숙모의 걱정을 미처 다 짐작하지 못한 채 그는 스물다섯, 최연소 교사로 징검이에 들어왔다. 당시만 해도 공동육아조합이나 대안학교 쪽에는 젊은 교사가 거의 없던 때였고, 젊은 여자 교사는 더더욱 찾아보기 힘든 때였다. 그래서인지 조합 안에서는 우려의 목소리도 있었다고 한다. 그런 우려와 달리 혜수 씨는 이 일에 잘 적응했고, 어려움보다 재미를 더 크게 느꼈다. 다만 조합 문화에 익숙해지는 데는 시간이 좀 걸렸다. 조합원이자 학부모인 이들과 소통하는 일은 종종 어려웠고, 그 관계망 속에 자신이 속해 있다는 사실이 왠지 모르게 어색하기도 했단다. 하지만 그 시간을 헤쳐 나갈 수 있었던 힘도 그 관계 속에 있었다.

"제일 처음 들어왔을 때는 선배 교사들한테 의지하면서 많이 배웠어요. 많이 챙겨주고 보살펴주셨거든요. 그다음엔 부모님들이 저를 많이 도와주셨어요. 괜찮다고 위로도 많이 해주시고요. 아직도 생각나는 건 제가 제일 처음으로 맡은 아이가 그만두게 됐던 날이에요. 제가 너무 애정을 갖고 있던 때라 아이들에게 정말 간이고 쓸개도 다 빼줄 것처럼 사랑을 줬죠. 그러면 안 되는 건데도 말이에요. 그때 저희 반 아이가 그만둔다는 얘기를 하러 방모임에 들어갔는데 하염없이 눈물이 나는 거예요. 그때 다른 엄마들이 오히려 저를 다독여주면서 '그래, 내가 학습지 교사할 때도 학습지 하던 애 한 명 그만둔다 그러면 그게 얼마나 서운한데. 동글이는 이 아이들이랑 매일 만나는데 이제 못 본다 생각하니 너무 서운하지?' 하면서 달래주셨어요. 그렇게 제 마음을 알아주고 공감해주신 것들이 많이 위로가 됐어요. 그런 것들에 기대서 사실 지금까지 해올 수 있었던 거예요."

올해로 17년째 방과후학교 교사로 근무 중인 혜수 씨는, 자신이 이렇게까지 오래 이 일을 하고 있다는 사실에 가끔 놀란다고 한다. 학창 시절부터 보아왔던 교사라는 직업이 그렇게 매력적이지가 않았기 때문이란다. 여러 반에 들어가 똑같은 수업을 서너 번씩 반복해야 하는 일이 어떻게 재미있을 수 있을까 싶었던 것이다. 그 모습을 보며 '난 절대 교사는 안 해야지' 다짐했다고. 하지만 그 다짐과는 달리 그는 교사가 되었고 오랜 시간을 성실하게 일해 오고 있다. 아무래도 그가 아이들을 만나는 곳이 정형화된 공교육의 틀에서 벗어난 좀 색다른 현장이기 때문일 것이다.

"우리가 농담 삼아 하는 얘기가 있어요. 힘든 건 학교가 해 주고 우리는 재밌는 것만 한다고요.(웃음)"

방과 후 교사가 뭔지도 잘 모르고 시작한 일이었지만, 막상 시작한 뒤로는 이 일에 만족감이 커서 직업에 대한 고민이 거의 사라졌다. 다만 초창기에 든든한 버팀목이었던 선배 교사 동료들이 대안학교 현장으로 떠나는 순간부터 혜수 씨에게도 고민이 시작됐다.

"제가 여기 처음 들어왔을 때, 선배 교사인 '돌고래'랑 '잠잠이'하고 대안 교사 양성과정을 공부했어요. 공부하다 갑자기 이 선생님들이 부산의 대안학교를 만든다고 나가신 거예요. 저한테는 첫 사수이자 제가 너무 좋아하고 따르던 선배들인데, 그 선배들이 대안학교로 간다니까 저도 같이 가서 합류하고 싶은 마음이 드는 거예요. 그때 처음 '너 대안학교 만들래, 방과후 교사 할래?' 라는 고민을 제대로 하게 됐어요. 한 3년 차쯤이었을 거예요."

고민의 결과는 이곳에 남는 것이었다. 자신에게는 여전히 대안학교보다 방과후학교가 더 좋다는 걸 다시 확인했다. 그건 그가 가진 공교육에 대한 믿음이 여전히 컸기 때문이다. 그는 아이들과 마을 기록 프로그램으로 『시간을 찍는 아이들』을 만들면서 공교육의 힘을 새삼 느꼈다며 말을 이었다.

"중학교부터는 모르겠지만, 초등 공교육은 마을에 딱 발을 딛고 있다는 생각이 들었어요. 아이들이 지역에 맞춰서 학교를 가잖아요. 그러니까 이 아이들은 같은 초등학교를 다닌다는 이유만으로 이미 마을의 어떤 어른들보다도 이 지역에 있는 마을 사람들을 깊이 만나는 거예요. 저도 이곳에 제법 살았다고 생각했는데, 아이들이 찍어온 사진을 보니 아이들의 반경은 저와 또 다르더라고요. "저기 누구네 집이야. 저건 누구, 어느 선생님 집이야. 저거 누구네 친구 할아버지가 하는 어디야." 뭐 이렇게 자기들 관계 속에서 마을의 곳곳을 기억하고 알고 있는 거예요. 내가 마을 운동을 할 거면 초등학교를 배제할 수는 없겠다는 생각을 저 책 만들면서 많이 했어요."

시간이 좀 더 흘러, 방과후학교 교사로 지낸 지 십 년 정도가 되었을 때는 본인 스스로 이 일에 대한 고민을 하기 시작했다. 부산에도 청소년 대안학교들이 생겨나면서 "청소년 대안학교로 넘어오지 않을래?" 하는 제안들이 있었고, 혜수 씨도 혹하는 마음이 들었다. 그즈음 새로운 일을 해보고 싶은 마음도 슬슬 생겨났다. 방과후 교사 다음으로는 마을 운동을 본격적으로 하는 마을 활동가나, 청소년 대안학교 교사, 또는 공동육아 네트워킹 분야의 전문가가 돼볼 수 있지 않을까, 생각했다.

"그 고민을 하면서 저는 오히려 이 일이 더 좋아진 것 같아요. 저에겐 초등 연령이 되게 매력적이에요. 초등 시기는 자신에 대해서 처음으로 가늠하는 시기이자 생애 첫 시작점이잖아요. 학교라는 공간에 처음 가서 새로운 것들을 배워가는 시기이기도 하고요. 물론 어린이집에서도 그렇긴 하지만 학교라는 공간이 주는 경험이 크니까요. 이 시기에 아이들이 '배우는 걸 어떻게 배우느냐'가 되게 중요한 것 같아요. 그게 살아가면서 예기치 못한 난관을 만났을 때 헤쳐 나갈 수 있는 힘을 기르는 일 같더라고요. 누군가에게 의지해 가면서, 누군가에게 배워가면서, 반대로 내가 누군가에게 무언가를 가르쳐주기도 하면서, 이렇게 다양한 방법으로 서로에게 영향을 끼칠 수 있는 힘을 기르는 게 곧 살아가는 힘이 되는 거구나, 하는 생각이 많이 들었어요."

그 중요도에 비해 초등 연령에 대한 사회적 관심이 생각보다는 그리 크지 않은 것 같다며 그는 아쉬움을 표현했다.

"어린이집은 어린이집대로 여러 과정 속에서 연구나 고민들이 많고, 청소년 시기는 그야말로 질풍노도의 사춘기이다 보니 당연히 사회적 관심이나 논의가 활발하죠. 이 친구들을 어떡하면 이 사회로 무난하게 데려올 수 있을까 하면서요. 그런데 초등은 아무래도 그 아이들 자체보다는 교사들이나 학모들의 입장이 더 부각되는 것 같아요. 그러다 보니 초등 시기에 대한 관심이나 연구가 너무 부족한 것 같았어요. 한편으론 이 시기 아이들을 너무 피동적인 대상으로만 여기지 않나 그런 생각도 들고요. 물론 지금은 점점 초등 아이들에 대한 사회적 고민과 논의가 늘어나고 있어서 다행이지만, 아직까지는 방향성을 못 잡고 있는 것 같거든요. 그러니 '아, 나는 그럼 이걸 계속해야 되겠다'는 생각이 들었어요."

우연히 초등 아이들을 만나는 일을 시작하게 되어 그 매력에 빠진 혜수 씨는 이제 다른 일을 하더라도 초등 연령과 관계된 일을 하고 싶다고 생각할 정도라고 한다.

즐겁고 충만했던 학창 시절

그가 여러 제안과 유혹에도 방과후 교사로 남을 수 있었던 데는 학창 시절의 영향이 크다. 어른들과 교류했던 청소년 시기를 누구보다 따뜻하게 기억하고 있는 그에겐, 그 시절이 지금 자신의 삶을 단단하게 뒷받침해주는 자양분이다. 학창 시절 중에서도 그의 기억에 깊이 남은 건 중학교 때의 동아리 활동이다. 몇몇 친구들과 '우주소년단'이라는 부서를 만들었는데, 개방적이었던 담당 선생님은 과학실을 통째로 빌려주면서 동아리원들이 언제든 이용할 수 있게 해주셨다. 고물상에서 고물을 주워 와 모빌을 만들고, 비커에 라면을 끓여 먹고, 소소한 사고도 치면서, 그 공간에서 친구들과 즐거운 시간을 보냈다.

"저는 어릴 때 착한 아이 콤플렉스, 모범생 콤플렉스가 커서 엄마한테 제 삶에서 좋은 부분만 보여주려는 아이였어요. 어른의 시선에서 온전히 자유롭지 못하던 저에겐, 어른 없는 세상에서 친구들하고 작당을 벌이면서 마음껏 숨 쉬는 그 시간이 너무 좋았던 거예요. 과학실이 저한텐 해방구나 마찬가지였어요."

중학교 3학년 때는 성당에서 학생회 활동을 하며 또래들과 우정을 쌓았다. 어린 시절 단짝 친구들의 무리, 우주소년단 무리, 학교 학생회와 성당 학생회 무리까지. 학창 시절을 돌아보던 혜수 씨는 자신이 동년배의 공동체 안에 있으면서 늘 즐거웠다고 말했다.

"주변에서 많이 묻기도 하고 저 스스로도 '왜 나는 대안학교로 가지 않고 지금까지 방과 후에 남아있을까' 생각해 볼 때가 있어요. 저에겐 공교육이 즐거운 기억으로 남아 있기 때문인 것 같아요. 물론 좀 이상한 선생님도 계시긴 했지만, 제가 그 시기를 버틸 수 있도록 지지해준 정말 너무 좋은 선생님들도 많이 만났거든요. 그러다 보니 저는 잘만 한다면 공교육 안에서도 아이들이 충분히 행복을 누릴 수 있다고 믿는 것 같아요. 방과후를 알게 되고는 '공교육과 함께 갈 수 있는 대안 교육을 내가 찾았구나' 하는 생각을 했어요. 물론 공교육에 대해서 좋게만 말하기에는 아직 아이들이 힘든 부분이 많긴 한데, 그래도 공교육 안에서 아이들이 조금 더 편안해질 수 있는 방법들을 찾아가면서 대안 교육의 길에도 함께 하고 싶어요. 그러다 보니 저는 방과후가 저에게 조금 더 맞는다고 느낀 거죠. 최전선에 있는 느낌이 잖아요. 대안 교육이 지향점의 끝을 보여주는 느낌이라면 방과후는 뭔가 교육 현장의 최전선에서 세상을 바꿔나가는 느낌이에요."

방과후학교 징검아에서 함께 살아가다

혜수 씨는 이 마을의 좋은 점으로 공동육아에서 자란 친구들과 동네에서 계속 만날 수 있다는 것을 꼽았다. 아이들이 성인으로 커 가는 과정을 지켜볼 수 있어 좋다는 것이다. 하지만 모든 아이와 이런 관계를 유지할 수 있는 건 아니다. 그래서 생각해낸 것이 '졸업생 보조 교사' 시스템이었다. 징검아를 졸업한 아이들이 '들살이(여름 캠프)' 보조 교사로 참여하며 이곳과 인연을 이어가는 이 프로그램은, 아이들의 청소년 시기가 너무 궁금했던 혜수 씨가 제안한 아이디어였다.

"그 시기는 멘토가 한 명만 있어도 살아지는 시기라고 저는 생각하거든요. 아이들에게 그런 멘토가 있는지 없는지도 궁금했고, 저한테너무 귀한 이 아이들이 청소년기를 어떻게 보내는지도 궁금했어요.. 들려오는 엄마 아빠들 말 들으면 다 우려하는 말들밖에 없고. 그래서 더 만나고 싶었어요. 고민하다가 졸업생들을 보조 교사로 부를 용기를 냈죠."

하지만 학부모들의 생각은 좀 달랐다. 반대하지는 않았지만 아이들이 과연 흔쾌히 수락할지 확신할 수 없다는 눈치였다.

"제가 들살이 보조 교사로 청소년들을 불러보겠다고 했을 때, 제일 긴가민가하셨던 분들은 그 청소년들의 학부모들이었어요. "동글이가 부른다고 하면 부르는 건 괜찮은데, 걔들이 과연 올까?" 이러셨어요. 청소년 시기라는 게 자기 유년 시절의 어떤 것들과도 엮이는 걸 어색해하거나 싫어하는 때잖아요. 어른들이 뭔가 하려고 할 때 안하려고 하고요. 그러니까 걔들이 오겠나 했던 거죠. 저도 사실은 너무 무서웠어요. 졸업하고 한 5, 6년을 못 봤던 친구들이 많았고, 봤더라도 사석에서보다는 어른들끼리 마을 잔치나 이런 데서 "어, 오랜만이야" 하고 헤어지는 경우가 많았으니까. 저 역시 '이게 될까?' 하는 반신반의하는 마음으로 겁 없이 도전했던 거죠. 그래도 제 안에서 뭔가 될 것 같다는 그런 막연한 짐작이 있었던 것 같아요."

그즈음 공동육아협동조합 10주년을 맞아 졸업 조합원부터 현 조합원까지 다 함께 모이는 자리가 마련됐다. 조합에서 처음 키웠던 아이들도 모아보자는 의견이 나왔고, 어른들이 주도해서 움직였다. 그렇게 그 자리에는 중3과 고1, 가장 극강의 청소년기를 보내는 중인 아이들이 참석하게 되었다.

"어른들은 사실 아이들이 초롱초롱한 눈빛으로 "그때 정말 행복했어요." 이런 말 한마디를 해주길 바라는데, 절대 안 해주지.(웃음) 별 애기도 잘 안 하려고 하고, 자기들끼리만 우르르 몰려 있고요. 그러다 저만 있을 때 아이들이 먼저 말을 걸어오더라고요. 어떤 남자애 하나가 "동글이 살쪘네. 왜 그렇게 됐어?" 그렇게 저한테 툭 던지는 거예요. 다 함께 있던 공간에서는 반말을 해야 할지 높임말을 해야 할지 그런 게 고민돼서인지 어색해하던 애들이, 막상 우리 공간에 우리끼리만 있으니까 다시 그 시절의 반말로 돌아가서 저한테 친구처럼 툭, 인사를 건네는 거예요. 그 친구의 말이 저한텐 너무 큰 용기가 되었어요. 그 말 듣고 제가 '아, 다 되겠다' 생각했었거든요. 그래서 저도 "너희는 안 늙은 것 같냐." 하면서(웃음), 이제 막 같이 장난치고 놀고 하다가 제가 동창회도 열어줬죠. '살쪘네.' 그 한마디가 시작이었어요. 그 후에 제가 '되겠다' 싶어서 아이들한테 전화 돌렸더니 아니나 다를까 친구들이 들살이 가고 싶다고, 학원 일정 맞으면 오겠다고 해서 그 해부터 들살이 보조 교사로 참여했죠."

그전만 해도 보조 교사가 필요하면 대학생 중에 자원봉사 교사를 모집하거나, 교사들의 지인이나 혜수 씨의 선후배, 친구들 중에서 찾는 일이 많았다. 그런데 졸업한 친구들이 와 주니 그때부터 보조 교사 베이스가 훨씬 다양하고 단단해졌다. 무엇보다 졸업생들은 훌륭한 보조 교사 역할을 해냈다. 비록 청소년일지라도 그 어떤 베테랑 교사보다도 훨씬 이곳의 문화를 잘 이해하고 있었기 때문이다.

"아이들이 울 때 왜 우는지를 얼추 감지하는 것들도 있고. 이 친구가 울 때 어떻게 해줘야 하는지, 어떤 게 위로가 되는지, 또 방과 후 공동체 안에서 위로는 어떤 식으로 이루어지는지, 이렇게 말로 다 설명할 수 없는 것들을 이 친구들이 이미 아는 거예요. 그래서 정말 좋았어요."

이렇게 졸업한 친구들이 보조 교사로 참여하면서 그 끈을 이어가는가 하면, 보조 교사로 참여하다가 아예 동료 교사가 된 제자도 있다. 그 이야기를 하는 혜수 씨의 표정은 만감이 교차하는 듯했다.

"제가 교사로 받을 수 있는 복은 다 받은 것 같다고 생각해요. 제가 가르쳤던 친구가 제 일에 대해서 존중하고, 가치 있는 일이라고 생각한다는 거니까요. 제가 자기한테 줬던 것이 자기는 가치 있는 거라고 저한테 증명해주는 거잖아요. 교사 입장에서는 그보다 더한 찬사는 없다고 생각해요. 그래서 너무 행복하죠."

혜수 씨의 첫 제자 '올챙이'는 징검아를 졸업한 후에도 계속 교류가 있었고, 청소년기에도 비교적 자주 만나는 친구였다. 하지만 함께 일하면서 자신이 이 친구에 대해서 잘 모르고 있다는 걸 알게 됐다. 어쩌면 당연한 일이기도 했다.

"같이 일하면서 가장 크게 느낀 건 제가 올챙이에 대해서 다 아는 게 아니었다는 거였어요. 나는 이 친구의 유년 시절을 잘 안다고 생각했는데, 서로의 기억이 다르더라고요. 청소년 시기도 제가 제법 안다고 생각했지만 제가 모르는 게 정말 많은 것 같고요. 그걸 정확히 확인하고 나니까 지금은 올챙이 만나면 '내 제자였지' 하는 기분은 별로 안 들어요. 이제는 그냥 같이 이 길을 걸어가 보려는 신입 교사로 올챙이를 만나는 것 같아요. 자기도 아마 방과 후에 대해서 다 안다고 생각했는데 모르는 게 많았을 거예요."

적성에 잘 맞아서 지금까지 즐겁게 일하고 있지만, 때때로 맞닥뜨리는 어려움들도 적지 않다. 조합원, 교사, 아이들이 서로 긴밀하게 얽혀 있는 곳이다 보니, 어떤 하나의 작은 문제 때문에 구성원들 전체가 영향을 받기도 한다. 그러나 한편으로는 그렇게 서로가 깊이 연결되어 있기 때문에 얻을 수 있는 것이 더 많다.

"그냥 그때그때 힘든 것들을 견디면서 지내는 것 같아요. 어느 해는 애들이 반짝거리는 게 너무 예쁘고, 어느 해는 조금이라도 저를 도와

주려고 하거나 제 마음을 알아주시는 어른 공동체가 너무 좋고 감사하고. 또 어느 해에는 동료 교사들이랑 울고 지지고 볶고 하면서, 어떻게든 해보려고 하는 서로에 대한 안쓰러움이 좋기도 하고. 실제로 아이들이 졸업할 때 애들 보고 울 때보다 부모님들 보고 울 때가 더 많아요. 육아 동지니까요."

부산 북구 공동육아조합이 지금까지 잘 이어져 온 비결을 묻는 나의 질문에, 그는 초기 조합원들의 노고, 탄탄한 조합원 교육, 효율적인 방식에 대한 지양, 모두가 한마을에 산다는 것 등을 꼽았다.

"우선 저희 조합은 회의를 다수결로 끝내거나, 효율적으로 일을 처리하는 것에 대한 지양이 있어요. 같이 만나고 부대껴야 한다고 생각하는 게 좀 커요. 또 교육이 굉장히 탄탄한 조합이에요. 함께 뭔가를 도모하고 마음을 맞추기 위해서는 같이 배워야 한다고 생각하는 게 큰데, 초기 세팅 자체가 그렇게 되어 있는 편이에요. 조합원 교육의 중요성에 대해서는 많이들 동감해주시고 배우려는 마음들을 잘 내주시고요. 사실 이보다 더 큰 건, 다 한마을에 산다는 거예요. 그게 다른 공동육아조합과의 가장 두드러진 차이라고 봐요. 저는 그 부분에서 징검아가 되게 중요하다고 생각하는데요. 어린이집 때는 아무래도 부모님들이 차로 통학을 시켜주시니까 조금 멀리 사는 분들도 계세요. 근데 징검아를 보내야겠다고 생각하면 아이들이 학교를 다녀야 하니까 학교 근처로 이사 오게 되거든요. 징검아 보내려고 이 마을로 오시고, 여기 살게 되다 보니 저절로 마을 안에서 같이 교류하게 되는 거죠. 아이들도 사는 곳이 가까우면 더 부대끼고 친해지잖아요. 그러면서 오는 힘들이 분명히 있을 거라고 생각해요. 다른 지역 방과 후들 보면 학교도 한 서너 개로 나뉘어 있고, 사는 곳도 다 떨어져 있는 집이 많더라고요. 근데 저희는 징검아 보내는 부모님들이 다 인근에 모여 사시니까 아무래도 차이가 있겠죠."

이러한 문화가 만들어지고 정착하게 된 데는 초기 조합원들의 크나큰 노력이 있었다.

"초기 조합원분들께서 마을과 조합이 함께 가기 위한 노력을 굉장히 많이 하셨어요. 그분들이 마을에 집단 이주를 해 왔음에도 불구하고, 마을 토박이분들을 충분히 존중하면서 함께 가려고 하셨어요. 그걸 당연한 일로 생각하고 노력하셨던 것들이 저한테는 대단하게 느껴져요. 그렇게 이 마을과 함께 쭉 같이 걷다 보니까 공동육아가 마을 안에서 더 단단하게 자리 잡을 수 있었던 게 아닌가 해요. 오히려 저는 이제는 좀 말할 때가 되지 않았나, 하거든요, 농담처럼.(웃음) 이제는 맨발동무나 마을학교가 더 단단하고 우리가 좀 불안하니까. 지금 조합원분들 중엔 맨발동무를 만드신 분들이 공동육아 초기 조합원들이라는 걸 모르시는 분들도 꽤 많거든요. 그래서 "이제는 말해야 한다, 모르신다." 이런 얘기를 하죠. 공동육아 출신 조합원들이 마을 곳곳에 계시다 보니까 이젠 거꾸로 우리가 힘을 얻게 되는 것들이 많아요. 저희 조합이 안정적으로 유지되는 데에는 이런 여러 요소들이 있는 것 같아요."

그는 공동육아협동조합에서 출발한 다른 공동체들이 마을 안에서 굳건히 잘 지내주고 있어 마음이 든든하다. 아는 사람들이 마을 곳곳에 있으니 프로젝트를 하나 하더라도 겁이 안 난다고. 이곳에서 서로의 마음을 알아주는 이웃들과 함께 지내는 것이 행복하다는 혜수 씨. 그는 이런 만족감이 이 관계 안에서 충분한 시간을 버텼을 때라야 얻을 수 있는 감정이라는 걸 누구보다 잘 안다.

"제 마음을 충분히 알아주는 사람들이랑 같이 사는 건 진짜 행복한 일 같아요. 그것만으로도 여기서 일하면서 받을 수 있는 보답을 다 받고 있는 거라고 생각해요. 여기에 있으면 그게 참 행복한 일이죠. 저는 이 일이 너무 재밌거든요. 17년을 해도 재밌고, 더 하고 싶고, 좋아요. 그런데 신입 교사들은 이 일이 재밌다는 걸 알기 전에 지쳐버리는 상황이니까 그게 안타까워요. 이 재미를 좀 잘 알려주고 싶은데, 어떻게 알려줘야 할지 아직 잘 모르겠어요. 그래서 지금은 그 방식에 대한 고민을 많이 하게 되는 것 같아요. 같이 재미있어할 수 있는 사람들이 더 늘어났으면 좋겠다는 생각도 있고요. '어떻게 하면 좀 더 재밌게 같이 할 수 있을까?' '그걸 알리기 위한 내 역할은 무엇일까?' 이게 지금 저의 고민이자 화두라고 할 수 있겠네요."

오래오래 살고 싶은 마을

혜수 씨는 자신이 아이들의 성장 과정을 지켜봐 온 것처럼, 자신이 자라는 모습 역시 마을이 지켜봐 주었다고 말한다. 마을에서 함께 살아온 세월은 어느 하나 소중하지 않은 게 없지만, 마을 사람들의 축하 속에서 치렀던 결혼식은 특히나 그의 삶에서 잊을 수 없는 행복한 기억 중 하나이다. 마을에서 결혼식을 하고 싶었다는 그는 공동육아조합원이던 새마을금고 화명동 지점장님에게 부탁해 새마을금고 강당에서 예식을 했다고 한다. 진행은 조합원 중 역사학을 강의하는 교수님에게 부탁했다. 동료 교사두 분이 신랑 신부 도우미를 해 주고, 당시 고등학생이던 첫 제자들이 대안학교 친구들과 참석해서 축하공연으로 사물놀이를 해줬다. 또 다른 제자들은 양복을 입고 와 축가를 불러줬다. 당시 맡고 있던 방과후 방의 학부모님들은 직접 포장한 화분으로 꽃길을 만들어 식장을 꾸며주었다. 그간 마을에서 인연을 맺은 많은 분들이 찾아와 손수 도와주고 진심으로 축하해준, 말 그대로 마을 이웃들이 함께 만든 결혼식이었다.

"저는 제 결혼식 날이 진짜 이 마을에서 제일 행복했던 날이었어요. 많은 사람들이 제 결혼식을 함께 만들어주셨어요. 제가 여기서 오래 일한 것도 있고, 또 화명동에서 결혼식을 하다 보니까 어린이집 조합 원까지 다 오셨더라고요. 저는 미처 어느 분들이 오셨는지 다 모를 정도로 많이 오셔서 축하해주셨어요. 그렇게 많은 분들이 오실 줄 몰라서 식사 준비를 넉넉히 못 했는데, 강당 대관해주셨던 지점장분께서 알아서 근처에 수용 가능한 큰 식당을 잡아주셨더라고요. 조합원들은 다 거기 가 있으라고 한 거죠. 마을 분들의 도움을 진짜 많이 받았어요."

마을 잔치 같았던 행복한 결혼식을 마치고, 직장이 있는 이 마을에 신혼집을 마련했다. 남편은 얼마 뒤 동네에 '이너프 커피'라는 이름의 작은 카페를 열었다. 카페를 준비하던 때부터 동네 사람들의 관심을 많이도 받았다. 작년 여름, 세 들어 있던 건물이 재개발되는 바람에 바로 옆 건물로 카페를 이전할 때도 그랬다.

"재밌었던 건 남편이 작년에 카페 자리를 옮길 때 동네 사람들이 와서 다들 한마디씩 말을 보태더라는 거예요. 저희가 마당에 차양만 한 서너 가지를 제안 받았거든요. 법적으로는 차양을 할 수도 없는

데.(웃음) 정말 오만 사람들이 와서 카페 인테리어는 어떻게 하고 꽃은 여기다 놔라, 놓지 마라, 이런 얘기들을 하시는 거예요. 그걸 보고 있으면서 '야, 우리 카페가 사람들이 자기 공간처럼 여기기는 하나 보다.' 하면서 되게 재밌던 기억이 나요. 사실 저희도 이너프의 정체성을 두고 고민할 때가 있어요. 마을 카페인가, 개인 카페인가 하면서요. 우리는 마을 카페라 생각하고 본인은 개인 카페라 생각하고(웃음) 가끔씩 동네 아이들이나 징검아 졸업한 아이들이 대천천에서 물놀이하다가도 "저 누군데요, 화장실 좀 쓸게요." 하고 들어가서 화장실 쓰고 나오면 남편한테 "누구 왔다 갔다", "화장실에 흙칠하고 갔다" 이렇게 카톡 오고 그러거든요. 애들이 자전거 타다가 와서 "물 한 잔만 주세요." 해도 물 다 주고, "화장실 좀 쓸게요." 할 때 싫은 소리 안 하고 쓰게 해주거든요. 어른들한테는 싫은 소리 해도요. 그래서 "나는 니가 그걸 해주는 것만으로도 충분히 마을 카페 같은데?" 하고 늘 얘기를 해요."

혜수 씨는 말한다. 이 마을이 남편과 나, 우리 두 사람을 키워주었다고. 관심과 애정으로 지켜봐 주고 응원해주는 이 사람들 곁에서 부부가 함께 사랑받으며 살고 있다고 느낀다고.

"남편이 카페에서 저녁을 혼자 먹는 걸 아니까 오며가며 먹을 것들을 챙겨주세요. 찌개나 찬거리들을 갖다주시기도 하고요. 하품 챙겨주는 게 저를 챙겨주시는 거죠. 제가 올 초에 몸이 좀 안 좋았어요. 시술 받고 3일 정도 쉬면 되겠거니 했는데, 조합원분들이 전화 오셔서는 자기들이 업무 배치 다 했으니 너는 일주일 쉬어야 한다, 이렇게 강하게 말씀하시는 거예요. 잔소리 섞인 전화를 여러 통 받았어요. 제가 사실 엄마에게는 걱정하실까 봐 말씀을 안 드렸는데, 마을에 이렇게 친정엄마가 많을 줄 몰랐다고 우스개처럼 말했었죠."

그에게 이 마을은 자신이 매일 살아가는 곳이다. 자신이 좋아하고, 편하게 생각하고, 함께 살고 싶은 사람들이 있는 곳이기도 하다.

"저는 대천마을이 다른 마을에 비해서 더 좋다고 생각하는 건, 그러니까 '찐이야!' 이렇게 생각하는 제일 큰 이유는 아이들인 것 같아요. 다른 마을공동체를 보면 어른들이 마을이라고 부르는 공동체들이 많아요. 어른들은 개념상의 마을을 보거든요. 근데 대천마을은 아이들이 마을이라고 불러요. 저희가 아이들하고 마을 프로젝트 할 때 보니, 아이들이 정확하게 어디서부터 어디까지가 우리 마을인지를 알더라고요. 아이들이 마을이라고 부를 수 있는 그 개념이 저는 굉장히 중요하다고 생각해요. 아이들은 어떤 가치나 의미를 지니는 개념으로 마을을 이해하는 게 아니고, 진짜 사는 삶의 터로서 마을을 받아들이거든요. 저에게도 이 마을은 그런 느낌이에요. 가치적인 것보다도 그냥 우리 마을, 내가 사는 곳. 그런 거죠. 그러니까 이 마을은 제 나와바리, 제 구역이라고 할까요.(웃음) 제가 제일 좋아하는 사람들, 제일 편하게 생각하는 사람들이 있는 곳이고 제 직장과 신랑의 직장과 제 삶의 모든 것이 모여 있는 곳이고요. 이 안에서 같이 살아가는 그게 어떤 가치로서 다가온다기보다는 그냥 생활공간으로 다가와요. 저한테 필요한 모든 것이 모여 있는 생활공간이죠. 다르게 말하면 그냥 '집'인 것 같아요. 저희 부부가 어떤 거창한 목적이나 지향을 가지고 이 마을에 사는 건 아니지만, 주변에 이렇게 저희를 챙겨주고 보살펴주는 이웃들이 있다는 게 참 감사하죠. 이 사람들은 때 되면 서로 김치 먹어보라면서 갖다주는 이웃이고, 저한테는 이만한 소중한 이웃이 없고…. 그래서 이 마을이 저한테 되게 소중하고 이 마을에서 계속 같이 살고 싶어요. 이사도 안 가고 싶고 그렇죠."

혜수 씨는 특히 아이들과 지내면서 마을의 의미를 새롭게 발견할 때가 많다. 아이들을 통해 마을의 존재를 다시 느끼고, 또 이 마을에 산다는 것이 참 행복한 일이란 걸 거듭 깨닫는다.

"제가 아이들한테 많이 배운 게 그 지점이에요. 어떤 면에서 마을은 없고 있고 한 문제가 아니라는 걸 아이들이 알려줬어요. 아파트에 살아도 마을이고요. 『시간을 찍는 아이들』 만들 때, 재개발되는 과정에서 제가 너무 속상해하니까 애들이 "새로운 아파트 생기면 새로 놀이터 생기잖아" 이렇게 말하는 거예요. "그럼 우리가 그 놀이터 가면 되는데, 골목길에서 못 놀게 됐다고 왜 속상해?" 이렇게 얘기하는데, 제가 진짜 딱 얻어맞은 기분이었거든요. 마을의 모습이 바뀌는 건데 저는 마을이 없어진다고 생각했던 거예요. 제가 어느 곳에 살든, 거기가 차가운 도시든 어디든 그곳이 마을이고. 우리가 사는 '동'이 마을일 수도 있고 그런 거죠. 내가 그 마을과 관계를 하면서 살고 있는지 아닌지, 그 차이만 있는 게 아닌가 싶어요. 마을과 관계하면서 산다는 건 내가 제대로 살고 있다고 느끼게 만들어주는 일 같아요."

그래도 기꺼이 할 수 있는 일

정영수 * 대천마을학교 상근활동가

화명동의 대천천네트워크 건물 2층엔 맨발동무도서관과 대천 마을학교가 나란히 있다. 모두 마을 사람들이 함께 뜻을 모아 만든 공간이다. 그중 대천마을학교는 어린이와 청소년들은 물론 온 마을 주민의 놀이터이자 쉼터, 배움터로서 2008년에 문을 연 마을교육공동체이다. 하지만 생소한 이름 때문인지 도서관에 비해 이 공간을 낯설어하는 사람들도 적지 않다. 나 역시 호기심에 기웃대면서도, 쉽게 들어가기가 망설여져 몇몇 프로그램에 참가하면서 두어 번 방문해본 게 전부였다.

그랬던 이곳을 친숙하게 느끼게 된 건 맨발동무에서 일을 시작하면서부터다. 대천마을학교 상근활동가인 영수 씨를 알게 된 것도 그 무렵이다. 도서관과 마을학교가 한 식구처럼 가까이 지내는 터라 유독 얼굴 볼 일이 많기도 했지만, 무엇보다 매일 밥을 같이 먹다 보니 더 편한 사이가 됐다. 코로나로 인해 도서관 내 취식이 금지되면서 점심때면 마을학교에 모여 함께 식사하는 게 일상이 된 것이다. 밥을 먹으며 이런저런 이야기를 나누다 보니 평소에 오가며 마주칠 때와는 또 다른 친근감이 생기는 건 당연한 일이었다. 짧은 시간에 더 가까워질 수 있었던 건 같이 밥 먹는 시간의 힘이 컸던 것 같다.

영수 씨와는 자주 보며 친숙한 사이가 되었지만 그렇다고 서로를 잘 안다고 하기는 어려웠다. 평범한 일상이야 자연스레 공유해도 속 깊은 이야기들을 나눌 일은 거의 없었기 때문이다. 그래도 함께 지낸 시간 속에서 그가 어떤 결을 지닌 사람인지는 충분히 짐작할 수 있었다. 소탈하면서도 정 있고 책임감 있는 사람. 그게 내가 본 영수 씨였다. 인터뷰를 계기로 그와 긴 대화를 나누며 내 짐작이 틀리지 않았구나, 생각했다.

그는 수년 전 독서 모임에 참여하면서 맨발동무도서관과 인연을 맺었다고 한다. 그즈음 부산학부모연대가 만들어진다는 소식을 듣고, 그 모임에 합류하면서 마을 활동을 시작했다. 부산학부모연대 화명금곡지회장으로 5년을 일한 뒤에는 대천마을학교의 일을 시작했고, 도서관의 청소년 공부 모임인 '깍두기'에도 참여했다. 최근엔 화명2동의 주민자치회 청소년분과위원으로도 활동 중이다. 아이 뒷바라지만 하는 엄마 말고, '공부하는 엄마'가 되고 싶다는 생각으로 시작한 일이 지금까지 이어져 왔다. '내 아이'에서 출발해 청소년 전반에 대한 공부로 그 관심을 확장해 온 영수 씨는 아이가 다 자란 후에도 이 공부를 계속할 것이라고 말한다. 우연히 시작하게 된 마을 일을 통해 재미와 보람을 느끼며 하루하루 성장해가는 그의 이야기는, '함께 살아가는 것'이 무엇인지 생각해보게 해주었다.

작년 7월 첫 인터뷰를 위해 마을학교에서 그를 만났다. 식탁에 마주 앉은 우리는 마을학교 글쓰기 동아리에서 얼마 전 발행한 『문집은 처음이라』에 관한 이야기부터 나누었다. 인터뷰 전날, 같은 층의 맨발동무도서관에 들렀다가 때마침 이 책을 발견하고 시간 가는 줄 모르고 읽었다. 따끈따끈한 책의 감상평을 전하고는 발행 과정을 물었다. 영수 씨는 동아리 지원 사업 일환으로 책이 나오게 되었다며 말문을 열었다.

"마을학교에 가장 큰 힘이 되는 인력은 동아리 회원들의 활동이거든요. 그분들을 조금 더 지원할 수 있는 방법이 없을까 고민하다가 글쓰기 동아리에 외부 강사를 초청해서 역량강화사업을 했어요. 그 마무리로 이 책이 나오게 된 거예요. 일단 구성원들은 만족할 정도의 결과물이 나온 것 같아요."

글쓰기 동아리 회원들이 그간 써온 글을 다듬어 한 권의 책으로 엮었고, 자주는 아니어도 마을학교를 지키며 종종 모임에 참여해온 영수 씨도 글 한 편을 실었다. 얼마 전 동네 아이들이 새끼 고양이를 구조한 후 마을학교로 찾아온 일화에 관한 글이었다. '마을'이라는 것이 무엇인지 곱씹어 생각해보게 만든 귀한 글이었던 지라 읽은 뒤에도 마음에 오래 남았다.

내가 맨발동무도서관에서 일을 시작하고서 놀란 게 있다면 마을 도서관의 역할이 이토록 다양할 수 있다는 사실이었다. 길고양이와 관련한 일도 그중 하나였다. 도서관에서 동네 길고양이들의 밥을 주기적으로 챙겨주고, 몇 번 임시 보호를 한 적도 있어서인지 고양이와 관련된 문제가 생길 때면 종종 도서관으로 연락이 오곤 했다. 그날도 새끼 고양이를 구조한 아이들이 도서관 문이 닫힌 걸 확인하고는 무작정 마을학교로 찾아왔다고 한다. 갑작스러운 아이들의 방문에 당황한 영수 씨는 아이들과 충분히 의논한 후에 그 고양이를 원래 자리에 데려다 놓기로 결정했단다. 그런데 이후에 그 이야기를 전해 들은 도서관 활동가인 '부엉이(김부련 활동가)'가 그 아이들을 다시 불러 모았다고. 고양이를 데려다 놓는 과정에서 혹여나 아이들이 상처받지 않았을까, 하는 염려 때문이었다. 부엉이는 아이들과 둘러앉아 그런 결정을 내릴 수밖에 없는 이유를 충분히 설명해주고 또 아이들의 생각도 들어보는 시간을 가졌다. 그걸 본 영수 씨는 '아, 이 장면을 누군가 글로 써주면 참 좋겠다' 생각했고, 마땅히 쓸 사람이 없어서 자신이 글을 썼다고 했다.

"부엉이가 그때 왔던 아이들을 다시 불러 모아서, 한 생명을 데려온다는 것이 얼마나 큰 책임감을 필요로 하는 일인지를 아이들이 이해할 수 있도록 차근차근 설명해줬어요. 아이들 마음을 섬세하게 보듬어주면서도 정확히 해야 할 건 정확하게 정리해주는 그 모습을 보는데 진심이 느껴지더라고요. 어찌 보면 그렇게까지 안 해도 되는 일이잖아요. 저 역시 "그 고양이를 다시 원래 자리로 데려놔야 해"라고 말했던 사람이고, 그럴 수밖에 없는 상황이라 마음이 무거웠거든요. 그런데 부엉이가 시간을 들여서 아이들과 대화하는 모습을 보니, 역시 부엉이는 다르구나 싶었어요. 아이들에게 이런 어른이 곁에 있어서 안심되는 마음이 들었다고 할까요. 목격자로서 제가 그 글을 쓴 건데, 쓰면서 이런 것도 마을의 일이 될 수 있다는 걸 한 번 더 생각해봤던 것 같아요. 아이들의 마음에 대해서도 다시 한번 생각해보게 되고요. 마을 일이 꼭 마을에 사는 사람에 대한 일만은 아니었다는 걸 저도 다시 알게 된 시간이었어요."

그 일은 마을에서 살아가는 주민이자 '청소년 공부'를 하는 어른으로서 그에게 여러 가지를 생각하게 만든 귀한 경험이었다. 그는 가까이에 이렇게 배울 사람이 있다는 것이 마을 활동의 즐거움이라고 말했다.

평범한 학부모에서 학부모연대 지회장으로

지금은 마을 활동가로 살아가고 있지만 영수 씨가 애초부터 이런 활동에 관심이 있었던 건 아니다. 눈앞에 주어진 일들을 따라가다 보니 지금 이 삶에 이르게 된 것이라고. 마을학교 간사로 일하기 전에는 학부모연대 지회장을, 그 전엔 대학 동문회 간사 일을 했다. 아이를 낳고는 초등학생들을 가르치는 보습학원에서, 또 여성 일자리 창출을 목적으로 마련된 콜센터에서 시간제 근무를 하기도 했다. 대학에서는 국문학을 공부했지만 그 당시엔 학과 공부보다 학생 운동에 더 관심이 많았다고 한다. 학과 분위기에 영향을 받아 자연스레 학생회 활동을 하게 되었지만 그렇다고 열성적으로 한 건 아니었다. 그저 어중간한 학생이었다고. 하지만 그 시간으로부터 지금 이 삶에 이르게 된 것 같다는 생각을 종종 해보곤 한다.

"학교마다 국문과나 사회학과, 철학과, 이런 데가 학생 활동이 좀 활발했어요. 선배들이 활동하는 걸 보니 그게 나쁘지 않은 것 같더라고요. 그들이 하는 말이 맞는 것 같았고, 내가 몰랐던 역사를 공부하는 과정도 재밌었고요. 그렇게 같이 공부하고 어울리면서 자연스럽게 학생회 활동을 하게 됐죠. 그러다 보니 수업을 열심히 안 들어서 겨우 졸업했네요."

대학 졸업 후엔 바로 취직을 했다. 얼른 부모로부터 경제적 독립을 하고 싶다는 마음 때문이었는지 직업에 대한 큰 고민 없이 일을 시작할 수 있었다. 처음 취직한 회사는 '장원교육문화'였다. 그 시절은 지금도 가끔 영수 씨 꿈에 나올 정도로 힘든 시기였다. 아침에 출근해 밤 11시까지 일하느라 노동 강도는 셌지만 고된 만큼 재미있는 일들도 참 많았다.

"스물다섯부터 일곱까지, 찬란하고 좋은 시기에 힘든 일을 억수로 열심히 했지만 그만큼 재미도 있었어요. 그때 별의별 사람들도 다 만났지. 한 번은 어느 집에 수업하러 갔는데 애들만 셋인 집이었어요. 막내가 한 세 살쯤이었는데 몸에 똥을 칠갑을 해 있더라고요. 부모님들이 애들만 두고 어디 가셨나 봐요. 모른 척 수업을 할 수 없어서 개를 욕실에 데리고 가서 씻겼던 기억이 나요. 밤늦게까지 아파트 사이를 종종거리면서 무거운 학습지 가방 들고 그렇게 돌아다녔어요. 어느 부모님은 지폐가 없다고 회비를 동전으로 주시기도 하고.(웃음) 많은 일을 겪었어요. 그때 동료들이랑 했던 말이 우리가 여기서 3년을 견뎠기 때문에 어디 가서도 무슨 일이든 다 할 수 있다, 그랬지. 영업도 했지, 애들 가르치는 것도 했지, 엄마들 상대하는 것도 했지, 하면서요."

그는 지금도 가끔 그때의 기억을 악몽처럼 꾼다고 한다. 시계는 9시 반인데 수업해야 할 가구는 열 군데나 남아 있는 상황. 왜 빨리 안 오냐는 학부모의 전화를 받으며 무거운 가방을 메고 컴컴한 아파트를 종종거리며 뛰어다니는 꿈이다. 그런 꿈을 꿀 때면 그 시절을 용케도 잘 버텼다는 생각에 자신의 지난 시절을 격려해주고 싶은 마음이 생긴다고. 3년을 꼬박 채운 첫 직장이었지만 결혼과 동시에 일을 그만뒀다. 결혼 후에는 학원 강사로 잠시 일하다가, 당시 뜨고 있던 논술지도사 과정을 공부하기도 했다.

"그때도 되게 재미있었어요. 책도 많이 읽고. 같이 공부하던 사람들이 대부분 직장이랑 병행하거나 자기 계발을 목적으로 들었어요. 수업 끝나면 모둠별로 책 읽고 나누고 발표하고 이랬거든요. 지금도 그때 읽었던 책들이 집에 꽂혀 있어요. 논술지도사 공부 안 했으면 평생 읽지 않았을 책들을 당시 많이 읽었죠."

논술지도사 과정을 수료했지만 막상 집안일과 육아를 병행하면서 일을 하려니 쉽지 않았다. 배우는 건 재미있었지만 가르치는 일에는 부담이 컸기에 본격적으로 일을 시작하지 못했다. 그러다 친정 쪽으로 이사를 가면서 대학 동문회에서 상근 활동가를 구한다는 소식을 듣고 모교 민주동문회 간사를 몇 년 했다. 지금 마을학교에서 하는 일과 크게 다르지 않은 일이었다.

"회원과 회비를 관리하고, 프로그램이나 동아리 활동을 기획하고 그랬죠. 운영위 회의 준비하고, 동문회 소식지 발간도 하고, 글 의뢰하고 받아서 편집하고 발송하고 이런 것들을 한 2년 하다 보니까 그 경

힘들이 지금 활동에도 도움이 되는 것 같아요."

둘째 아이를 가지면서 동문회 간사 일을 그만뒀다가 출산한 후엔 잠시 콜센터에서도 근무했다. 웬만하면 어떤 직장에서든 1년은 버티던 그였지만, 그 일은 3개월 만에 그만둘 정도로 힘들었단다.

"지금 이 일하면서 한 달에 백만 원 받지만, 거기는 당시에 하루 4시간 일하고 80만 원 넘게 줬거든요. 4대 보험도 다 되고. 조건이 너무 좋잖아요? 그래서 시작했는데 해보니까 너무 힘든 거야. 저랑 너무 안 맞기도 했고요. 초 단위로 하는 일이었거든요. 하루에 최소 마흔 콜을 받아야 하는데, 그럼 한 시간에 열 콜을 받아야 하죠. 늘 많이 못 받는다고 쪼임을 당하고 그랬어요. 그다음에 고객들을 응대하기 위해서 숙지해야 할 내용도 너무 많아서 어렵기도 했어요. 욕하는 사람들도 많았고요."

그렇게 일을 그만두고 아이를 돌보며 지내던 영수 씨는, 첫 아이가 초등학교에 입학하던 2013년도에 맨발동무도서관과 인연이 닿았다. 독서 모임에 참여하면서 도서관을 자주 찾기 시작했다. 그러던 어느 날, 도서관 관장님으로부터 학부모 모임이 생긴다며 홍보지 한 장을 건네받았다. 그걸 받자마자 '어, 이런 거 필요한데! 좋은데?' 하는 생각이 들었다. 당시만 해도 엄마들이 학교에 가서 급식 당번도 하고 청소도 해주던 때다. 엄마들이 학교에 자주 찾아가서 부탁을 하거나, 선생님에게 잘 보이려고 애쓰는 경우가 많았다.

"반 모임을 한다고 해서 가 보면, 자기 집 아이가 어떻고, 다른 누구집 아이가 어떻다는 이야기가 아니면, 선생님에 대한 이야기들이더라고요. 그런 것들이 나하고는 별로 맞지가 않는 거예요. 피곤하고…. 그래서 그 모임은 점차 안 가고 도서관 책 읽기 모임에 더 열심히 참여했어요. 그런 와중에 도서관 관장님께서 학부모들이 모여서아이들을 위해 활동하고 공부하는 모임을 만든다고 하니까 관심이갔죠. 관장님 제안을 받고는 '아 이걸 해야겠다'는 생각이 바로 들었어요."

그렇게 영수 씨는 부산학부모연대 회원이 되었다. 그는 자신이 공부하는 학부모가 된 데는 대학 시절의 경험이 적지 않은 영향을 미친 것 같다며 말을 이었다.

"지금 생각해보니, 제가 대학 다닐 때 학생운동을 안 했으면 진보 교육감을 만들거나 아이 교육 문화를 바꾸는 일에도 그다지 관심이 없었을 수도 있었을 것 같아요. 아이들을 경쟁시키는 게 아니라 더불어 살게 하는 것이 더 가치 있다는 생각은 이전부터 있었는데, 돌아보면 그게 학생운동의 영향도 어느 정도 있었구나 싶어요. 그때 했던 게 결국 나 혼자 잘 사는 게 아니고, 함께 잘 사는 세상을 만들자고 움직였던 거니까요. 그래서 누군가 "학부모 연대가 만들어질 건데 같이 할래?"라고 물었을 때 큰 고민 없이 응했던 것 같아요. 물론 엄마들끼리 모여서 밥 먹고 차 마시면서 얘기 나누는 것도 재밌어요. 누군가를 씹기도 하고.(웃음) 그런데 그런 게 계속 즐거울 순 없더라고요. 결국은 공허함이나 피로감이 찾아오는 거죠. 좀 더 괜찮은 학부모 모임이 만들어지면 좋겠다는 생각이 있었는데 학부모연대가 그런 곳이었어요."

2014년 무렵, 학부모 문화를 새롭게 바꾸어보려고 하는 데 뜻을 같이 했던 엄마들이 한자리에 모였다. 그 모임이 씨앗이 되어 부산학부모연대 화명지회가 되었고, 이후에 그것은 화명 금곡지회로 확대되었다. 다들 바쁜 상황이라 그가 학부모연대 화명 금곡지회장을 맡기로 했다. 당시 새 진보 교육감의 정책이 부산에 '혁신학교'를 만들어보자는 것이었기에, 학부모연대도 자연스레 혁신학교를 공부하는 것으로 모임을 시작했다. 혁신학교에 탐방을 가거나 관련 강좌를 개설해 함께 들었다. 맨발동무도서관에서도 활동가 한 명이 들어와서 함께했고, 모임 장소나 책을 지원해주는 역할도 해주었다. 그렇게 매주 수요일마다 도서관에서 모여 책이나 영상을 보며 공부했다. 학부모연대가 처음 생기던 2014년부터 2019년 2월까지, 5년가량 그는 지회장으로서 열심히 활동했다.

"처음엔 우리 아이에게 좋은 활동을 하는 곳 같아서 참가하지만, 여기서 공부하다 보면 스스로가 바뀌는 걸 느끼게 돼요. 예전에 엄마들하고 모임 할 때는 학원 어디 보내는지, 이런 게 중요한 정보고 고민이었다면, 여기서 활동하면서부터는 우리가 학교에서 어떤 역할을할 수 있을지, 또 좋은 엄마의 모습은 어떤 것이어야 하는지를 고민하는 걸로 바뀐 거죠. 옛날부터 헬리콥터맘 이런 말이 많았는데, 그런 뒷바라지하는 엄마 말고, 진짜 아이와 함께 성장하고 자기 공부를하는 엄마가 되는 게 중요하다는 걸 차츰 알아가게 됐어요. 부모가아이들만 바라보고 있는 게 아니라, 그냥 자기 삶을 잘 살아가면서아이들을 지지하는 든든한 울타리가 되어주면 그 역할로 족하다, 그런 생각들을 많이 공유했죠."

맨발동무도서관에서 상근 활동가나 자원 활동가, 동아리원으로 활동하던 사람들은 대개 공동육아조합원이던 분들이 많았지만, 학부모연대의 성격은 좀 달랐다. 조합원이 아닌 일반 학부모들의 비중이 컸다.

"우리 지회 회원들이 진짜 알음알음으로 모임 동네 학부모였거든요. 와석, 화잠, 용수, 학사, 화명초 등에 보내는 학부모들이었어. 맨발동 무도서관을 아는 사람도 있고 모르는 사람도 있고. 도서관을 아는 사람들은 이런 공동체에 대한 이해가 좀 있는데 아닌 사람들도 많았어요. 아무튼 평범한 학부모들이 모여서 공부도 하고 여러 활동을 했죠. 지금은 무상급식이 너무 당연한 일이 되었지만, 당시만 해도 그렇지 않았어요. 학부모연대에서 사람들을 만나러 다니고 서명을 받아서 무상급식을 만들어낸 거예요. 엄마들에게 불법 찬조금 걷지 말자고 하는 그런 움직임도 있었고요. 새로운 학부모 상을 만드는 데 앞장섰죠."

지금으로선 당연한 일들이지만 학부모연대와 같은 모임이 없었더라면 불가능했을 일이다. 그는 학부모연대에서 활동하면서 점점 활동가로서의 기쁨과 보람을 알아갔다.

"학부모연대 지회장 4년 차쯤에는 마을 교육공동체 활동을 해보자, 라는 움직임도 생겨났어요. 조직 내에서의 활동뿐만 아니라 다른 단체들과 연대하면서 활동 영역을 확장해 나갔죠. 마을과 학교의 일을 자연스럽게 연결할 수 있는 주체가 마을 안에서는 당연히 학부모겠구나 싶었어요. 처음엔 마을 활동가라는 말도 낯설었는데 시간이 지나면서 내가 학부모이지만 마을 활동가가 맞네, 이렇게 받아들이게 된 것 같아요."

대천마을학교의 상근 활동가가 되다

학부모연대 지회장으로서 활발히 활동하던 그는 4년 차가 되자 고민이 생겼다. 지회장 역할을 누군가 오래 독점하는 것에 옳지 않다는 생각이 들었다.

"언제까지 저만 지회장을 하면 이 조직이 건강하지 않은 거잖아요. 우리가 조직을 잘 꾸려가기 위해서는 각자 정해진 역할을 맡아야 하는데, 사실 그런 역할을 초반에 체계적으로 나누지 못했거든요. 그래서 모임에 참여는 해도, 정확히 자기 역할을 가지고 참여하는 분이 몇 명 안 되는 거예요. 언제까지 이렇게 하면 안 되겠다는 생각이 들어서 4년 차에는 회원 중에서 총무도 정하고 몇 가지 역할을 나누었죠. 그즈음 현영 언니가 열심히 활동을 하시기도 했고, 주변에서도 함께 권하기도 해서 자연스럽게 현영 언니한테 지회장을 넘겨주게 됐어요."

학부모연대 지회장에서 다시 회원으로 돌아가 활동을 이어가면서, 2019년도부터는 마을학교 간사로 근무를 시작했다. 학부모연대 활동을 같이하던 전임 간사님이 마을학교에서 함께 일해

보자고 제안해온 것이다. 그때부터 지금까지 대천마을학교의 상근활동가로 지내고 있다. 예전에 대학 동문회에서 간사 일을 해봤으니 마을학교 일도 특별히 어렵지 않았다. 그때와 다른 점이라면 활동가라는 정체성을 가지고 마을과 연계된 일들을 더 많이 한다는 것이다. 마을학교를 돌보는 일을 포함해 주민자치회 같은 마을 일부터 활동가 역량 강화까지, 생각보다 하루 일정이 빠듯할 때가 많다.

"우리 신랑은 저보고 "니가 하는 거 보면 연봉 한 몇천만 원 버는 줄 알겠다" 이렇게 이야기하거든요. 받는 돈에 비해 때로는 일정에 쫓길 정도로 바쁘기도 하고 해야 할 일들도 많은데, 그럭저럭 재밌고 괜찮아요. 아직까지는 지낼 만하고, 더 배우고 싶고, 이런 마음들이 더 커요. 특히 마을학교에서 운영하는 프로그램에 사람들이 즐겁게 참여하는 걸 보면 기분이 좋아요. 또 마을학교 일에 도움을 주시는 분들도 많거든요. 최근에 마을에서 심리상담 공부하시는 분들이 마을 사람들을 대상으로 무료로 상담을 해주시기도 했어요. 무언가를 기꺼이 나누려는 마음이 이 공간에 모일 때가 있는데, 그걸 마을 사람들에게 안내하는 게 제 역할이니까 그럴 때 저도 뿌듯해요."

마을학교는 마을 인력으로 프로그램을 채워나가는 걸 중시한다. 먼 곳에서가 아니라 동네에서 할 수 있는 소소한 일을 찾자는 주의다. 그래서 동네 주민이 프로그램 강사로 참여하는 다양한 강연을 기획하고 운영한다. 그것이 '마을이 학교다'라는 이곳만의 가치관을 실현해나가는 방법이다.

"학부모연대 활동을 할 때는 외부 유명강사를 모시는 경우가 많았는데, 마을학교는 그렇지 않고 마을에서 강사를 찾는 거죠. 여기서 일하면서 마을 사람, 자연물, 공간, 이런 것들에 조금 더 집중하게 되는 것 같아요."

그는 화명2동 주민자치회에서도 참여하며 마을 주민들을 만나고 있다. 그간의 활동이 뜻 맞는 사람들과 함께한 것이었다면, 주민자치회는 말 그대로 다양한 생각과 가치관을 가진 마을 주민들과 부대끼는 현장이다. 그만큼 새롭게 배우는 것도 많다.

"기존에 같이하던 공동체들은 아무래도 뜻이나 정서가 맞는 사람들이 많다 보니, 어찌 보면 편안하게 일을 할 수 있었던 것 같아요. 그런데 주민자치회는 정말 마을 주민들이랑 만나는 거니까 느낌이 다르더라고요. 처음엔 좀 신기했어요. 동네에 다양한 사람들이 있는데 그 중 주민자치회로 찾아오는 사람들은 정말 자치회에 관심과 의지가 있는 사람들이다, 그런 생각도 들었고요. 공동체가 주민 조직과 같이 가야 한다는 것에 점점 더 합의가 되고 있고, 저 역시도 그렇게 생각해요. 우리가 그동안 마을살이에 관해 많이 이야기해 왔지만, 어찌 보면 우리랑 생각이나 지향이나 정서가 맞는 사람들과만 주로 만난 거잖아요. 그러다가 주민자치회 통해서는 생각도 정치적 성향도 좀 다른 사람들과도 만나는 거죠."

활동가라는 직업은 본인이 원하기만 한다면 계속하는 데 어려움이 없다. 다만 노동에 비례한 보수가 보장되지 않는다는 점이 한계라면 한계다. 그럼에도 활동가로 계속 살아가는 이들은 일하는 과정에서 충분한 배우고 성장한다는 것에서 보람과 기쁨을 느낀다. 영수 씨가 이 일을 계속하는 것도 이런 이유들 때문이다.

"여기서 쓰는 에너지를 다른 데 쓰면 경제적으로 더 도움이 될 거라는 이야기를 예전부터 자주 들었죠. 그런 쪽으로 눈 돌리지 않고 계속 마을 일이나 학부모연대 일을 놓지 못하는 이유가 뭘까, 생각하면 이 일을 할 때는 재미도 재미지만 사람들하고 지내면서 성장도 하고 저 스스로 의미도 느끼는 게 큰 이유 같아요. 그건 경제적으로 환산할 수 없는 배움과 성장이거든요. 지금 한 7년째 활동하고 있는데, 돌아보면 도서관 책모임에서 시작해서 학부모연대 활동, 마을학교, 주민자치회까지 자연스럽게 연결되어온 것 같아요. 어떤 일이 왔을 때 '나 안 할래. 안 하고 싶어' 이러기보다는 '내가 할 수 있는 일이면 하겠다' 이런 마음가짐이 있어서 여기까지 온 거죠. 그러다 보니 역량도 쌓이고 다양한 사람들도 만나고 일도 배우고 그랬죠. 매 순간 깊이 생각하면서 일하진 않지만, 그냥 이게 좋으니까 계속하지 않았나 싶어요."

일에 대한 보람과 만족도는 높았지만, 금곡동에 거주하며 화명2동에서 활동하는 것에 대한 고민은 쭉 있었다.

"학부모연대 초창기 때는 제가 금곡동에 살면서 여기 화명2동에 와서 활동하는 것에 괴리가 좀 느껴졌어요. 지금은 그냥 제 근거지가 여기라고 생각하거든요. 처음엔 '우리 동네도 아닌데 이렇게 열심히 해야 될까' 이런 생각을 한 적도 있어요. 나는 금곡동에 사니까 금곡동에서 활동해야 하지 않나 생각한 거죠. 그런데 여기서도 할 일이 엄청 많으니까, 어디서든 필요한 일을 하면 되는 거라고 지금은 생각하고 있어요."

첫 아이가 초등학교에 입학할 때쯤에 학부모연대 활동을 시작한 영수 씨는 아이가 5학년이 되던 무렵부터는 도서관의 청소년 공부 모임인 '깍두기'에 참여했고, 아이가 고등학생이 된 지금은 주민자치회 청소년분과위원으로 참여하며 활동의 반경을 넓혀가고 있다. 화명2동에 주민자치회가 새롭게 개편된다는 소식을 듣고는 이 공부를 마을로 좀 확장해보자는 마음을 모아 깍두기

멤버들과 주민자치회 청소년분과를 만든 것이다. 아이가 성장하면서 그의 공부와 활동도 함께 성장해갔다. 나는 그에게 학부모연대 활동과 깍두기, 주민자치회 청소년분과 활동은 어떻게 같고 다른지 물어보았다.

"학부모연대 활동은 학부모연대 이름을 걸고 청소년을 지지하는 활동을 하는 거라고 보면 돼요. 청소년 인권이나 학교의 여러 교칙, 학생인권조례 이런 것들을 바꾸는 활동에 참여하죠. 청소년기를 맞은 자녀와 잘 소통하는 공부도 하고요. 대부분은 집에서 아이와 엄청 싸우게 되고 문제도 많이 생기잖아요. 어쨌든 아이와의 관계가 망가지지 않아야 하니까 소통하는 방법이라든가, 아이를 이해하는 방법을 배우는 거죠. 그걸 위해서는 결국 엄마들, 학부모들끼리 모여서 공부하는 것밖에 방법이 없더라고요. 반면 깍두기나 주민자치회 같은 활동은 마을에서 좀 더 공적인 어른으로서의 역할을 고민하게 되는 일 같아요."

영수 씨 역시 마을 활동을 하면서 자신의 아이들을 바라보는 시선이 조금씩 편안하게 바뀌었다고 말한다. 자기 공부를 하다 보니 자연스레 아이들과의 관계에도 긍정적인 영향이 미친 것이다. 아이들 역시 엄마가 마을 활동을 한다는 걸 잘 알고 있다고.

"아이들도 내가 큰돈 버는 일을 하지 않고 마을 활동을 하는 거, 마을 학교나 도서관에서 지내는 걸 아니까 '뭔가 다른 일을 하네' 정도는 알고 있는 것 같아요. 또 큰애 같은 경우는 고등학생인데 엄마가 정치적으로든 생활적으로든 보수적이지 않다는 것, 공부에 대해 강요하는 사람이 아니라는 건 알죠."

계속 살아도 좋은 동네, 대천마을

"이 동네에 살면서 누릴 수 있는 것 중 최고는 대천천이에요. 대천천은 정말 천혜의 자연환경이지. 저는 맑은 물 보는 거 엄청 좋아하거든요. 한 번씩 물 멍 때리고 있으면 마음이 깨끗해지는 것 같아요. 대천천을 자주 걷진 못해도 지나가다 그냥 물만 바라봐도 좋아요. 여름에 아이들이 거기서 수영하고 노는 풍경 보는 것도 참 좋고. 이런 동네가 잘 없잖아요. 그래서인지 이 동네에서 대천천이 가지는 게 엄청 크다는 생각이 들어요. 대천천이 없는 동네였다면 이렇게 많은 공동체들의 활동도 없지 않았을까 싶어요. 좋은 자연환경에서 아이들을 키우고 싶은 사람들이 이 동네로 왔고, 그 사람들로 인해서 좋은 활동들이 펼쳐졌고, 예전에도 그렇게 살아온 것이 지금까지 이어지는 것 같단 생각이 들어요. 그런데 처음부터 대천천이 깨끗한 건 아니었대요. 90년대 말에는 3급수였던 걸 주민들이 정화 활동을 해서 1급수로 만들어놓은 거라고 하더라고요. 그 혜택을 또 지금 세대 아이들이 누리는 거니까 감사하죠. 대천천네트워크가 훌륭한 점은 그런 거죠. 그런 일들을 주민들이랑 같이 해왔으니까요. 마을의 역사를 배우다 보면 동네를 위해서 애쓰시는 분들이 꽤 많다는 것, 내가 누리는 것을 위해 힘써온 사람들이 있었다는 걸 알게 돼요."

그가 꼽은 이 마을의 가장 큰 장점은 바로 대천천이다. 이곳에서 활동가로 살아가는 영수 씨는 대천천만큼이나 이 개천을 중심으로 모인 사람들이 좋다고 말한다. 이들이 모여 만든 공간들이 있어 든든함을 느낀다고 말이다.

"작년에 되게 일이 많았는데, 누가 '무사이'에서 음악회 한다고 같이 가자고 하더라고요. 일 마치고 갔다가 엄청 힐링되는 음악을 듣고 온 거죠. 멀리 안 나가도, 동네에 걸어서 갈 수 있는 곳에서 좋은 음악을 듣고 집에 가는데 너무 좋은 거예요. 내가 발길 닿는 곳에, 뭔가 하고 싶은 게 있을 때 같이 해보거나 참여할 수 있는 것들이 곳곳에 있고, 내가 궁금한 게 있거나 어려움이 있거나, 이야기하고 싶은 게 있을 때 말을 건네면 그걸 들어주고 나눌 사람들이 이곳에 있고, 이게 살아가면서 엄청 큰 힘인 것 같아요."

대천마을학교에서는 '마을 알기 프로그램'을 통해 주민들과 아이들에게 대천마을의 역사를 알리는 수업을 진행한다. 자신이 사는 마을을 아는 일은 왜 필요할까.

"마을 공부의 필요성에 대해서는 저도 계속 질문하는 중이에요. 근데 공부를 하면 확실히 달리 보이는 것들이 생겨나요. 예전에 학부모연대에서 마을 알기 프로그램으로 우리 동네 걷기를 해본 적이 있어요. 걸으려고 하니까 이 동네가 궁금해지는 거예요. 그래서 마을학교 장인 이귀원 쌤한테 화명동 역사에 관한 수업을 들었어요. 예전에 이 동네엔 네 개의 마을이 있었는데 대천마을이 제일 컸고, 독립 운동하던 사람들도 있었다더라고요. 성균관 유학자가 내려오다 보니 마을 사람들 공부도 가르쳐주고, 그 과정에서 교육공동체가 자연스럽게 형성되었대요. 이 동네가 농사도 잘되고 문맹률도 낮았고, 서로서로 돕는 문화가 자연스러웠다고 하더라고요. 그런 걸 들으면서 화명동 공동체가 생각보다 뿌리가 깊구나, 그 정서가 옛날부터 이어져 내려온 거구나 하는 걸 느낀 거죠. 지금 우리가 누리고 있는 문화가 몇몇 사람이 뚝딱 만든 게 아니라, 오래전부터 공동체의 정서가 깃든 곳이어서 가능해질 수 있었구나 싶어요. 그렇게 공부한 다음에 이야기를 찾아서 걸어봤는데, 우리 동네가 참 쉽고 편하게 걸을 수 있는 좋은 동네구나 싶더라고요. '참 괜찮은 동네, 계속 살아도 좋은 동네'라는 생각이 들었어요. 지금도 이렇게 많은 사람들이 잘살아 보려고, 잘 가꾸어보려고 애쓰고 있고, 이런 공동체적인 가치를 더 많은 사람과 나누려고 하잖아요. 이 프로그램 하면서 요즘 아이들이 이런 마을의 구석구석을 유년의 기억으로 가져갈 수 있으면 좋겠다고 생각했어요. 학교와 학원을 오가며 마주한 그런 건물의 기억만이 아니라 자연과 사람들과 우리 동네 곳곳의 길, 마을에서 놀고 지냈던 기억이 있으면 좋겠어요. 그게 살아가는 데 있어서 제일 큰 힘이 될 거라고 믿거든요."

영수 씨는 작년 한 해, 금곡동의 여러 단체를 찾아가 활동가들을 인터뷰하는 활동을 했다. 그 일을 하면서 자신의 거주지인 금곡동에도 이만큼 마을 활동에 열성적인 사람들이 많다는 걸 처음 알게 되었다. 그 과정은 그에게 많은 걸 배우고 느끼게 한 소중한 경험이었다. 그는 언젠가 금곡동의 봉사하는 단체에 합류하고 싶다는 자신의 계획을 들려주었다.

"돈이 되는 일을 목표로 살아온 것은 아니니까, 한 백만 원 정도라도 안정적으로 벌 수 있다면, 금곡동의 봉사하는 단체에서 봉사하며 살고 싶다고 생각했어요. 지금은 여기서 내 에너지를 쏟고 있지만 언젠가는 내가 살고 있는 금곡동에 나의 에너지를 좀 더 나눌 수 있는 일이 있다면 그렇게 다시 시작해 봐도 좋겠다고 생각하죠."

공동체의 소중한 가치를 더 많은 사람과 나누며, 아이들에게 마을의 좋은 문화를 유년의 유산으로 물려주고자 하는 영수 씨

는 사람 그리고 마을과 살아가는 경험의 중요성을 누구보다 잘
알고 있다. 마지막으로 그에게 이 일이 좋은 이유를 물었다.

"저는 그냥 사람을 좋아하는 것 같아요. 그래서 그 사람들과 즐겁게
더불어 사는 것에 관심이 있어요. 물론 가끔은 제 노후가 걱정되기도
하지만, 그냥 이렇게 사는 게 저한테 맞기도 하고, 내가 성장해왔던
과정 역시 제 앞에 주어진 재미난 활동들을 해 나가는 과정이었던 것
같아요. 그리고 일단 내 아이가 살아가는 세상이 조금 더 안전하고
즐겁고 평화로웠으면 좋겠다는 마음이 있고요. 내가 하는 일이 미약
하게나마 마을에 도움이 된다면 그 역할을 하는 것이 나에게도 물론
좋지만 아이에게도 좋겠다는 생각을 하는 거죠. 내 삶의 가치라고 한
다면 그것인 것 같아요."

꿈을 가꾸어온 사람

최용석 * 복합문화공간 '무사이' 대표

화신 중학교 옆 골목을 따라 걷다 보면 조그마한 입간판이 보인다. 그 아래의 작은 입구 계단을 내려가면 100평대의 넓은 지하가 모습을 드러낸다. 극장과 책방을 비롯해 카페와 제로웨이스트샵, 모임방 등이 어우러진 이곳은 2021년 5월에 문을 연 '무사이'라는 복합 문화 공간이다.

동네에 극장이 생겼다는 소식을 듣고 궁금해하다가 그해 6월, 2021년 부산 국제 어린이·청소년 영화제 때 이곳을 처음 방문했다. 저녁을 먹고 친구들과 마실 삼아 걸어가서는 미리 예매해둔 영화 〈수네vs수네〉를 봤다. 적은 인원이 소담하게 모인 극장은 아늑했고, 스웨덴 어린이 영화는 기대 이상으로 재미있었다. 엔딩크레딧이 오르고 불이 켜지자 손뼉을 치며 영화의 여운을 즐기는 사람들 틈으로 익숙한 얼굴들이 보였다. 동네 영화관이라는 말이 꼭 어울리는 정다운 풍경이었다. 멀리 가지 않아도 우리 동네에서 이웃들과 좋은 영화를 볼 수 있다니, 마을에서 누릴 수 있는 멋진 공간이 또 하나 생겼다는 사실에 설레고 기뻤다. 그 뒤로도 영화나 북토크, 공연을 관람하러 종종 무사이에 간다.

무사이 대표는 마을에서 '키다리'라는 별명으로 불리는 최용석 씨다. 그는 마을 사람들이 협동조합으로 만든 '작은책방 북적북적'의 대표였고, 지금은 화명동의 대안학교인 참빛학교 학부모이자 북적북적과 마을밥상협동조합의 조합원이기도 하다. 새로운 문화 공간인 무사이를 이용하다 보니 자연스레 이 공간의 탄생 비화가 궁금해졌다. 자신이 사는 터전에서, 사람들과 의기투합해 재미난 시도를 하며 이 마을을 더 풍요롭게 만들어온 대표님의 이야기 또한 궁금했다. 그는 어떻게 이 공간을 시작하게 되었을까. 작년 8월 무사이 대표님께 인터뷰를 요청했다. 무더운 여름날, 널찍한 무사이 모임방에서 그와 마주 앉아 긴 이야기를 나누었다. 우연히 영화의 세계에 빠졌던 학창 시절부터, 교육자의 꿈에 다가서기 위해 뒤늦게 진학한 대학원 시기를 지나, 책방과 극장이라는 문화 공간을 운영하게 된 지금에 이르기까지. 쉼없이 이어지는 이야기를 따라가다 보니 그의 삶이 생생히 그려지는 듯했다. 어느 순간부터는 나도 그와 함께 상기되는 기분이었다. 아마도 그건 대표님에게서 뿜어져 나오는 뜨거운 에너지 때문이었을 것이다. 생각이나 말에서 그치지 않고 행동으로 밀어붙이는 다부진 힘은 그 열기에서 나오는 게 아닐까 싶었다.

복합 문화 공간 '무사이'를 오픈하다

첫 인터뷰를 하던 8월은 무사이가 오픈한 지 3개월 정도 지난 무렵이었다. 대표님은 새로운 공간을 이끌어가느라 분주한 나날을 보내면서도 지친 기색보다 한껏 들뜬 모습이었다. 극장과 카페, 책방을 함께 운영하느라 신경 쓸 일도, 시행착오도 많지만 꿈꿔 온 일을 실현한다는 즐거움 덕분에 그는 힘든 줄 모르고 지내는 중이라고 했다. 그의 하루는 어떻게 흘러갈까. 무사이를 운영하며 달라진 일과를 물었다.

"아침에 출근하면 영화관에 예고편 틀어놓고요. 영화 예매하신 분들이 오시면 영화 상영하고, 영화가 끝날 때까지는 가슴을 졸이고 그러죠. 영화가 어디서 스톱이 될지, 소리가 어떻게 날지 모르니까요. 틈나는 시간엔 배급사랑 연락하고, 영화 선정하고 인스타그램에 홍보하는 일들도 하고 있고요. 책방도 같이 하고 있기 때문에 비치할 책을 고르고 주문하고 전시하는 일도 틈틈이 하고, 카페 손님이 좀 많아질 때면 카페 일도 좀 돕죠."

복합 공간인 만큼 하나하나 손 가는 일이 많지만 그 중에서도 가장 시급한 과제는 극장 일이었다.

"지금 제일 중점적인 일이 영화 배급 받는 일이거든요. 원하는 영화를 배급사가 다 주지 않기 때문에 몇 개의 라인업을 주고받는 과정에서 시간 소요가 좀 많이 됩니다. 아무래도 이 일이 처음이라 시행착오가 많죠. 처음엔 사실 배급사에서 영화 준다는 말만 들어도 너무 신이 나가지고.(웃음) 어떤 배급사는 좀 기가 찬 모양이더라고요. 어디 들어본 적도 없는 곳에서 갑자기 영화 달라 그러니까요. "영화 몇 석 있어요?" 물어서 스무 석 있다니까 어떤 곳에서는 코웃음을 치기도 하고. 스무 석 갖고 무슨 영화를 상영하냐면서요. 그래도 포기 않고 계속 시도하고 있어요."

무사이는 주1회, 월요일마다 휴무지만 그렇다고 대표에게도 휴일이 보장되는 건 아니다. 다음 날 영업 준비를 위해 장을 보거나 관계자를 만나느라 제대로 쉬지 못하는 날이 더 많다고 한다.

"현재로선 쉬는 날이 특별히 없어요. 시작할 때 한 1년 정도는 여기에 내 삶을 오롯이 갈아 넣어야겠다고 생각했거든요. 그래도 하고 싶은 일을 하고 있으니 뭘 해도 쉬는 시간이죠."

무사이는 그가 지금 다니고 있는 직장에서 수행하는 프로젝트다. 24년째 근무 중인 직장에 불쑥 기획안을 낸 것이 시작이었다.

"회사에서는 인사, 교육 업무 두 개를 맡고 있었어요. 이 일이 보통 스트레스가 아니라서 시간이 지날수록 힘에 부치더라고요. 저 스스로도 이 일을 너무 오래 했다 싶기도 했고요. 그래서 제가 좋아하는 일 한 번 해보고 싶다는 마음으로 제안을 했어요. 저는 화명 1, 2, 3동까지를 마을이라고 보는데, 마을 사람들이 편안하게 소통하고 이야기 나눌 수 있는 공간이 있으면 좋겠다는 생각에 기획을 한 거죠. 화명동을 시작으로 부산에 15개를 만들자는 목표를 가지고 있습니다. 구가 15개니까요. 여기를 성공시켜야 다른 구에서도 시작할 수 있기 때문에 열심히 해야 해요."

2020년 12월에 기획안을 올리고 2021년 2월에 허가가 떨어져 바쁘게 준비한 후 그해 5월에 문을 열었다. 기획에서 오픈까지는 얼마 걸리지 않았지만 머릿속으로 구상하고 염두에 둔 건 몇 년이 됐다. 동네책방 '북적북적'을 만들 때부터 '영화관을 만들어야겠다'는 생각을 해 왔다. 수년 전, 과거에 신발 공장으로 운영되었던 100평대의 지하 공간을 구입하면서 '언젠가 이곳에 책방과 영화관을 만들어보겠다'고 했던 바람이 마침내 실현된 것이다. 생각해보면 문화와는 자못 무관해 보이는 아크릴 전문 회사에서 이런 기획을 지지해준 것부터가 놀라운 일이다. 그는 이제 회사에 가는 대신에 무사이로 출근하면서, 이 공간을 어떻게 잘 꾸려갈지 고민하며 바쁘지만 행복한 나날을 보내고 있다. 회사에서 투자를 받고 있기에 최선을 다해서 이 공간을 살려야 한다는 사명을 가지고 있지만, 회사 일과 별개로도 이곳을 잘 운영하고 싶은 마음이 크다. 자신이 오래 꿈꾸고 바라왔던 공간인 까닭이다.

무사이를 만들기 전, 그는 모델이 될 만한 공간들을 찾아 전국을 돌아다니며 사전 조사를 했다. 카페와 책방, 영화관이 함께 운영되는 곳으로는 서울의 '더 숲'과 '에무시네마' 같은 공간이 대표적이었고, 그곳들을 벤치마킹하면서 무사이를 구체적으로 구상했다. 공간의 이름은 고대 그리스에서 문학과 예술을 관장하는 신을 일컬었던 '무사(Mousa)'의 복수형 '무사이(Musai)'에서 따왔다. '생각을 불러일으키다.'라는 어원을 갖고 있기도 한 무사이는, 그의 아내가 찾아낸 이름이란다. 예술을 관장하는 아홉 명의 신이라는 단어의 의미도 좋았지만 '무사히'라는 부사어를 연상시킨다는 점도 좋았다고.

"사람이 무사하다는 게 얼마나 기쁜 일이냐, 이름은 무사이라고 정하고 누가 "무사히의 그 무사이 맞습니까?"라고 물으면 '맞다고 하자'고 이야기했죠. 일단 '생각을 불러일으킨다'는 그 어원부터가 제 의도랑 잘 맞더라고요. 저는 영화를 고를 때도 항상 그런 생각으로 고르거든요. 생각을 불러일으키고, 자기를 마주할 수 있는 그런 영화들을 골라서 사람들에게 질문을 던져주면 좋겠다고 생각하죠."

영화와 책, 나 자신과 마주보다

그는 학창 시절부터 영화가 좋았다. 본격적으로 영화에 빠진 건 고등학교 때였다. 대학 가기 전까지 한 2년을 영화에 미쳐서 온 부산 시내를 돌아다니며 영화를 보러 다녔다. 그 시절 많은 영화를 보면서 영화적 감수성이 깊어졌다. 예술 영화를 특히 많이 보러 다녔는데, 지금까지 그에게 강한 인상으로 남은 영화는 뤽 베송 감독의 〈그랑블루〉(1993)라고. 그 영화는 '저렇게도 영화를 만드나?' 하는 생각이 들 정도로 충격을 준 작품이었다. 영화에 온 관심이 집중되면서 자연스레 공부는 점점 등한시되었다. 그렇다고 영화 쪽으로 진로를 계획한 건 아니었고, 그냥 영화가 좋아서 주구장창 영화를 보러 다녔을 뿐이다. 그래도 대입 응시는 해야 했기에 어린 시절부터 꿈꿔 온 교사가 되려고 교대 입학을 알아봤지만 아버지께서 반대가 심하셨다. 당시만 해도 남자가 초등학교 교사가 되는 걸 부끄러워하는 풍조가 있었기 때문이란다.

"그거 샌님들이나 하는 짓이라고, 아버지가 좀 고지식한 면이 있어서인지 반대가 컸어요. 지금은 그렇지 않지만 당시만 해도 남자가 선생님 된다는 게 가정 입장에서는 창피한 그런 문화였어요."

그래서 선택한 전공이 정치외교학이었다. 성적 맞춰서 간 학과라 수업에 대한 기억은 거의 없다. 대학 땐 주로 영화를 보러 다니거나 방송국 가서 영상 만들며 보내는 시간이 많았다. 졸업 후에는 지금 다니는 회사에 입사해 24년째 영화와는 관계없는 업계에서 근무 중이다. 하지만 어릴 때부터 가져온 교육자라는 꿈이 쉽게 사라지지 않아 40대가 넘어 교육학과 대학원에 진학했다. 그곳에서 교육 사상가 프레이리를 만났고 '공감 교육'과 '깊은 학습'이라는 걸 접하고는 크게 공명했다. 자신이 오래 품어온 교육에 관한 이상이 체계적인 학문으로 연구되어 있다는 걸 발견한 것이다. 아직 학계에서는 비주류지만 그는 언젠가 그 학문이 빛을 발할 날이 오리라 믿고 있었다. 회사 일과 공부를 병행하느라 몸은 고되었지만 하고 싶은 공부에 집중하며 만족도 높은 시간을 보냈다. 그 과정에서 자신이 진정으로 원한 건 교육자가 아니라 교육 활동 하는 사람이라는 사실도 깨달았다. 비로소 자신이 꿈꿔 온 삶이 무엇인지 정확히 알게 되는 순간이었다. 늦은 나이에 대학원에 진학하지 않았더라면 결코 알지 못했을 일이다.

"대학원 가서 공부를 해보니 알겠더라고요. 내가 선생님이 되고자 했던 게 아니라 그냥 교육에 관심이 많았던 거구나. 거창하게 말하면 저는 무사이나 북적북적도 하나의 교육 운동이라는 생각으로 해요. 말하자면 교육 운동가라는 마음으로 이런 일들을 하는 거죠."

교육자가 아니라 교육 운동가. 그는 자신이 원하는 것을 재확인하고는 자신이 가야 할 길에 대한 방향도 더 뚜렷하게 설정했다. 듣다 보니 궁금해졌다. 무엇이 그로 하여금 그토록 긴 시간, 교육자라는 꿈을 품게 만든 것인지. 그는 초등학교 시절로 이야기를 거슬러 올라갔다. 도시 변두리 마을에서 살다가 부산으로 이사 와서 몸도 마음도 왠지 위축되었던 그때, 선생님의 한마디가 큰 힘이 되었던 기억이 평생 그의 가슴에 남았다고 했다. 그 기억이 긍정적인 자아 형성으로 이어지면서 본인 역시 자라나는 아이들에게 삶의 용기와 희망을 불어넣어 줄 수 있는 좋은 교사가 되고 싶다는 꿈을 품게 했다고. 넓게 보면 그의 오랜 관심사는 한 사람의 삶에 긍정적인 영향을 미치는 일인 셈이었다.

"양산에 살다가 부산 양정에 와서 주눅 들어 있을 때, 4학년 담임선생님이 저에게 관심도 가져 주시고, 챙겨주셨던 게 지금도 기억이 나요. 특별한 걸 해주신 건 아니지만 지나가면서 머리 한 번 쓰다듬어 주고, '건강하게 커라, 잘했다' 이런 따뜻한 말들을 많이 해주셨거든요. 그때 '아, 선생님들이 공부만 가르치는 게 아니고 누군가의 운도, 삶도 바꿀 수 있구나' 하는 걸 느꼈어요. 그런 건 판서하면서가 아니라 아이에게 와서 관심 있는 말 한마디로 할 수 있는 일이구나 생각한 거죠. 그래서 초등학교 교사인 절친한테도 그런 말을 자주 해요. 그 친구는 교사로서 교육 제도, 교육 혁신에 대한 문제를 중요하게 생각하는데 저는 그때마다 "그것보다 그냥 옆에 있는 아이한테 따뜻한 말 한마디를 해줘라. 그 애 인생이 바뀔 수도 있다" 이런 말을 하죠. 선생님이 굳이 그렇게 대단한 일을 할 필요는 없다고 생각해요, 제 경험으로는. 돌아보면 저는 4학년 담임선생님이었던 정미리 선생님의 관심으로부터 '똑바로 살아야겠다'고 생각하게 된 것 같아요. 그때 제 마음에 교육에 대한 씨앗에 심긴 거죠. 그 일이 되새김 되면서 '아, 나도 선생님 되면 좋겠네' 하는 생각을 늘 해 왔는데, 교대 가서 교사 되는 꿈은 결국 좌절됐지만 지금 돌아보면 그렇게 안 한 게 다행이다 싶어요. 제 꿈은 교육 운동에 가까웠으니까요. 그때 제가 했던 생각은 이거예요. 내가 만든 공간이 누군가에게 삶의 전환을 일으키는 촉매가 되어서 그 사람이 이전과 다른 삶을 모색할 수 있으면 참 좋겠구나."

그는 사람들에게 삶의 전환과 모색을 일으키는 공간을 만들고 싶었다. 그가 삶의 전환을 이끌어내는 가장 중요한 수단으로 생각하는 것은 책과 영화, 그리고 여행이었다. 무사이를 만들면서 회사에 기획안을 통해 제안한 바도 책과 영화가 더 좋아지는 공간을 만들겠다는 것이었다. 왜 그런 공간을 만들고 싶냐는 회사의 질문에 그의 대답은 간단하고도 명확했다. 책과 영화는 마주보게 하는 대상이고, 그 마주보기를 통해 삶의 전환과 모색이 일어날 수 있다고 믿기 때문이라는 것. 그가 오랫동안 천착해 온 것은 바로 '자기 마주보기'였다.

"저는 아이를 키우거나 어른을 마주할 때 그 사람의 공감 능력을 끌어내는 것만 해도 세상을 구해내는 굉장한 방법이 된다고 생각하거든요. 책 읽기와 영화 보기가 그걸 가능하게 하는 가장 좋은 매개라고 보는 거죠. 책과 영화는 자기를 마주 보게 하고, 사람을, 사회를, 세계를 마주 보게 해요. 자기를 마주 보게 되면 자기 이상의 자기를 볼 수 있고, 그렇게 원래의 모습보다 더 큰 사람이 될 기회가 생긴다는 거죠. 그때 공감 능력뿐 아니라 삶의 전환도 맞을 수 있다고 봐요. 그러니까 저는 자기 마주보기가 가능한 공간을 만들어내고 싶다는 바람을 가지고 이런 곳을 만들기 시작했어요. 그런데 공간을 유지하려면 돈을 벌어야 하고, 그런 자본주의 논리에 입각하면 술도 팔고 다른 것도 팔고 이렇게 상업적 이윤을 내는 방향으로 갈 수도 있으니까 목적을 명확히 해둔다는 거죠. "목적성이 분명하면 돈도 따라올 것이다, 우리가 수천억 벌 고민을 하는 게 아니라면 이걸 의미 있는 적자 정도로 생각하고 이 기획안에 대해 깊은 검토를 부탁드린다"라고 말씀드렸죠."

의미 있는 적자. 그가 회사에 제안한 바였다. 심각한 적자라면 몰라도 이런 문화를 만드는 데 필요한 정도라면 충분히 감당할 만하다고 생각했고, 이에 대한 합의만 있다면 실현 가능한 일이라 믿었다. 그렇게 책과 영화가 더 좋아지는 공간, 자기 삶을 마주보고 새로운 자신을 발견하게 되는 공간, 동네의 친근한 문화 공간 무사이가 탄생했다. 이런 공간이 우리 삶을 더 풍요롭게 만들 것이란 그의 확신이 회사 관계자들의 마음을 움직인 것이다.

이러한 확신의 밑바탕에는 영화와 책을 통해 삶의 전환점을 맞이해본 자신의 경험이 존재했다. 그렇다면 책을 향한 관심은 언제 시작되었을까. 영화는 고등학생 때부터 좋아했지만, 그가 책에 빠진 건 서른이 넘어서였다. 뒤늦게 책의 매력을 알게 되고는 늘 책이 있는 공간을 찾아다녔다. 책을 볼 때면 영화와 달리 마음대로 시간 조절이 된다는 것이 매력적으로 다가왔다며 그는 말했다.

"책은 어느 지점에서든 멈출 수 있잖아요. '어 이게 무슨 말이지? 이게 왜 나한테 쿵 내리박히지?' 하고서 얼마든지 거기 멈춰서 생각해볼 수 있는 게 좋았어요. 매력적이더라고요. 왜 이 세계를 진작 몰랐지, 하는 생각이 들 정도로요. 이런 경험들을 많은 사람이 했으면 좋겠다는 생각으로 맨 처음 책방을 만들었어요."

책을 통해 평소엔 들여다보기 어려운 자기 안의 무언가를 마주하는 그 경험이 좋았다. 그런 순간들이 쌓이며 삶이 더 단단해지고 깊어진다는 느낌을 받았다. 하지만 자세히 들여다보니 자신이 더 좋아하는 건 책 냄새 그리고 책이 있는 공간이었다.

"책 냄새가 그렇게 좋았어요. 지금도 여전히 책 냄새가 좋고요. 그리고 책을 읽는 행위도 물론 좋지만 그보다는 제가 책이라는 물성을 그냥 좋아하는 것 같더라고요. 더 정확히는 책이 있는 공간이죠. 그래서 책방에 가면 명당에 들어간 것처럼 마음이 차분해지고, 붕 뜨는 기분이 들고 그렇더라고요. '아 나는 어느 책이 좋은 게 아니고 책이 있는 공간을 되게 좋아하는구나. 저 책들이 나를 억수로 위로하고 또 격려하는구나'라는 느낌을 크게 받은 거죠. 그래서 책방을 먼저 시작한 것 같아요. 그런데 책의 변주 또는 연장이 영화라고 생각하고, 책보다는 영화가 훨씬 더 동적이고 또 손 내밀기가 좋아서 책과 영화관이 함께 있으면 좋겠다는 생각으로 무사이를 만들게 됐어요."

그는 여전히 사람들이 책을 펼치기 시작하면, 좋은 책을 만나면, 그것이 삶의 돌파구와 변화를 이끌어내는 통로가 될 수 있다는 것을 진리처럼 믿고 있다. 그에게 있어서 책방이 갖는 의미가 남다른 이유이기도 하다.

화명동 대천마을 주민이 되다: 참빛학교와 북적북적

교육에 관심이 많은 그는, 두 아이를 부산 화명동의 '부산참빛학교'에 보내면서 이 동네로 이사 왔다. 처음부터 아이들을 대안학교에 보낼 생각은 아니었다. 그때만 해도 '일반 학교에 보내면서 대안적인 삶을 살면 되지' 하는 생각을 갖고 있었다. 그러다 우연히 부산참빛학교를 알게 됐고, 그곳의 교장선생님이 친한 친구의 선배라 자주 만나며 가까워졌다. 대안교육에 대한 꿈을 가지고 학교를 설립하고자 하는 어른들을 지지하는 마음으로, 그렇게 두 아이를 참빛학교에 보내게 되었다. 아이들 통학을 위해 이사를 결정했지만 이 동네로 오면서 부모의 삶도 자연히 이전과는 달라졌다.

"그게 계기가 돼서 여기 와서 또 북적북적도 만들고, 무사이도 만들었으니까 어쩌면 참빛학교가 하나의 모멘텀이었다는 생각도 들어요."

두 아이를 대안학교에 보내며 아이 못지않게 학부모로서도 새로운 경험을 하게 됐다. 그 시간은 아이에게도, 부모에게도 '좋다, 나쁘다'라는 평면적인 잣대로 평가할 수 없는 경험이었다. 그는 일반학교에서 보낸 시간이든 대안학교에서 보낸 시간이든 아이한테는 모두 도움이 되었을 것이라며 학부모로서의 생각을 들려주었다.

"아마도 대안학교 보낸 부모들은 다 그런 후회가 얼마쯤은 있을 거예요. 우리 아이들이 거기서 친구를 얼마나 또 어떻게 사귀고 있느냐에서부터, 아이들 사이에서 이런저런 문제들은 없는지 등등. 이곳에서도 고민스러운 일들이 없지 않거든요. 적은 수의 친구들과 길게는 10년 가까이 지내기 때문에 아이들끼리 서로를 바라보는 고정적인 이미지나 시선도 생기기 마련이고요. 아이들 입장에서는 그게 또 트레이드오프가 되는 거죠. 일반학교 갔으면 좀 스트레스는 받아도 다양한 친구들도 만나고 여러 경험을 할 텐데, 대안학교 오면서는 많은 또래 친구들을 경험하지 못하고, 맨날 보는 아이들과만 지내야 하잖아요. 그런 문제들이 있으니 아마 대안학교 생활을 다 만족하진 않을 거란 말이죠. 여기서 놓친 건 어쩔 수 없이 다른 방식으로 획득해야 하는 부분이라고 생각합니다. 모든 게 다 좋을 순 없으니까요."

대안학교를 계기로 이 동네 주민이 되면서 맨발동무도서관부터 마을 공간들과 공동체를 자연스레 알게 되었다. 뜻 맞는 사람들과 함께 '북적북적'이라는 책방도 열었다. 처음엔 혼자 책방을 열려고 했지만 주변의 몇몇 사람이 관심을 보여서 협동조합으로 방향을 바꾸었다.

"2015년 겨울에 저 혼자 계약을 다 하고, 2월에 사업자까지 내놓고 4월에 협동조합으로 다시 바꿨어요. 책방을 함께 만들고 싶어 하는 사람들이 있더라고요. 그래서 일곱 가정 열네 명이 협동조합원으로 시작했어요. 제가 대표였고요. 협동조합은 대표라 하지 않고 이사장이라고 하지만요. 그때 바랐던 건 책을 같이 읽으면서 동네 사람들끼리 책으로 소통하고, 책 관련 이벤트도 하고 그런 거였어요. 마을에 책방이 있음으로써 사람들과 더 깊이 소통할 수 있지 않을까 생각했어요. 그 취지에 모두들 동의해서 시작했죠. 제가 3년 간 대표를 맡았고, 지금은 조합원들이 돌아가면서 대표를 맡고 있어요."

북적북적은 책이 쌓이고 사람도 쌓인다는 의미다. 사람과 책이 쌓여 수선스러운 공간이 되기를 바라는 마음으로 지은 이름이다. 2016년에 문을 열었으니 벌써 햇수론 7년 차. 애초부터 마을 사람들과 책으로 소통하겠다는 단순한 목표만으로 시작한 공간이기에 별다른 수익이 없어도 운영에 차질은 없다. 매달 내는 출자금을 통해 월세만 낼 수 있으면 된다는 생각으로 운영 중이기 때문이다. 하지만 협동조합으로 운영하다 보니 누군가 한 명이 책임감을 갖기 어려운 구조인 것이 한계이자 고민이다. 상주 인원을 두기엔 인건비를 지급하기가 어려워 어쩔 수 없이 조합원들이 시간을 조율해가며 공간을 돌봐야 하는 상황. 이런저런 문제들로 현재는 조금 정체되어 있지만 마을과 책으로 소통하겠다는 처음의 마음을 이어가기 위해 열심히 방향을 모색 중이다.

"처음 만들었을 때는 책모임도 하고 책 관련해서 공동체 여행도 가고, 달빛 음악회라고 한 달에 한 번씩 마을 분들 모여서 음악 연주도 하고 그랬거든요. 3년 차부터는 그 열기들이 조금 가라앉았죠. 아이들이 어릴 때 시작했다가 자라면서 한참 5학년, 6학년 이렇게 되니까 각자 신경 써야 할 것들이 많아진 것도 있고, 가장 큰 문제는 상주 인원이 없어서 구심점이 안 생기는 거죠. 처음엔 조합원들이 적극적으로 이 공간에서 책을 사 보자, 라고 했는데 그것도 1, 2년 지나니까 점점 잘 안되고. 책이라는 게 사실 굉장히 수고로운 일이잖아요. 이제는 뭐 책방 운영 안 해도 우리끼리 잘 아는 사이라 마음먹고 놀기로 하면 노는 거고 그렇게 뭉칠 수 있지만, 그래도 마을의 책방은 무조건 있어야지 하는 생각으로 지금 할 수 있는 일들을 도모하고 있는 상황이에요."

그는 무사이 대표를 맡고 있지만 처음 시작했던 공간인 북적북적의 운영에도 여전히 함께하고 있다. 여러 사람의 힘으로 운영되는 북적북적과 혼자 일구어가는 무사이는 어떤 차이가 있을까. 두 공간의 운영자인 그에게 물었다.

"저한테는 무사이보다는 북적북적이 훨씬 더 의미 있는 단체죠. 처음 만들었으니까요. 거기서부터 무사이를 출발했다고 보면 돼요. 두 일을 다 해 보니까, 혼자 일을 꾸려갈 때의 강점은 확실히 속도가 빠르다는 거예요. 의논이나 협의 과정이 생략되니까 착착착착 나가는 거지. 단점은 실수가 잦다는 겁니다. 여러 명이 힘을 합치면 과정은 지루하고 힘들어도 결과물이 좋습니다. 만족한다는 뜻이죠. 개인이 하면 속도는 빠른데 결과물에 만족하지 못할 때가 많아요."

풍요롭고 단단한 토대, 마을

무사이를 꾸려가는 데엔 북적북적을 운영해본 경험도 밑거름이 됐다. 그는 이 마을이 심리적 저변이 잘 마련돼 있는 것 같다고 말했다. 뭘 해도 같이해줄 거라는 심리적 안정감이 무언가를 시도하는 데 든든한 힘이 되어준다는 것이다.

"이 마을에는 '뭘 해봐도 괜찮지 않을까?' 이런 문화가 형성돼 있다고 생각해요. 그렇다고 우리 공동체가 다른 곳만큼 잘 유지되나? 라고 생각해보면 꼭 그렇지만은 않다는 생각도 들죠. 예를 들어 제가 가본 성미산이나 홍동마을 이런 데는 아예 사람들이 먹고사는 것까지 마을에서 다 해결하더라고요. 대천마을 공동체는 각자 사는 방법이 따로 있으면서도 이렇게 무언가를 같이 만들어가기도 하는 거니까, 그런 공동체들이랑은 다른 부분이 있습니다."

그는 무사이라는 공간이 마을 안에서 여러 문화를 체험할 수

있는 곳인 동시에 청년들에게도 자기 꿈을 펼쳐볼 수 있는 공간
이 되기를 희망한다.

"마을에서 어른들이 청년들에게 해줄 수 있는 큰일은 돈이 아니고
피드백이거든요. 피드백은 돈으로 할 수 있는 게 아니라 시간을 써야
하는 일이죠. 예를 들어 마을 청년이 음식점을 하나 만들었으면 부모
들이 늘상 가서 소비를 해주면서 피드백을 해 주는 거죠. 음식 맛에
대해서나 공간에 대해서나. 이런 피드백을 해주면 아이가 굉장히 빨
리 일어설 수 있는 거죠. 대다수 젊은 친구들이 실패하는 이유는 피
드백 받을 시간이 오래 걸리는 데다가 받을 기회가 잘 없기 때문이라
고 생각해요. 그래서 저는 마을에 청년들이 남아 있으려면 부모들이
다발적으로 펀딩이든 뭐든 해서 아이가 무언가를 경험할 수 있는 기
회를 준 다음에 피드백을 계속해줘야 한다고 봐요. 그게 이제 무사이
다음 목표가 되겠죠. 무사이가 성공한다면 그다음에 저는 마을 농장
을 만들고 싶어요."

무사이 다음 목표도 세우고 있지만, 그는 이 마을에서만 살아
야한다고 생각하지 않는다. 그가 꿈꾸는 노후는 또 다른 공동체
속에서 마을 도서관을 만드는 일이다.

"귀촌해서 책 마을을 만들 생각을 가지고 있어요. 누가 있어서 가는

게 아니고 제가 먼저 가서 만들어보겠다, 하는 마음이에요. 또는 주변에 "나 이런 거 할 건데 혹시 같이 갈 사람 있어요?" 이렇게 물어볼 수도 있겠죠. 꼭 여기가 아니라 어디서든 공동체를 만들어 살아갈 수 있다고 생각해요."

그의 꿈은 책 마을을 만들어 그곳에 작은 도서관을 세우는 것. 책방은 돈을 벌어야 하는 곳이지만 도서관은 수익과 무관한 곳이라는 점이 마음을 끌었다. 좀 더 젊었을 때는 돈 버는 일에 집중하고, 노후에는 도서관을 비롯한 책마을을 만들어서 책과 함께 다양한 일들을 꾸려가 보고 싶다는 꿈을 꾸고 있다.

"공연도 있고 전시도 있고 책도 보고 작가와의 만남도 있고, 사람들이 거기서 책도 만들고, 이런 도서관을 만들면 좋겠다 생각해요. 책방은 소개하고자 하는 책들을 제가 끊임없이 발굴해야 하는데, 도서관은 그럴 필요가 없잖아요.(웃음)"

무사이가 나아갈 길

무사이가 오픈한 지 3개월 남짓 되었을 때 첫 인터뷰를 진행하고, 6개월이 지난 올해 2월 무사이 대표님을 다시 만났다. 오픈한 지 1년이 다 되어가는 현재로서 어떤 심경의 변화가 있을까.

"처음 무사이를 열었을 때는 서비스나 아이템을 팔겠다는 생각이었어요. '이런 영화가 있으니까 보러 올래?' 또는 '이런 책 있으니까 보러 올래?' 이랬는데, 한 7, 8개월 운영해보고 느낀 거죠. 이건 실패하겠다. 이미 정해진 영화고 정해진 책이니까 사람들이 개입할 여지가 전혀 없더라고요. 또 이걸 따로 분리해서 보면 경쟁에서 그다지 메리트가 없는 거예요. 책방은 대형 온라인 서점과 경쟁해야 하고, 영화관은 독립 영화라고는 하지만 따지고 보면 넷플릭스나 왓챠 같은 OTT하고 경쟁해야 하고, 카페는 기존 대형화된 훌륭한 카페들, 특히 풍경이나 공간을 경쟁력으로 삼은 카페들이랑 경쟁해야 하고요. 그런데 저희가 그 어느 것에도 경쟁이 안 되는 거예요. 그냥 마을에 세웠다 할 뿐이죠. 초창기에 방향을 잘못 잡았구나 하는 생각을 했어요. 그래서 생각한 게 공간에 대한 메리트를 훨씬 더 크게 만들어서 공간을 채울 다양한 콘텐츠를 기획하고, 콘텐츠 오너들이 이 공간을 이용하게끔 해야겠다는 거예요. 그런 분들을 만나도 보고 행사를 꾸려보니까 사람들이 콘텐츠는 이미 가지고 있는데 그걸 펼칠 공간이 없었구나, 또 그런 공간이 있다 하더라도 공간 이용료가 너무 높은 문제들이 있었구나 하는 걸 알게 됐죠. 그래서 2월부터는 콘텐츠 기획자들, 콘텐츠 오너들을 만나서 함께해볼 수 있는 일들을 의논하고 있어요."

그가 구상하는 방향은 우리 지역에서 콘텐츠를 가진 사람들이 그것을 펼칠 공간으로 무사이를 이용하는 것이다. 콘텐츠 오너들은 공간을 빌려 콘텐츠를 구현하고, 무사이는 대여료나 사용료를 받음으로써 공간을 유지한다면 상생할 수 있을 것 같았다. 그 계획대로, 무사이는 올해부터 공간에 대한 요구와 필요성에 따른 새로운 시도들을 이어가고 있다.

"공간을 채울 콘텐츠를 기획하는 건 무사이도 계속해 나가겠지만, 거기에 더해서 콘텐츠를 가진 크리에이터를 발굴하고 그걸 시민과 연결하고, 그런 일을 이 공간에서 해냈으면 좋겠다는 쪽으로 마음을 돌리게 됐어요. 무사이를 시민자산화 문화 공간으로도 고민하고 있어요."

그 과정에서 그는 이런 문화 공간을 활성화하는 데엔 여러 사람들과의 협력과 연대가 필수적이라는 걸 실감했다.

"이런 연대는 반드시 필요한 것 같아요. 이전에는 그냥 협력 정도로만 생각했는데, 그게 아니더라고요. 연대는 각자 자기 개성과 능력을 가진 사람들이 힘을 합치는 거죠. 그러니까 동일한 목적을 가진 사람들인 거예요. 협력은 목표가 비슷한 거라면 연대는 목표보다 목적에 훨씬 충실한 것 같아요."

무사이를 운영해오며 그에겐 기억에 남는 몇 가지 일화가 있다. 특수학교 아이들과 어르신들이 방문한 일이다.

"강렬했던 기억이 하나 있어요. 특수학교 아이들의 경우 어디를 가서도 영화를 못 본다고 하더라고요. 담당 선생님이 '우리 애들은 막 뛰어다니기도 하고 별나기도 하고 이런데 여기서는 아무런 구애를 받지 않는다'면서 너무 고마워하셨어요. 아이들이 영화 볼 때 제일 조용했거든요. 그래서 영화에는 치유 효과가 분명히 있구나, 느꼈죠. 그때 스스로 굉장히 바람직한 일을 하고 있다는 생각이 들더라고요. 두 번째는 어르신들이 여기 오셔가지고 미술 해설 공연을 8주 동안 관람하신 적이 있거든요. 미술 해설사가 어르신들께 미술에 대해서 설명하는 거였어요. 70, 80 되신 어르신들이 미술이나 오페라 이런 걸 궁금해하실까 생각했거든요. 전혀 아니에요. 너무 즐거워하시더라고요. 궁금한 것도 많으셔서 질문들도 많이 하시고요. 어르신들이 다들 고맙다고 하시던데, 저한테 고마운 게 아니겠죠. 주관했던 분에게 고마운 거겠지만, 어쨌든 무사이를 통해 그 공간을 제공해줄 수 있어서 저 역시 감사했습니다. 그리고 우리 마을에서 11월에 옷 동아리 모임 그다음에 연극 밴드 공연을 했을 때, '마을에 이런 공간이 있어서 이런 일이 가능했다'라고 이야기해 주시니까 굉장히 보람됐죠. 공간의 힘이라는 게 이런 거구나, 하는 생각들을 해보게 됐어요."

무사이는 이제 영화나 책에 한정되지 않은 다양한 프로그램을 기획하면서 문화 공간으로서의 역할을 확장해가는 중이다. 마을 사람들은 멀리 가지 않아도, 집과 가까운 거리에서 좋은 연주와 강연과 전시에 참여하며 문화생활을 즐긴다. 그의 바람대로 이 공간은 다양한 콘텐츠를 가진 사람들, 그리고 그걸 누리고자 하는 사람들에게 만남과 연결의 장이 되어주고 있는 것이다.

2016년, 마을 사람들과 의기투합해서 만든 작은 책방 '북적북적'의 창립 인사말에서 그는 "곧 영화관을 만들겠다"고 말했다. 정작 본인은 기억하지 못한 그 말이 씨앗이 되었는지, 8년 후 그는 무사이를 오픈했다. 자기도 모르는 새 꿈을 이룬 것이다. 그는 무사이에 이어 또 다른 꿈을 품고 있다. 어느 날 자신도 모르게 또 그 꿈을 이루게 되는 날이 올지도 모른다. 그가 어린 시절 품었던 교육자의 꿈이 그렇게 숙성되어 이 마을에서 다채로운 모습으로 펼쳐지고 있는 것처럼 말이다. 한 사람이 꿈을 품고 그것을 키워나간다는 것이 그렇게 우리들 모두에게도 선한 영향을 미친다는 사실이 놀랍다.

소담하지만 알차게

임창영 * '강아지똥 책방' 운영자

'강아지똥 책방'을 처음 본 건 버스 정류장에서였다. 지금은 사라진 버스 차고지에서 126번 버스를 기다릴 때면 꼭 옆 건물 2층 창문에 붙은 '강아지똥 서원'이라는 글자가 눈에 들어왔다. 동화작가 권정생이 떠오르는 친근한 이름과 낡은 스티커 글귀가 정감이 갔다. '어린이 책읽기 교실이구나. 우리 동네에 이런 곳이 다 있네.' 호기심으로 바라보던 그곳이 책방이라는 건 몇 년 뒤에야 알게 되었다.

 지인으로부터 그곳에서 내가 좋아하던 작가의 강연이 열린다는 소식을 듣고는 서둘러 신청했고, 그렇게 수년간 간판만 봐오던 곳을 직접 방문하게 된 것이다. 그 후로도 종종 관심 있는 강연을 들으러 가곤 했지만 그 이상으로 연이 닿지는 않았다. 그러다 다니던 대학원을 휴학하며 더 이상 차고지에서 버스를 기다리지 않을 무렵이 되어서야 강아지똥과 가까워지게 되었다. 한결 여유롭게 동네를 돌아다니며 작가 강연이나 강독 모임 같은 책방 프로그램에 자주 참여하다 보니 자연스레 사장님과 친해졌다. 그게 시작이었다.

그 뒤로 나는 도서관만큼이나 자주 책방에 들락거렸다. 오전과 저녁 시간대 책읽기 모임에 참여하고, 인터넷 서점에서 구입하려던 책을 책방에 주문하고, 지정 책방에서 신간 도서를 바로 대출해갈 수 있는 '지역서점 바로대출' 서비스를 이용하고, 가끔씩 책방에 전시할 책 소개 글을 써달라는 사장님의 소소한 부탁에 응하기도 하면서. 그러다 보니 사장님과는 어느덧 이런저런 책 이야기나 일상에 대해 이야기를 나눌 만큼 가까운 사이가 되었다.

그 시간은 편안하고 또 새로웠다. 아버지 연배의 남자 어른과 대화를 나눈다는 것, 그것도 책이라는 매개로 즐거운 대화를 나눈다는 건 좀처럼 흔한 일이 아니었기 때문이다. 그러던 어느 날, 사장님께서 책방 자문단으로 함께 해줄 수 있느냐는 제안을 하셨다. 홀로 책방을 운영하며 겪는 고충이야 어제오늘 일이 아니지만, 어느 순간부터 책방이 점점 정체된다는 위기의식을 느끼신다 했다. 그 대안으로 찾은 것이 책과 책방을 좋아하는 동네 사람 몇 명과 책방의 나아갈 길을 모색하는 것이었다. 그렇게 2019년부터 이 동네에 사는 젊은 사람 세 명이 모여 '강아지똥 자문단'이라는 이름으로 책방 일을 조금씩 돕기 시작했다. 거창한 건 아니고 책방의 일 년 프로그램을 함께 기획하고, 작가 섭외나 홍보를 맡는 정도였다. 더러는 책방 큐레이션이나 공간 배치를 두고 같이 머리를 맞대기도 했다. 덕분에 동네 책방의 생태를 가까이에서 들여다보고 이해하는 기회를 얻었고, 마을에서 책을 매개로 새로이 관계 맺는 즐거움을 누릴 수 있었다. 그 모임은 지금까지 이어지고 있다.

차고지 옆 2층이라는 다소 열악한 위치 탓에 지나가는 사람들은 이곳이 책방인지도 잘 알지 못할 때가 많다. 그럼에도 묵묵히 동네 책방으로서의 역할을 해 온 덕분에 지금은 밴드(BAND) 회원만 육백 명을 넘어섰다. 다른 책방들처럼 SNS를 통한 홍보를 활발히 하지도, 사진을 찍을 만큼 예쁜 공간도 아니지만 책으로 사람들 사이를 잇고 소통한다는 소박하고 정직한 목표로 이 공간을 꾸려 온 지도 어느덧 20년이 지났다. 강아지똥이라는 이름에 걸맞는 책방으로 살아온 셈이다.

가끔 신기하다. 호기심으로 바라보던 낯선 곳이 지금은 아주 친숙한 장소가 되었다는 게. 어쩌면 버스를 기다리며 이곳에 눈길이 갔던 그때부터 책방과의 인연이 시작된 것일지도 모르겠다. 나에게 강아지똥이라는 단어는 남다른 의미를 지니고 있기 때문이다. 초등학생 때 학급문고에서 우연히 만난 권정생 선생님의 동화는 그 시절 내게 가장 강렬하게 남은 독서 체험이었다. 그리고 고등학생 때 읽은 『한티재 하늘』은 두고두고 내 인생 책이 되었다. 작고 보잘것없는 존재를 귀하게 품는 그 이야기들과 꼭 닮은 작가의 삶을 내내 존경했다. 그래서인지 강아지똥이라는 이름을 내건 이 책방에 더 마음이 끌렸던 것도 같다.

사장님에게도 이 이름은 각별한 의미가 있었다. 지금으로부터 10여 년 전, 책방을 운영하며 남몰래 진 빚과 경제적 어려움으로 속앓이를 하던 중 병이 찾아왔다는 사장님은, 수술을 받고 치료하는 한 달 동안 마음 정리를 하고서 책방 문을 닫을 결심을 하셨다고 한다. 하지만 막상 문을 닫으려니 고민이 되었다고. 지금까지 늘 책과 함께해왔는데, 갑자기 다른 일을 하려니 막막하고 자신이 없었던 것이다. 제대로 운영해보지도 못하고 그만두는 것 같아 미련도 남았다. 고민 끝에 마음을 바꿨다. 동네 사랑방으로서의 역할에 더 충실한, 책방다운 책방을 운영해보기로. 그렇게 '책 놀이터'에서 '강아지똥'으로 책방 이름을 바꾸었다. 책방 주인으로서의 삶에 제2막이 펼쳐진 순간이었다. 권정생 선생님 이름에 누가 되지 않도록 그 정신을 기억하며 책방을 운영하겠노라 다짐했다. 그래서 한때는 '임준권'이라는 이름을 사용하기도 하셨단다. '따를 준'자에 권정생의 '권'자를 따서, 권정생 선생님을 따르겠다는 마음을 담아 지은 그 이름은 아직도 책방 명함에 새겨져 있다.

두 번에 걸친 인터뷰로 강아지똥 책방이 걸어온 길을 차근차근, 더 자세히 들여다볼 수 있었다. 긴 대화를 한 편의 글로 정리하고 나니 이 작은 공간이 권정생 선생님의 문학과 참 잘 어울린다는 생각이 들었다. 반갑고 고마웠다. 이곳이 긴 시간 지치지 않고 자리를 지켜주어서, 첫 마음을 잃지 않고 지금까지 꿋꿋이 이어가줘서. 그렇게 내가 이 공간과 연이 닿을 수 있어서 다행스러웠다. 자신이 서 있는 곳에서 작지만 결코 사소하지 않은 시도를 이어온 동네 책방 강아지똥의 이야기가 그렇게 내 귀로 흘러들어왔다.

책 읽어주는 아빠에서 책방 사장으로

책방을 운영하는 많은 이들이 그렇듯 사장님도 자신이 책방 주인이 될 거라곤 생각해본 적이 없었다. 책방 문을 연 뒤에도 한참 동안은 '책방답지 않은 책방'이라는 생각이 강했다. 일하던 사무실의 한쪽 면에 책을 진열하면서 아주 소박하게 시작했기 때문이다. 그렇게라도 해서 책방을 열게 만든 동력은 무엇이었을까. 이야기는 자연스레 대학 시절로 거슬러 올라갔다. 당시만 해도 유년기엔 마땅히 책을 접할 경로가 없었고, 고등학교 땐 입시 위주의 공부만 하느라 책이라고는 가까이할 새가 없었다고 한다. 그가 책을 제대로 읽기 시작한 건 대학에 들어가면서부터였다.

"대학교 처음 들어갔을 때, 세상 공부를 좀 하자 해 가지고 고등학교 동기들 중심으로 대여섯 명이 스터디 모임을 했어요. 한 달에 한 번 모여서 책 읽고 이야기하는 그런 모임이었는데, 제가 제안해서 꾸린 거죠. 그 회원들이 지금 계원들이에요. 벌써 한 40년이 넘었죠. 여섯 명에서 출발해 점점 늘어나더니 지금은 열한 명이 만나요. 고등학교 때 입시 공부에만 매달려 있다가 대학에 들어왔으니 책을 좀 제대로 읽어보자, 하는 욕구가 나온 것 같아요. 사실 열정에 비해서는 책을 그렇게 많이 읽긴 않았다고 생각하는데, 소설은 참 많이 봤어요. 친구들하고 우리나라 6, 70년대 작가들은 거의 다 섭렵하다시피 읽었으니까요."

그는 고교 친구들을 모아 직접 독서 모임을 조직하고, 대학 내 독서 동아리에 들면서 책 읽기에 대한 갈증을 해소해나갔다. 지금은 친목 모임으로 성질이 많이 바뀌었지만, 다들 책을 좋아하는 데는 변함이 없단다. 이제는 만나면 책 이야기부터 살아가는 이야기까지 편하게 두루 나누는 모임이 되었다고. 종종 책방 강연자로 섭외하는 동양 철학 연구자 배병삼 교수도 그때부터 함께한 독서 모임 구성원 중 한 명이다. 사장님은 공대에 다녔지만 학과 공부보다는 소설과 시 읽는 재미에 빠져 한국문학을 치열하게 읽으셨다는데, 그때의 열의는 이후 방송통신대학교 국문과로 진학하는 계기가 됐다.

"뒤늦게나마 제가 국어국문학을 공부하고 싶어서 방송통신대학에 2학년으로 편입해서 졸업을 했어요. 사실 교양학과도 편입해서 한 1

년 다녔고, 영문학과는 한 학기를 경험했어요. 중문과는 입학만 해놓고 다니지 못했고요. 책방 일이 많아지고 바빠지면서 제대로 졸업한 건 국문과밖에 없는데, 다음에 여력이 된다면 다른 학과의 강의도 듣고 싶어요."

1950년대생인 사장님은 성장 과정에서 책을 많이 접할 수 없었던 세대다. 아이를 양육하면서 어린이책이라는 세계를 처음 만났다. 그는 그림책과 동화의 존재를 "그때서야 발견했다"고 표현했다. '아 이런 책들이 있구나.', '이런 세계가 있구나.' 놀랍고 신기했다. 그 무렵 대학 선배로부터 추천받은 마쓰이 다다시의 『어린이와 그림책』도 이 분야에 더 관심을 갖게 만든 계기였다. 그 책을 통해 자신이 아이에 대해 많이 무지했다는 사실과, 그림책이 결코 만만한 세계가 아니라는 걸 깨달았다. 그때부터 더 적극적으로 그림책을 찾기 시작했다. 아이에게 읽어주기 전에 본인이 먼저 읽었다. 평소 책에 대한 갈망과 호기심이 컸던 그가 어린이책이라는 새로운 세계를 발견했으니 자연히 독서의 범위도 새롭게 확장됐다.

"제가 기본적으로 책에 대한 갈증이 있는 사람이기도 했고, 아내가 바깥 활동이 많고 바빴기 때문에 아무래도 시간 여유가 더 있는 제가 아이들 책을 많이 읽어줬던 것 같아요."

아이들을 위해 읽기 시작했다가 점점 자신이 빠져들었다. 이 세계가 더 궁금했던 사장님은, 직장 생활을 하며 방문한 어느 집에서《동화 읽는 어른》이라는 어린이책 잡지를 발견하고는 그 잡지에서 하는 모임에 가입 문의까지 하게 되었다 한다. 하지만 담당자가 난색을 표했다. 엄마들 위주로 운영되는 모임이라 남성 회원은 없었던 것이다. 뜻밖의 난색에 더 용기를 내지 못한 채 모임 가입은 흐지부지되고 말았다. 그 무렵 부산의 어린이전문 책방인 '책과 아이들'에도 방문했다. 당시 부산에서 유일한 어린이전문책방이던 그곳에서 사장님은 '나도 이런 거 한번 해보면 어떨까?'하는 생각을 품었다. 어린이책에 관심을 가지다 보니 자연스레 어린이책방을 운영해보고 싶다는 바람이 일었던 것이다. 하지만 '책과 아이들'의 규모가 상당했기에 기가 죽은 상태로 돌아올 수밖에 없었다.

"내가 가지고 있는 경제 사정으로는 책방 열기가 쉽지 않겠더라고요. 내 형편으로 가능한 방법이 뭐가 있을까 고민하다가 제 사무실 공간을 활용해보기로 한 거죠. 사무실 공간 일부를 이용해서 조그마하게라도 책을 전시해놓고 알리는 것도 의미가 있겠다 싶었어요. 당시에는 어린이전문서점이라는 게 거의 없던 때이고, 인터넷 서점도 나오기 전이니까요. 내 사무 공간이 있어서 그나마 용기를 내고 시작하게 됐어요. 사실 서점이라고 하기는 힘들어요, 그때는."

그렇게 1999년 부산 금정구 구서동의 작은 골목 안에서 '책놀이터'라는 이름의 어린이전문서점을 열었다. 그럴듯한 규모의 번듯한 책방은 아니었지만 주어진 조건 안에서 할 수 있는 만큼 꾸린 공간이었다. 어설프지만 초심자의 마음이 담긴 소박한 공간에서 책방 주인으로서의 삶을 시작했다.

"지금 생각해보면 막연하게 책방을 열었어요. 책방을 열고자 하는 뚜렷한 목표나 그림이 있었다기보다는 그냥 그게 좋은 거예요. 어린이책이라는 게 좋고, 이런 책들과 관계 맺으며 살아가고 싶었어요. 가만히 앉아서 책도 보고 책방 주인 노릇 하면서 손님들을 맞는 그런 게 좀 멋져 보인다는 감상적인 생각도 있었지요."

책방을 열고 나니 알음알음으로 손님들이 하나둘 찾아왔다. 그러던 어느 날, 한 손님이 택시를 타고 오서서는 책방에 진열된 책 수십 권을 수거하듯이 다 사 가셨다. 그 손님이 가고 나니 책방은 휑하니 비었다. 멀리서 찾아 와 책을 구매해주신 데 대한 감사함도 잠시, 텅 빈 책방을 보며 느끼는 민망함이 더 컸다.

"책방이 금세 텅 빈 모습을 보면서 참 민망했던 기억이 지금도 나요. 그 당시 내가 참 무모했구나 하는 생각도 들고요. 물론 20년이 지난 지금도 책방의 서가를 온전하게 갖추지 못했다는 생각을 여전히 하긴 하지만요."

그렇게 사무 공간과 겸용으로 운영되던 책놀이터가 온전히 책방의 모습을 갖춘 건 부산 금곡동으로 자리를 옮기면서다. 이때부터는 본업을 그만두고 책방에만 전념하기로 마음먹었다. 더 넓은 공간에서 책도 더 다양하게 갖췄다. 아이들 독서 수업을 비롯해 엄마들과 함께하는 동화 읽기 모임과 그림책 읽기 모임도 시작했다.

"주로 아이들 독서 수업 보내는 엄마들이 모임에 많이 오셨어요. 금창 초등학교 학부모를 중심으로 해서 그림책이랑 동화 공부 모임을 했는데, 사람들 참여도가 높아서 인원도 꽤 모였어요. 같이 몇 년 간 즐겁게 동화를 읽었어요. 그 시기에 저도 공부를 많이 했죠."

그곳에서 책방을 열고 10년 정도가 지나자 그는 차츰 책방의 미래가 고민되기 시작했다. 그즈음부터 인터넷으로 책을 구매하는 풍조가 자연스러워지면서 이전처럼 책방에서 책 고르는 손님을 만나기가 어려워졌다. 때마침 영어교육이 선풍을 일으키며 독서에 대한 열기도 옅어졌다. 독서 인구가 줄어드는 게 눈에 띄게 체감이 갔다. 노인 세대가 느는 데 비해 젊은 부부가 점점 줄고 있는 동네 특성도 불안감을 높이는 요소였다. 책방의 미래를 위해서는 새로운 시도와 결단이 필요해 보였다. 마침 금곡동과 가까이 있지만 세대수나 젊은 층이 많은 화명동이 책방을 운영하기에 더 낫지 않을까, 하는 생각이 들었다. 주민들이 직접 힘을 모아 만든 맨발동무도서관이 근처에 있으니, 아무래도 책을 찾는 사람들이 더 많을 거라는 기대도 있었다.

그렇게 2013년, 금곡동에서 화명동으로 다시 책방을 옮겼다. 구서동과 금곡동을 거쳐 세 번째로 맞은 보금자리였다. 차고지 옆 2층이라는, 책방으로서는 다소 불리한 위치였지만 비교적 넓은 공간과 적은 월세가 마음에 들어 선택한 자리였다. 책방을 옮긴 뒤로는 맨발동무도서관, 화명복지관 같은 여러 단체를 중심으로 책방 홍보를 해 나갔다. 새 공간에서 새로운 마음으로 책방을 이어가고자 했지만, 자리를 옮긴다고 책방 사정이 금세 나아진 건 아니었다. 그즈음 이전부터 계속 누적되어 온 부채가 감당하기 힘든 상황에 이르렀다. 게다가 갑작스레 병까지 얻었다. 수술을 받으며 어쩔 수 없이 책방 문을 닫아야 했던 한 달 동안 그는 많은 고민을 했다. 몸에 병이 온 것도 책방 일로 인한 스트레스 때문이 아닐까 짐작되었고, 책방으로 생계를 유지하는 일도 더는 버겁게 느껴졌다. 회복 후 퇴원을 하면 책방을 그만두리라 마음먹었다.

"그러고 나서 한 달을 고민했어요. 10년 넘게 책방을 해 왔는데, 이 일 말고 생각나는 다른 일이 없는 거예요. 제가 그런대로 책을 읽고 즐기며 살아왔는데, 다른 일을 한다면 내가 과연 즐거울까 싶은 생각도 들고. 그래서 생각을 다시 고쳐먹은 거예요. 다시 한번 해 보자. 이번에는 어린이전문서점이라는 타이틀을 떼버리고 인문학 서점으로서, 동네의 작은 책방을 해 보자. 그래서 책방 이름을 강아지똥으로 바꿨어요."

강아지똥으로 다시 출발하다

"권정생의 『강아지똥』을 읽어보면, 강아지똥이란 게 결국 세상에서 가장 쓸모없고 보잘것없는 밑바닥 존재잖아요. 그럼에도 불구하고 민들레꽃을, 새로운 생명을 피워낸다는 게 저한테 굉장히 오래 기억에 남고 감동적이었어요. 사실 이곳이 책방으로서 제대로 구실도 못하고, 사람들이 찾아오지 않는 데 대한 내 나름의 자괴감이 컸었거든요. 그래서 '강아지똥'으로 이름을 지을 때는 가장 쓸모없어 보이는 존재가 새 생명을 피워내게 하듯이, 비록 내세울 것 없는 작은 책방이지만 이 동네에서 나름의 귀한 존재 이유를 찾을 수 있지 않을까 생각했어요. 또 권정생 선생님의 작품 이름을 빌려서 책방을 냈을 때는 적어도 그 이름을 더럽히지는 말아야겠다는 마음도 있었고요. 생각해보면 책놀이터를 할 때까지는 책방을 해서 돈이 좀 되었으면 좋겠다는 경제적인 목적도 좀 있지 않았나 싶어요. 아이들이 중고등학생 때였으니 한참 돈 들어갈 시기인데, 제가 제대로 지원을 못 한다고 생각하니까 가장으로서의 무게와 미안함, 강박관념 같은 게 굉장히 컸어요. 아내한테 늘 미안하고. 그런 스트레스들이 모여 병이 생긴 것 같았어요. 수술하면서 그 빚을 다 갚고 털어버렸거든요. 그러고 나니까 이제 경제적인 집착에서 좀 벗어나지더라고요. 아내에게는 미안한 이야기지만, 내가 책을 팔아서 부자가 될 것도 아닌데, 좀 더 편하고 재미있게, 내가 하고 싶은 걸 할 수 있는 책방을 만들어 가보자, 라는 마음의 변화가 있었던 것 같아요. 물론 그전에도 행사며 공부 모임들을 하긴 했지만, 강아지똥으로 바꾸고 난 다음에는 저자 초청 강좌나 인문학 강좌, 동아리 모임을 훨씬 더 활발히 해 나갔죠."

그렇게 책놀이터에서 강아지똥으로 새로운 출발을 했다. 십여 년의 시간을 거쳐 책방이 새로 태어나는 순간이었다. 그때부터는 1년에 2~3번 인문학 강좌를 진행하고 저자 초청 강좌를 정기적으로 열면서 책방을 알려갔다. 소통 창구로는 네이버 밴드를 활용했다. 책방 행사와 프로그램 홍보부터 책방 소식과 강연 후기, '함께 책읽기' 온라인 모임 등을 공지하며 이용자들과 소통을 넓혀 나갔다. 밴드에 가입한 분들이 편하게 주변 지인들을 초대하는 방식으로 운영하다 보니 점차 밴드 회원이 확보되었고, 행사 홍보에 큰 어려움이 없는 수준이 되었다. 강좌를 열면 25명에서 30명의 사람들이 꾸준히 참여했다. 현재 밴드 가입자 수는

600여 명. 한자리에서 꾸준히 하다 보니 이제 강아지똥은 동네에서 아주 친근한 이름이 되었다. 그의 바람대로 어린이전문책방이 아닌 동네 인문학 책방으로서 보다 확장된 역할을 이어가고 있는 것이다.

하지만 그는 자신의 책방이 여전히 제대로 된 책방 구실을 하지 못하고 있다는 아쉬움을 떨쳐낼 수 없었다. 책방으로서 책을 충분하게 갖추지 못했다는 생각, 이곳만의 정체성이 부족하다는 생각이 늘 따라다녔다. 특히 다른 책방을 다녀오고 나면 그런 고민이 더 깊어졌다. 이따금 여행 가서 들른 유명 책방들은 젊은 감각의 인테리어부터 호기심을 자극하는 다채롭고도 주제가 선명한 큐레이션까지, 여러 면에서 강아지똥과 비교가 되었다. 멀리 가지 않아도, 부산의 대표 책방이라 할 수 있는 책과 아이들만 봐도 그런 마음이 들 때가 많았다.

"사실 제가 '책과 아이들'에 대한 개인적인 콤플렉스를 많이 가지고 있어요. 그만큼 못하고 있으니 비교가 되는 거예요. 제가 책방을 꿈꾸면서 하고 싶었던 모든 것들, 또 제가 생각하지 못했던 것까지 그곳에서 너무 훌륭하게 해 나가고 있으니까요. 기획도 너무 좋고, 참신하고. 책방 규모 면에서도 차이가 크고요. 사실 부산에서만이 아니라 우리나라 어린이서점을 대표할 만한 곳이라고 할 수 있죠. 저렇게 전문성과 내공은 물론 자기 건물을 가지고 책방을 운영해나가는 곳이 가까이에 있으니, 어린이책방이라는 같은 이름을 달고 있으면서 그쪽과 이쪽 공간이 너무 차이가 나잖아요. 그러다 보니 잘 안 가게 되더라고요. 갈 때마다 기죽어오니까. 거기를 다녀와서 내 책방을 보면 너무 초라한 거예요."

더 적극적인 큐레이션을 하고 싶은 마음도 있지만 작은 책방 입장에서 그것이 결코 쉬운 일은 아니다. 판매되지 않는 책일지라도 반품이 어려운 경우가 많아 그 손해를 책방이 고스란히 떠맡아야 하는 구조 때문이다. 게다가 이곳을 찾는 대부분의 사람들은 프로그램 이용자들이지, 책을 구매하는 사람들의 비중은 적다. 그 고질적인 문제가 해결되지 않으니 책방으로서도 새로운 시도를 하기가 쉽지만은 않은 것이다.

"예전엔 그렇게 힘 빠지는 생각을 많이 했었는데, 다시 책방을 하겠다는 마음을 먹고 이름을 새로 지으면서는 생각을 좀 달리 먹었어요. 하찮아 보이고 작은 책방이지만, 내가 있는 자리에서 내가 할 수 있는 일들을 하면 그것도 의미가 있겠다는 쪽으로요. 책방으로서는 크게 풍족하지 못하더라도 내가 가진 것만큼의 환경에서 내가 할 수 있는 부분을 해 나간다면 그것만으로도 충분히 의미가 있을 거라 생각했어요."

부족하지만, 부족한 대로. 그 외에는 달리 방법이 없었다. 인정할 건 인정하고, 그럼에도 좌절하지 않고 꾸준히 이곳만의 역할을 이어가야 했다. 마음을 달리 먹으니 새로 시도해볼 수 있는 일들이 보이기 시작했다. '책방 자문단'을 만들 생각을 한 것도 그런 시도 중 하나였다.

"늘 혼자 기획하고 혼자 진행하고, 문제가 생겨도 혼자 고민하는 데 익숙하다 보니 스스로가 한계에서 벗어나지 못한다는 생각이 들었어요. 타성이 붙게 되면 책방은 더 발전할 수 없을 텐데, 책방이 점점 정체되어간다고 느낀 거죠. 어떻게 하면 책방 여건하에서 이 문제를 좀 개선하고 발전을 도모해나갈 수 있을까 하는 생각을 했어요. 이걸 깰 수 있는 건 다른 사람의 시선이나 생각이구나, 싶더라고요. 그래서 저보다 연령대가 낮고 지금 세대들과 소통이 잘되는 분들을 중심으로 해서, 또 책을 좋아하고 책방에 호의를 가진 분들을 중심으로 해서 자문단으로 함께 해주십사 부탁하게 됐어요. 2019년부터 자문단이 만들어졌는데, 그렇게 하길 잘했다는 생각이 많이 들어요. 제가 보지 못했거나 생각하지 못했던 것, 참신한 기획이나 아이디어에 대한 도움을 많이 받고 있어요. 프로그램 기획이나 진행에 있어서도 도움을 받고 있는데, 자문 활동을 하시는 분들에게 그에 상응하는 충분한 보상을 해주지 못하고 있다는 게 늘 아쉽고 미안하죠."

어느덧 이곳으로 책방을 옮겨온 지도 10년이 되었다. 화명동으로 옮기면서 기대했던 긍정적인 변화가 어느 정도 채워진 부분도 있지만 마냥 만족스러운 건 아니었다.

"이 동네는 맨발동무도서관을 포함해서 여러 마을 공간들이 모여 있다 보니, 다른 곳보다는 책을 가까이하는 사람들이 좀 많지 않을까, 하는 기대가 좀 있었어요. 그런데 의외로 제 기대치에 못 미친 부분이 있죠. 가령 문화행사나 저자 초청 강좌, 인문학 강좌를 해보면 한 30명 중에 화명동 주민들은 10명도 채 안 될 때가 있어요. 나머지 분들은 금곡동이나 양산, 금성동, 심지어는 김해나 다른 구에서 일부러 찾아오는 분들도 있고요. 우리 마을 사람들이 6~70%를 차지하고, 외부 사람들이 한 3~40%를 차지하는 그런 비율로 바뀌었으면 좋겠다는 생각이 좀 많이 들긴 하죠. 개인적으로 반성을 해보면, 아직까지도 이 마을 사람들이 원하는 프로그램에 제대로 다가가지 못하고 있다는 생각도 들어요."

강아지똥으로 새로운 출발을 하고 난 뒤 인문학 프로그램을 더 적극적으로 기획할 수 있었던 건 '작은 책방 지원 사업' 덕분이었다. 작년과 올해만 해도 한 해에 6~7회의 강좌를 열고 있다. 하지만 지원 사업이 책방의 수익으로 곧바로 이어지는 것은 아니다. 지원은 주로 저자 사례비로 나가는데, 행사에 참석하시는 분들은 대부분 책방에 와서 강연만 듣고 가는 경우가 많기 때문이다. 책방 입장에서는 사업 공모에서부터 저자 섭외, 홍보, 행사 진행, 결과물 정리 등 품이 만만치 않게 드는 일인데, 따로 그런 일처리에 대한 보상이 주어지지 않으니 아쉬울 때도 있다고 한다. 그럼에도 그는 이 일을 힘닿는 한 계속하고 싶다는 생각이다.

"지원 단체에서는 책방에 경제적 도움을 주려고 한 것인데, 책방 입장에서는 그것이 경제적 도움으로 이어지지는 못하는 것이죠. 뭐 그렇다 하더라도 마을의 문화 사랑방으로, 동네책방만이 할 수 있는 문화공간으로서의 역할은 계속하고 싶어요."

동네 사랑방 강아지똥으로 기억되기를

책방에서 운영하는 대부분의 모임은 사장님이 직접 이끈다. 두 개의 강독 모임부터 '함께 책읽기' 밴드 모임, 맨발동무도서관과 함께하는 어린이문학 읽기 모임까지. 게다가 매번 입고되는 책들과 아이들 수업 도서를 수시로 검토하다 보니, 읽어야 할 책들이 늘 끊이지 않는다. 처음 책방을 시작했던 당시에 꿈꾸던 것처럼 낭만적인 현실은 어디에도 없었지만, 그래도 책 읽고 강연 듣는 걸 좋아하는 천성 덕분에 지치지 않고 여기까지 올 수 있었다. 그 시간이 쌓여 어느덧 책방 주인으로 살아온 세월이 20년이 넘었다. 아쉬운 순간도 많았지만 그래도 잘해온 것들도 있다. '함께 책 읽기'나 책방의 여러 동아리 모임들, 그리고 책방 사비로 작가 강연을 운영해온 것들이다.

"한 4, 50대만 하더라도 뭘 하나 하면 될 때까지 해보는 게 있었는데, 지금은 좋은 아이디어도 잘 나오지 않고 의지도 식은 부분이 있죠. 지금 하는 거나 잘하자 싶은 생각에 그냥 현상 유지 비슷하게 무력하게 앉아 있는 느낌도 들고요. 그래도 꾸준히 하는 것들도 있어요. '함께 책 읽기'도 6년째 하고 있고, 밴드도 그렇고요. 돌아보면 어머니들하고의 공부 모임은 참 잘했다 싶은 생각이 들어요. 나 스스로 책 읽을 수 있는 기회가 됐을 뿐 아니라 3, 4년 같이 공부했던 그 엄마들에게 강아지똥이 오래 남지 않겠나, 싶은 생각이 들어요. 사실은 강독 모임이나 책 모임을 한다고 해서 그분들한테 뭘 받는 건 없고 다 무료거든요. 그렇게 해온 게 좀 뿌듯해요. 책 읽기를 원하는 사람이라면 누구든지 참여할 수 있게 했으니까요. 전에는 몇몇 강독 모임 어머니들이 우리가 여기 와서 공간도 쓰고, 여름에는 에어컨 틀고 겨울에는 히터도 트는데 관리비라도 좀 드리자, 해서 자발적으로 월 5천 원씩 모아서 먼저 주신 적은 있어요. 아무튼 무료로 운영해온 게 제일 잘했다 싶은 생각이 들죠. 그전에 저자 초청 강좌를 1년 근 6, 7회 해올 때는 초창기라 지원 사업이 없었거든요. 그때는 책방에서 저자 강사료를 지불한 적도 꽤 많죠. 그런 부분도 잘했다 싶어요. 강사료를 많이 드릴 순 없었지만, 그 정도라도 책방에서 부담할 수 있었다는 게 마음에 들어요."

그는 이제 책방 운영을 얼마나 더 할 수 있을지는 모르겠다고 하면서, 앞으로 남은 시간은 좀 더 '강아지똥'의 정신에 충실한 책방을 운영해보고 싶다고 했다.

"책방 운영 방향을 좀 바꿔보고 싶다는 생각은 늘 품고 있어요. 어떤 때는 책방에서 어떻게 수익을 낼까에 대한 고민으로 기울어졌다가, 또 어떤 때는 책방이 가지고 있는 가치를 얼마큼 구현해낼 수 있을까에 대한 고민을 또 하고. 사실 20년 동안 계속 그렇게 왔다 갔다 했던 것 같아요. 어떻게 책방 수익을 낼까를 고민하다 보면 책방의 모든 것들을 이익적인 관점에서만 자꾸 보게 되고, 그러다 보면 책방의 가치가 훼손된다는 생각도 들고, '아차' 하는 생각에서 다시 가치 쪽으로 생각을 바꿔보기도 하고, 이렇게 왔다 갔다 하는 것 같아요. 이제 20년이 지나고, 내가 책방을 할 수 있는 시간도 그리 많지 않다는 생각이 드니까 수익보다는 책방이 가진 가치에 좀 주력해야 하지 않을까 싶은 생각이 드는 거예요. 그래서 강아지똥이 추구하는 가치가 뭘까 하는 고민도 많이 해봤는데, 그전에는 '어린이·청소년 인문학 서점'이라는 명칭을 쓰면서 인문학 쪽에 좀 주력을 해오지 않았나 싶어요. 앞으로는 인문학보다는 어린이·청소년에 더 집중하는 책방으로 가야겠다는 생각이 듭니다. 어린이전문서점을 십몇 년간 하다 보니 아이들이 책을 읽고 안 읽고는 부모의 독서 습관과 태도로부터 영향 받는 게 굉장히 크다는 걸 느꼈어요. 그래서 강아지똥이라는 이름으로 다시 시작할 때는, 부모가 먼저 책을 가까이하고, 이런 모습들이 우선될 때 아이들도 그런 부모 밑에서 자연스레 책 읽는 아이로 성장할 거라는 믿음에서 어른 인문학 쪽에 무게 중심을 많이 뒀었거든요. 지금 생각해보면 어머니들 그림책 동아리나 인문학 동아리, 역사 동아리 이런 식으로, 제가 추구했던 그 부분들은 아주 활성화되어서 벌써 7~8년간 꾸준히 이어져 왔다는 점에선 성과가 있었다는 생각이 들어요. 반면에 처음 가졌던 어린이 전문 서점으로서의 정체성에서는 좀 멀어진 건 아닌가 싶은 생각이 들어요. 그래서 지금은 인문학보다는 다시 어린이·청소년 쪽에 더 무게 중심을 둬야겠다는 생각을 하고 있어요."

마지막으로 동네 사람들이 강아지똥을 어떻게 기억해주면 좋겠느냐는 물음에 그는 답했다.

"우리 동네에 문화공간으로서 이런 책방이 하나 있었다고 기억해주면 좋겠어요. 최근 기사를 보니까 군 단위에서 책방이 하나도 없는 데가 전국에 몇 군데나 되더라고요. 군 단위 정도 마을에 책방이 하나밖에 없는 곳도 꽤 많고요. 하나밖에 없는 책방은 곧 멸종될 위기에 놓인 책방이라고 봐야겠죠. 책방이 점차 감소하고 줄어드는 추세이니 강아지똥도 아마 어느 정도 시점이 되면 소멸될 책방이 아닌가 싶은 생각도 들고요. 소멸될 때 소멸되더라도, 있을 때는 잘 몰랐지만 없으니 아쉽고 허전한, 그런 곳이었으면 좋겠어요. 개인적인 욕심이지만은 앞으로 재능 기부를 한다면, 누군가에게 강의를 해줄 수 있는 정도의 이론적 체계를 갖추었으면 좋겠다는 생각이 들어요. 예를 들어서 신화나 옛이야기에 대해서 좀 개론적으로 이야기를 해줄 수 있다든가요. 제가 몇 년 전에 미혼모들이 있는 복지관에서 옛이야기 프로그램을 한 적이 있는데, 상당이 재미있더라고요. 그런데 한 6개월 진행하면서 제가 이론적인 깊이가 없구나 하는 걸 많이 실감했어요."

며칠 전 책방에서의 작가 강연은 복작복작한 분위기 속에서 이루어졌다. 코로나 이후에 이 정도 규모의 참여자는 처음이었다. 코로나시기에 겪은 마음고생을 보상해주는 듯한 활기에 사장님도 흐뭇한 마음을 감추지 않았다. 멀리서 달려와 주신 강사 선생님은 이곳의 서가가 마치 자기 집 책장처럼 친근하고 편안했다는 인사 말씀으로 이야기를 시작하셨다. 나온 지 너무 오래되어 그 책을 아는 사람이 거의 없을 것 같은 책들이 최근에 나온 신간들과 조화롭게 어우러진 서가를 보면서, 긴 시간을 버텨온 책방의 이력과 내공이 단번에 느껴졌다고 했다. 신간과 구간의 조화만이 아니라, 일반 독자들이 찾는 대중서들과 서점주인 나름의 관심이 반영된 책들이 전혀 어색함이 없이 한데 어우러져 있는 것이 이곳 강아지똥 책방만의 독특한 매력이라는 것이었다. 나는 그 말이 딱 맞다고 느꼈다. 이곳에는 다른 책방에 있는 것들이 없다. 하지만 다른 책방에 없는 것이 있다. 그게 바로 강아지똥스러움이다. 결국 어떤 것이든 시간을 들여 자기 자신으로 충분히 살아가면 자기만의 색으로 피어나는 법이다.

사장님은 여전히 온전한 책방으로서의 역할을 다하지 못하는 것 같다며 민망해하시기도 했지만, 지난 시간을 부정하지는 않으셨다. 강아지똥이라는 동화가 말하는 것도 바로 그것이라는 걸 알고 계시기 때문이다. 쓸모없어 보여도, 화려하거나 근사하지 않아도, 자신이 있는 자리에서 자신의 모습대로 할 수 있는 만큼 살아가는 것. 그것이 곧 귀한 생명을 피워내는 토대가 되기도 한다는 것. 하지만 아는 것과 아는 대로 사는 일이란 결코 같지 않다. 쉽지 않다는 뜻이다. 그러니 여러 번 마음을 다잡고 초심을 기억하려 애썼을 것이고, 그럼에도 어쩔 수 없이 마음이 가라앉고 회의가 드는 날도 있었을 것이다. 그래서일까. 20년이 넘는 시간 동안 책과, 책을 좋아하는 사람들 곁에서 함께해 온 사장님이 나는 꼭 강아지똥 같다는 생각이 들었다. 그간의 시간을 버텨 온 것이 강아지똥의 몫이었다면, 그걸 알아보는 건 그 곁의 사람들 몫이 아닐까. 나는 이곳의 소중함을 아는 사람으로, 오래오래

이 동네에서 강아지똥의 가까운 이용자로 함께하고 싶다. 시간이 더 흐른 후에, 우리 마을에 이런 공간이 있었다는 걸 기억하는 사람이고 싶다.

우리들의 버팀목

백복주 * 맨발동무도서관 관장

맨발동무도서관은 환대의 공간이다. 문을 열고 들어서면 누구든 반갑게 맞아주고, 그러다 낯익어지면 정다운 이웃처럼 친근하게 말을 걸어오는 곳. 도서관 이용자로 지낼 때도, 활동가로 근무할 때도 이 공간에서 가장 크게 느낀 게 있다면 바로 사람을 대하는 태도에 관한 것이었다. 한 사람 한 사람을 귀하게 여기고 반기는 이 환대의 문화는 마을 도서관이기에 가능한 것도 있겠지만, 무엇보다 사람을 좋아하는 도서관 활동가들의 따뜻한 성품에서부터 비롯하는 게 아닐까 싶다. '사람을 좋아하지 않고 이 일을 과연 할 수 있을까?' 하는 생각이 들 만큼, 이곳의 활동가들은 도서관을 오가는 사람들을 따스하게 맞아주고 품어주는 데 탁월한 재능이 있는 것이다. 도서관 활동가 백복주(이하 까치) 씨도 그런 사람이다. 사람과 이야기가 좋아 도서관에 쭉 눌러앉게 된 그가 이곳에서 불리는 별명은 까치. 십수 년 전 부산 북구 공동육아협동조합의 선배 조합원 소개로 이 도서관을 처음 찾은 것이 인연의 시작이었다고 한다. 그렇게 이용자에서 자원활동가로, 동아리원으로, 스텝으로, 정식 상근 활동가로 차근차근 활동가로서의 입지를 다져왔고, 올해로 근무 10년 차를 맞았다. 어느 덧 중견 활동가가 된 것이다. 작년부터 시행 중인 관장 순환제도 에 따라 올해부터는 도서관장이라는 새로운 이름으로 살아가는 중이다.

그는 시골에서 보낸 유년의 경험이 행복했기에 아이도 자연과 사람이 북적거리는 곳에서 기르고 싶었다고 한다. 사람과 이야 기를 좋아하는 본인 역시 그런 공간에서 살아갔으면 하고 바랐 다. 그런 그에게 공동육아협동조합과 마을 도서관이 있고, 같은 지향을 가진 사람들이 모여 재미난 일들을 꾸려나가는 이 동네 는 충분히 살아볼 만한 터전이었다. 그렇게 이곳으로 이사 온 후 처음엔 공동육아조합원으로, 그다음은 도서관의 이용자로서 마 을과 인연을 넓혀나갔다.

머물다 보니 이 공간은 신기한 구석이 있었다. 자연스레 사람 을 끌어당기고는 한 식구처럼 만들어버리는가 하면, 새로운 꿈 을 꾸게 하거나 오랜 꿈을 펼칠 수 있게 격려해주기도 했다. 그는 이곳이 편안하고 좋았다. 여기라면 좀 다르게 살아볼 수 있을 것 같았다. 그러니까 자신이 이전에 품었던 꿈, 한 사람 안에 촘촘히 쌓인 그 유구하고 고유한 내력들을 듣고 나누고 기록하며 살아 갈 수 있을 것만 같다는 생각이 든 것이다. 그 예감은 틀리지 않 았고, 도서관에서 함께한 세월만큼 그에게도 금싸라기 같은 귀 한 이야기들이 쌓여갔다.

마을 기록과 마음공부. 사람과 이야기. 자신에게 중요한 몇 가지 가치를 따라 담담하게 걸어가는 그는 늘 관심을 가지고 보게 되는 마을 이웃이다. 때마침 작년 가을에 도서관 옆 주민 센터에 마을 기록관이 들어섰다. 기록 활동에 오랜 관심과 애정을 가져온 까치에게는 분명 남다른 일이었을 것이다. 도서관 활동가로서 마을 기록관이 만들어지는 그 과정들에 직접 참여하면서 과연 그는 어떤 마음이었을지 궁금해졌다. 선뜻 인터뷰 제안을 받아준 그와 함께 맨발동무도서관 모심방에 마주 앉아 여름과 겨울, 두 번에 걸쳐 인터뷰를 진행했다. 그의 입에서는 유년부터 현재에 이르는 방대한 이야기가 쏟아져 나왔다. 녹취를 푸니 같은 시간을 인터뷰한 다른 사람들에 비해 그 분량이 두 배에 가까웠다. 그는 내가 이 작업을 위해 만난 이들 중 가장 많은 이야기를, 가장 치열하게 들려준 사람이었다. 신기한 건 이미 여러 번 들어서 아는 내용들조차, 그날은 조금 낯설고도 새롭게 들렸다는 점이다. 마치 하나의 대본을 전혀 다른 무대로 선보이는 연극의 탁월한 연출가처럼 말이다. 까치가 노년의 여성들을 만나며 느꼈듯이 나 역시 그가 자신의 지난 시간을 밟고 올라선다는 느낌을 받았다.

유년의 경험과 연결되는 공동체 '공동육아'를 만나다

그는 남해 금음리 작은 마을에서 장녀로 태어났다. 유년 시절을 떠올리면 마을 곳곳을 누비며 활기차고 즐겁게 뛰어논 기억이 전부일 만큼 자유분방하게 보냈다. 내부의 에너지를 자연 속에서 마음껏 발산하던 그 시기는 지금까지도 그에게 풍요로운 삶의 자산이다. 아버지가 일찍 돌아가신 빈자리는 할아버지가 채워주셨다.

"아버지가 중학교 2학년 때 돌아가시면서 생긴 그 빈자리에 할아버지가 있었다고 보면 돼요. 내 인생에서 뺄 수 없는 사람이지. 엄마는 농사일로 바쁘셔서 정서적인 보살핌은 할아버지에게 다 받았던 것 같아요. 막냇동생을 포대기 띠로 업어줄 만큼 다정한 분이었지. 내가 학교에서 돌아오면 동네 어귀에 있는 큰 나무에서 나를 딱 기다리고 계셨어요. 내가 힘들 때 할아버지 방에 가면 아무것도 묻지 않고 가만히 등을 토닥여준다든지 손을 꼭 잡아주셨는데 그게 정서적으로 나한테 큰 안정감을 줬어요."

할아버지로부터 받은 사랑은 그가 노인들에게 유독 친근감과 편안함을 느끼는 정서적 토대가 되었고, 마을 도서관에서 다양한 연령대의 사람들과 관계 맺고 살아가는 데도 든든한 자양분이 되었다.

이 마을로 이사 온 계기는 공동육아협동조합. 그는 공동육아 덕분에 자신이 부모 노릇을 제대로 할 수 있었다는 이야기를 거듭해서 했다. 공동육아가 아니었으면 부모로서는 물론이고 사람으로서도 한참 부족했을 거라고. 어릴 적 동네 친구들과 마음껏 뛰어놀며 보낸 유년과 시골 생활의 경험 덕분인지 그는 공동육아가 크게 낯설지 않았다. 구태여 알리고 싶지 않은 사정까지 속속들이 드러나는 시골과 달리 이곳은 원하는 만큼 자신을 오픈할 수 있다는 점에서 훨씬 더 자유롭고 좋았다.

"공동육아협동조합은 기체조 교실 다니면서 알게 됐어요. 한살림 조합원 되기 전인가 그랬는데, 거기서 출산을 좀 다르게 보고 있구나 하는 게 느껴지더라고. 거기 있는 강사 쌤이 공동육아를 하고 계셨거든. 그때 알게 됐고, 나중에 좀 더 자세히 알아갈 기회가 있었어요. '여기다' 생각했지. 첫째 아이가 어린이집 갈 무렵에 부산에 있는 공동육아를 조사했더니 여기 있는 북구 공동육아조합이 오래된 곳이고 제일 잘 돌아가는 곳이더라고요. 그래서 바로 여기로 이사를 왔어요."

그렇게 그는 부산 북구 공동육아조합원이 되었다. 부모가 주체가 되어 어린이집을 꾸려나가는 일은 재미와 성취도 있었지만 그만큼의 고됨도 있었다. 성인이 되어 이만큼 누군가와 가까운 거리로 지내본 적이 거의 없었기에 크고 작은 어려움이 따르는 건 어쩌면 당연한 일이었다. 하지만 그 경험 가운데 그는 자신과 다른 누군가를 이해한다는 것이 무엇인지를 조금씩 알아가게 되었다 한다. 아이만큼 어른도 관계에 대해, 함께 살아가는 것에 대해 배워야 한다는 걸 배우는 시간이었다.

"나는 워낙 어릴 때부터 시골에서 자랐으니까, 시골 공동체의 경험이 커서 공동육아 자체에는 별 어려움이 없었던 것 같아. 그런데 아무래도 같이 살아보겠다고 오는 사람들 대부분이 이런 삶이 좋은 줄은 알아도, 막상 이렇게 살아온 경험은 없는 사람들이니까, 어른들이 부대끼면서 겪는 어려움이 컸지. '아 진짜 세상 또라이는 여기 다 있나' 하는 생각이 들기도 했었어요. 어른이 돼서 이렇게 가까운 거리에서 누군가를 만나는 경우가 별로 없으니까요."

어릴 적 경험한 시골 공동체와 어른이 되어 아이를 중심으로 다시 꾸려진 육아 공동체는 비슷하면서도 많이 달랐다. 함께 아이를 키우며 많은 의사결정을 함께하다 보니 갈등도 어려움도 컸지만 하나는 확실했다. 이 경험이 소모적인 시간이기만 한 건 아니라는 것이었다.

"내가 경험해 보니까 이 공동육아는 아이를 키우는 게 아니고 부모를 키워내는 곳인 거야. 공동육아 안 했으면 내가 어떻게 됐을까, 이런 생각 진짜 많이 하지. 아이를 하나의 인격체로 이해하지도 못했을 거고, 내가 교육받은 대로 내 아이를 좌지우지하려고 했었을 거야. 근데 지금은 내가 좀 이해가 안 되고 힘들긴 하지만, 이 아이를 내가 어떻게 할 수 있는 존재라고 생각하진 않거든. 그러니까 공동육아는 내가 내 아이를 있는 그대로 받아들이게 만들어줬지. 둘째까지 내가 10년을 다녔는데, 나는 다시 선택하라고 해도 무조건 공동육아를 택했을 것 같아. 나를 부모로 만들어 준 곳이고 그다음에 마을에 살면서 나와 다른 사람들을 어떻게 바라보고 만날 건가를 명확하게 보여준 곳이거든. 그런 교육이 없었다면 '뭘 이해해? 그냥 안 만나면 되지.' 그렇게 했겠지. 그런데 여기는 안 만날 수가 없어요. 애가 크고 있고, 그 집 아이가 우리 집에 놀러 오는데. 부모들이 한 달에 한 번은 무조건 만나게 되어 있는데 어떻게 안 만나."

그를 포함해 공동육아를 경험한 많은 부모들이 입을 모아 말하는 것은 이곳이 '아이뿐 아니라 부모도 키워주는 곳'이라는 것이다. 아이와 함께 성장하는 과정은 험난하지만 그래서 부모끼리 더 돈독한 관계가 만들어지기도 한다. 공동육아를 하며 만난 부모들은 그에게 '내 인생에서 진짜 제일 좋은 친구'다.

"10년 동안 늘 만나며 살았으니까, 같이 아이를 키웠으니까 지금은 이 사람들이 내 인생에서 제일 좋은 친구지. 지금도 늘 만나서 이런

저런 이야기도 나누고 의논도 하고, 여행도 같이 가고 그래요. 괴로운 게 있으면 연락하기도 하고. 진짜 소중한 사람들이에요.”

공동육아는 그에게 삶을 함께할 수 있는 좋은 친구를 만나게 해준 곳이면서 자신의 아이를 있는 그대로 받아들이게 해 준 곳이었다. 그 덕에 자녀들과도 조금 더 건강한 관계를 만들어갈 수 있었다.

“두 아이가 성향이 완전 다른데 하나는 너무 내성적이고 하나는 너무 외향적이거든. 우리 사회 구조상 외향적인 둘째 아이는 사람들로부터 관심받거나 긍정적인 에너지를 받기 쉽고 첫째 아이는 말도 잘 못하고 울고 꿍해가지고… 이런 피드백을 받을 확률이 높잖아요. 그런데 공동육아 다니면서 첫째 아이는 본인의 그런 성향을 충분히 좀 보호받았고, 나대기 좋아하는 둘째 아이는 딴 사람과 함께 가야 된다는 걸 배우게 된 거예요. 아이들이 지닌 각자의 기질을 지키면서 함께 살아가기 위해서는 어떻게 해야 하는지를 끊임없이 배운 거지. 그리고 나한테도 ‘너의 아이는 이렇게 생겼는데 네가 함부로 바꿀 수 없다. 그리고 이건 부정적인 게 아니다’ 이런 걸 알려줬지. 그래서 내가 그 아이를 그대로 받아들이게 만들어준 거죠. 공동육아도 사교육이라면 사교육인데, 내가 아이에게 주고 싶은 사교육을 하는 곳인 것 같아요. 나는 우리 아이가 공동체의 일원으로 키워지면 좋겠다고 늘 생각했어요. 자신이 곁에 있는 이 사람들과 연결돼 있는 사람이다, 라는 걸 아는 아이면 좋겠다 생각했는데, 그걸 아이와 부모 모두에게 알려준 게 공동육아였어요."

대천마을 공동체를 이야기할 때 빼놓을 수 없는 것이 공동육아조합이다. 공동육아조합원들이 마을에서 다양한 공간을 만들며 활동 반경을 넓혀왔기 때문이다. 그는 대천마을 공동육아조합이 계속 유지될 수 있는 이유 역시 '마을'이라고 말했다. 마을의 존재가 조합을 탄탄하게 만들었고, 조합의 존재가 마을을 더 풍성하게 만들었다는 것이다.

"부산 북구 공동육아조합이 계속 유지될 수 있는 큰 이유는 마을이죠, 마을. 그리고 졸업한 조합원들이 끊임없이 마을을 위해 일했잖아요. 활동가가 되기도 하고. 마을에 다양한 문화 공간을 넓히고, 그러면서 애들이 마을에서 할 수 있는 것도 자연히 늘어나고. 마을에 있는 학교도 변하고 이렇게 되는 거지. 원래 공동육아가 진짜 어렵거든요. 그래도 그나마 그 어려움을 잘 이겨내고 해나가고 있다고 봐요. 나는 지금은 아이들을 다 졸업시켜서 조합원이 아니지만, 지금도 보면 잘해 나가고 있어서 뿌듯한 게 있죠."

맨발동무도서관의 활동가가 되다

도서관에 처음 방문했을 때를 그는 선명히 기억했다. 그날의 풍경은 놀랍도록 따스하고 또 정다웠다.

"공동육아에서 짝지 조합원을 맺어준단 말이에요. 짝지였던 선배 조합원이 아이 등원시키고 나서 10월 어느 토요일에 맨발동무에 같이 가보자고 하더라고요. 지금 여기 말고 저 아래 작은 곳에 있었을 때예요. 토요일에 '찰발찰방'을 한다는 거라. 갔더니 그 풍경을 잊을 수가 없어요. 슬라이드 필름이 돌아가면서 그림들이 찰칵찰칵 넘어가고. 그 작은 도서관에 사람들이 꽈악 모여가지고 작은 슬라이드 필름을 옹기종기 보는 그 장면이 너무 인상적이었지. '와, 도대체 이 도서관은 뭔가?' 이런 생각이 들었어요. 그러다가 맨발동무가 지금 이 자리로 이사를 왔지. 내가 책도 좋아하고 이러니까 여기에 계속 온 거지. 그때만 해도 둘째가 나한테서 너무 안 떨어져가지고 유모차를 화장실에 넣어놓고 샤워를 할 때였어. 몸이 너무 고됐어요. 그때 도서관 초대 관장이던 임숙자 관장이 "아이고~ 니는 누고, 이사 왔나?" 하면서 반겨주더니 애를 데리고 어디를 가버리는 거야. 그때 애가 잠도 안자고 나한테만 붙어 있으니까 내가 잠이 너무 부족했는데, 아이를 봐주니까 숨을 돌릴 틈이 나더라고. 그래서 저 도서관 다락방 밑에 그림책 모여 있는 데서 울면서 잤다니까, 내가. 임숙자 관장이 딱 보니 알았겠지. 육아에 지쳐 있다는 걸. 지금도 내가 그 얘기를 자주

하는데, 그 고마움을 말로 표현할 수가 없다, 진짜로. 그래 그때부터 여기 쭉 와서 아이를 여기서 키웠지 뭐. 그렇게 후원자가 되고, 자원 활동가도 하고. 그러고 있는데 어느 날 관장이 밤에 나를 어떤 찻집에 불러가지고 함께 일하지 않겠냐고 물어보더라고."

갑작스러운 제안이었지만 그는 한 치의 고민도 없었다.

"1초도 생각을 안 했어요. 이곳이 없었으면 내가 어떻게 둘째까지 키워냈을까 할 만큼 나한테는 고마운 곳이었으니까. 여기에 인연이 되면서 마을학교에 바느질 동아리도 가고, 다른 사람들과도 연결이 됐지. 내가 살고자 하는 삶의 방향이 있잖아. 먹거리에도 신경 쓰고 책 읽는 사람들하고도 가까이에 있고 싶고. 그런 것들을 다 충족해 주면서도 나를 품어준 곳이에요. 그 고마움을 이루 말할 수 없지. 그런 곳에서 나를 필요로 한다니까 뒤돌아보지도 않았어요."

무엇보다 이곳이라면 자신이 꿈꿔온 삶, 지금과는 조금 다른 삶을 살 수 있겠다는 막연한 확신이 들었다. 그 확신이 그를 단숨에 움직이게 만들었다.

"내가 여기 있으면 좀 다른 삶을 살 수 있겠다는 생각이 들었어요. 도서관 생일날 되면 300명이 같이 밥 비벼 먹고 이런 데가 어디 있을까. 꿈에나 나올 것 같은 그런 공간이잖아요. 이런 곳이 없잖아. 내가 살면서 본 적도 없고. 근데 이런 게 이루어지는 곳에 활동가로 있다는 건 '아, 이건 내 인생이 좀 달라질 포인트다' 이런 생각이 들었죠. 그래서 많은 생각도 안 하고 그냥 바로 하겠다고 한 거지. 마을 활동가로서의 사명감이나 이런 것보다 그냥 오직 내 인생에 도움이 되겠구나. 그거 하나였어요."

하지만 막상 일을 시작하고 보니 도서관 일은 생각했던 것보다 더 고됐다. 밤새도록 회의하는 일도 잦았고, 아무리 집중하려 해도 이해하기 어려운 이야기들도 많았다. 이용자로 편하게 누릴 때는 모르던 고충이었다. 도서관에서 지낸 그 시간을 그는 '견디는 시간'이라고 표현했다. 막연하지만 이 견딤의 시간이 자기 인생에 도움이 되겠다는 믿음이 있었다. '이걸 견디면 내가 뭔가 좀 다른 삶을 살 수 있겠구나' 하는 생각과 '그냥 이 공간이 좋다'는 두 가지 이유가 그를 버티게 했다. 처음 맡은 일은 이야기 사업. 사람들의 이야기를 듣고 모으고 기록하는 일이었다. 그는 어렸을 때부터 입에서 입으로 전해 내려오는 이야기나 노래들에 관심이 많았고, 그 연장에서 사람들의 이야기를 기록하고 싶다는 마음도 쭉 품어 왔다. 대학을 국문과로 간 것도 구비문학이나 민속학에 대한 관심 때문이었다.

"지금 생각해 보면 도서관 사람들이 마을 기록이라고 명명은 안 했어도 끊임없이 기록했어요. 이 이야기들을 소중하게 생각했고, 늘 일지를 올렸고, 그걸 중요한 일로 여겼거든. 그땐 이야기 사업이라고 불렸고 지금은 마을 기록이라고 부르지만, 이 이야기가 도서관에 커다란 축이고 정체성이라는 것에 도서관 사람들 모두가 합의하고 있었던 것 같아요. 이 이야기들을 잘 기록하는 것이 마을 도서관의 역할이라고 생각한 거지."

그렇게 만들어진 결과물은 맨발동무도서관에 차곡차곡 잘 전시되어 있다. 대천마을 할머니들의 생애사 이야기를 엮은『사람 사는 기 별기 있나』(2010)부터 시작해서 대천마을 3~40대 여자들의 이야기책『여자들의 꿈』(2011), 대천마을 3~50대 여자들의 수다 기록집『수다, 꽃이 되다』(2012), 대천 마을 역사를 사진과 이야기로 담은 아카이브 책『대천마을, 사진을 꺼내들다』(2013), 마을 사람들과 마을 예술가들이 '내 안의 역사'를 찾아 떠난 치유와 성장 이야기『오늘은 왠지』(2015), 대천 마을 사람들이 그린 그림 기록『나의 대천마을, 안녕』(2018), 60대 이상의 시니어 그림일기『그때 좋았지』(2019) 등 2012년부터 지금까지 펴낸 책만 열권이다. 맨발동무를 정의하는 '사람으로 이루어진 커다란 책'이라는 말처럼, 이 도서관을 소개할 때 빼놓을 수 없는 것이 바로 사람들의 이야기다. 그리고 그 소소한 이야기를 귀하게 여기고 꾸준히 기록해온 작업 역시 도서관을 이해하는 중요한 부분이다. 맨발동무도서관은 마을 이야기를 성실하게 기록했던 그간의 공로를 인정받아, '2022년 기록의 날' 기념으로 진행된 시상식에서 대통령 표창을 수상하기도 했다. 많은 이들의 도서관의 수상 소식에 함께 기뻐하고 축하해주었다.

"도서관에 있으면 꿈같은 일들, 무슨 TV 드라마에나 나올 법한 일들이 매일 일어나. 그런 일들은 너무 많지. 그중에서도 도서관에서 지내면서 제일 인상적인 걸 꼽으라면 도서관이 나를 기다려 준 시간이에요. 한 사람의 활동가를 성장시키기 위해서 여러 가지로 나를 기다려줬어, 도서관이. 아이가 어느 정도 자랄 때까지, 내가 이 일에 어느 정도 적응을 할 때까지, 또 활동가로서의 역량이 길러질 때까지 이 사람들이 견디고 기다려준 시간이 있는 거지. 생각해 보면 어느 조직에서 이렇게 할 수 있을까, 싶어. 내가 여기를 떠나지만 않으면, 나를 견뎌주고 참아주고 어쩔 땐 도움을 주기도 하고, 그렇게 나 하나를 오롯이 마을 활동가로 자리매김할 수 있게 해 준 그 힘이 아주 큰 것 같아. 물론 도서관만 견디는 건 아니지. 나도 그 시간을 견뎌야지. 그러니까 나한테 도서관에서의 일 중에 제일 인상적인 거라고 하면 그건 것 같아. 회의 시간에 누워 있는 나를, 다혈질인 데다가 망쳐놓은 일도 많고(웃음), 안 하겠다 하기도 하고. 그런 내가 어떻게 여기까지 온 걸까, 그런 생각을 해 보면 도서관에 참 고맙고 그래요."

사립 도서관이라 활동가로서의 벌이는 많지 않지만, 그럼에도 이 일을 계속할 수 있는 건 이 이유 때문이다. 고마움. 자신을 기다려주고, 지원하고 지지해주고, 함께해준 데 대한 고마움 말이다. 도서관은 그에게 새로운 삶을 펼쳐 보여준 곳이었다.

어르신들의 이야기를 듣다: 경로당과 양로원, 동아리 봄날

이야기 사업 스텝으로 참여하며 가장 먼저 만난 이들은 양로원과 경로당 할머니들이었다. 도서관 근처에 있는 도시그린 경로당과 정화 양로원에 찾아가 매주 할머니들에게 책을 읽어드리고 함께 이야기를 나눴다.

"내가 노인한테서 길러졌다 보니까 기본적으로 어르신들에 대한 호감이 있는 거야. 거부감이 전혀 없지. 그런 상태에서 마을 기록 사업을 했으니까 도서관 안에서 시니어 동아리 담당은 자연스럽게 내가 맡게 됐어. 도서관에 책 읽는 어르신들이 오기 시작했고 이용자로도 계셨으니까 그런 분들이랑 또 마을에 있는 분들을 모아서 같이 그림을 그려보면 어떨까 하는 생각으로 한 게 기록 사업의 일환이었어요. 그래서 만났는데 너무 좋은 거야. 60대 이상 여자들이 모여서 서로 자기 이야기를 나누는데 그 과정에서 이분들 인생이 달라지는 것도 보이고. 처음엔 자식한테 매이고 이랬는데, 지금은 본인 얘기를 훨씬 많이 하거든. 그림 그리러 와서 본인 이야기도 하고 글도 쓰고 그림도 그리고. 누구에게나 자기 언어를 가지는 일이 엄청 중요하다고 생각하는데, 이게 60대에도 가능하구나, 라는 걸 이 분들이 알려줬어요. 그 나이대의 사람이 늘 자기 자식 얘기만 하다가 본인한테로 고개를 돌릴 수 있구나, 어떤 삶을 살아왔든, 배운 것과 상관없이 책을 통해서 충분히 이게 가능하구나. 한두 명이 아니고 여러 명이 다 그랬으니까. 이 여성들이 이렇게 살아가는 게 나한테는 엄청 의미 있는 것 같아. 어렸을 때부터 내가 여성적인 것들을 많이 거부해 왔는데 그런 부분을 스스로 좀 받아들이는 계기가 되기도 했고. 어쨌든 내가 앞으로 되어 갈 나이잖아."

생애사 작업을 할 때는 노인들을 만나 살아온 이야기를 듣고 그 삶을 기록하며 이 일의 기쁨을 느꼈다. 노인에 대한 고정관념이나 선입견이 거의 없고 이야기 듣는 걸 좋아하는 그에겐 재미도 보람도 큰일이었다. 이야기 속에서 만들어지는 결과물을 보는 것도 즐거웠다.

"지금은 자신의 삶과 역사를 돌아보는 게 노인들에게만 중요하다고 여기지 않지만 초창기에는 한 사람이 살아온 그 세월에 몰입했고 그게 소중했던 것 같아요. 그렇게 켜켜이 쌓인 시간들이 주는 의미나 이야기가 나한테 굉장히 중요했지. 노인들이 가진 어마어마한 시간의 이야기를 듣고 있으면 이상하게 사람들이 자기 이야기를 탁 밟고 올라서는 느낌이 들어. 다시 인생을 사는 느낌이 들어. 내 느낌에 어르신들은 과거 일을 현재처럼 느끼며 사시거든. 어제 일처럼, 과거에 묻혀서. 그래서 과거 얘기를 너무 많이 하시는 거야, 계속. 그런데 이야기를 들려주시다가 어느 날 그 일들을 과거로 규정하면서 밟고 올라서는 느낌이 드는데 그게 참 좋았어요. 남항시장에서 상인 인터뷰 할 때도 나이 드신 분들이 참 많았는데, 아주 긴 세월을 열심히 살았고 그 세월을 밟고 올라서는 모습이 보이더라고."

그는 지금도 여전히 노인들이 편안하고 좋다. 그들과 함께 있을 때 훨씬 더 자유롭다고 느낀다. 도서관의 유일한 시니어 동아리인 봄날 동아리도 그런 까치가 있었기에 만들어질 수 있었다. 봄날의 멤버들은 원래 도서관 사업의 일환인 '마을 그림 에세이'로 모인 사람들이었다. 사업이 끝나고 이대로 헤어지기가 아쉬워 도서관에서 시니어 동아리를 정식으로 제안했다. 그렇게 어엿한 도서관 동아리로 자리 잡은 봄날 팀은 매주 목요일마다 모여서 함께 책 읽고 글 쓰고 텃밭 농사도 짓고 삶도 나눈다. 봄날이라는 이름은 동아리원들이 정했다. 굴곡 많은 삶을 온몸으로 살아내며 자식들을 키워내고 남편을 떠나보내고 홀로 된 지금, 이 시기가 바로 인생의 봄날이라고 지은 이름이다. 요새는 이 분들과 『혐오 없는 삶』(바스티안 베르브너, 이승희 옮김, 판미당, 2021) 이라는 책을 강독 중이다. 어르신들과 같이 읽기엔 쉽지 않은 책일 텐데 어떻게 함께 읽는 도서로 정하게 되었을까. 그는 오히려 여성으로 살아오며 겪은 숱한 일들이 어렵고 난해한 문장을 뚫고 책을 읽게 만든다며 말문을 열었다. 처음엔 어려운 말이 나오면 한껏 쪼그라드는 기분이었지만 "이게 무슨 말이고?", "이건 무슨 뜻이고?" 하면서 천천히 읽어나간다고.

"내가 고정관념은 좀 없는 것 같아. 이분들이 지내온 세월을 내가 많이 알잖아. 그러면 거기에 맞는 어떤 책을 고를 거잖아. 그런데 난 그렇게 하지는 않는 것 같아. 이 언니들하고 어떤 책을 읽어야 그들과 나에게 성장이 올까, 이 생각을 하면서 고른 거지. 조금 어렵게 다가오더라도 우리가 같이 묻고 찾아가면서 읽을 수 있는 만큼 읽어내는 거니까. 그리고 나한테는 믿음 같은 게 있어요. 읽는 사람에 따라 배우고 느낄 수 있는 앎의 크기는 다르겠지만, 좋은 책이라면 분명 어떤 사람이든 그 안에서 무언가를 얻어갈 수 있다는 믿음이요."

편견을 뚫고 부딪혀보는 이 시도를 그는 값진 경험이라 생각했다.

"처음엔 외국 이름만 나와도 긴장하시는 거야. 영어니까. 그런 경험도 함께 하면 좋겠다는 생각이 있어서 계속했지. 그런데 계속 읽으니까 더 이상 그런 긴장이 사라지더라고. 자기가 이해한 만큼 가져오시지 그 어려운 언어 때문에 자기가 아는 걸 막아버리는 일은 안 하시더라고. 나도 이런 경우는 처음이니까. 늘 책이 좋아서 오는 독서동아리를 만났지, 이렇게 배움이 단절돼 있다가 남편이 죽고 오신 분들은 처음이잖아. 그동안은 동화나 소설 같은 책만 보다가 이런 이론서를 같이 읽으면서 '아 이게 불가능한 일이 아니구나' 알게 됐어요. 같이 책 읽는 사람으로서 나로서도 기쁨이 있는 것 같아. 그러면서 점점 관계도 깊어지고. 책 읽는 친구지, 뭐."

상인부터 마을 양로원과 경로당 어르신들까지, 그간 까치는 여러 사람들을 만나 이야기를 들었다. 어쩔 땐 저 사람들이 들려주는 이 빛나는 이야기들을 어떻게든 제대로 기록하고 싶은 마음에 발을 동동 굴리기도 했다. '이 금싸라기 같은 이야기를 다 어떡할까.' 싶었던 것이다. 하지만 시간이 지날수록 누군가의 삶과 이야기를 기록하고 싶다는 그 마음은 그 사람이 직접 자기 삶을 써내는 기록자가 되면 좋겠다는 마음으로 바뀌었다.

"어떤 사람을 봤을 때 '저 사람을 기록하겠다' 이런 욕구보다는 '저 사람이 기록하는 사람이 되면 좋겠다' 하는 욕구가 훨씬 큰 것 같아. 물론 기록할 만한 대상을 기록하는 것도 충분히 의미가 있는 일이지만, 본인이 직접 글을 쓰거나 그림을 그리면서 스스로 인생을 충분히 기록할 수 있는 기록자가 되는 게 자신의 인생에 훨씬 더 가치 있는 일이 아닐까, 생각하는 거지. 나한테는 그 비중이 점점 더 커지고 있는 것 같아요. 구술 작업하면서 늘 염두에 두는 게 있는데 가난이나 아픔을 전시하는 것, 그다음에 한 사람의 소중한 결과물을 섣불리 엑기스만 뽑아서 전시하는 것에 대해 늘 경계하자는 거예요. 누군가를 기록할 때 a부터 z까지 보여주는 게 아니라 임팩트 있는 걸 뽑아내잖아. 이야기될 만한 거, 큰 슬픔, 이런 것들이 부각되는 건데, 거기에 별로 동의하지 않아요. 만약 결과물을 낸다면 그들 스스로가 뽑아내고 정리한 것이어야 한다고 생각하는 거지. 내가 옆에서 도울 수는 있지만, 나는 돕는 역할까지인 거예요. 누군가의 이야기를 내 식대로 가공하고 싶지 않다는 마음이기도 해요. 결국 본인이 기록자가 되는 게 중요한 거죠."

그는 사람들을 만나면 그들의 이야기가 궁금하고, 그 이야기를 듣는 게 좋고, 언젠가는 그 일상적이고 소소한 이야기들을 잘 기록해보고 싶다는 꿈을 품어왔다. 하지만 그것이 삶 속에서 어떤 방향으로 펼쳐질지는 전혀 생각해보지 않았다.

"나한테 그 길을 터주고 함께 가준 게 임숙자 관장(보리밥)이에요. 이야기의 힘을 굉장히 믿는 분이고, 지금도 나한테는 그런 이야기를 나누는 좋은 친구인데. 도서관에 와서 같이 일해보자고 한 것도 그 분이 제안해줬고, 양로원이랑 경로당에 같이 가자는 것도 그랬지. 그때는 내가 뭘 알아서라기보다 그냥 같이 가보자 하니까 갔어요. 처음엔 보리밥이 주로 노인 분들이랑 이야기를 나눴어. 초반에는 본인들끼리 이야기를 한참 나누다가도 우리가 가면 딱 멈추고 다른 이야기를 막 하셨는데, 그러다 우리가 그림책을 가져가서 읽어드리면 그 주제로 이야기가 펼쳐지면서 자기 아픔도, 속 이야기도 꺼내시더라고. 그렇게 라포(상담이나 교육을 위한 전제가 되는 신뢰와 친근감) 형성 기간이 꽤 있었지. 그분들한테서 더 편안한 얘기들이 나오는 거, 그게 기쁨이 되게 컸어요. 또 그분들의 이야기 속에서 성장이나 서로 주고받는 위로, 이런 게 엄청 의미가 컸지. 그걸 알게 되고, 듣게 되고, 그렇게 기록한다는 게. 그렇게 보리밥이랑 같이 다니다가 보리밥이 관장을 그만두고 도서관을 떠나고 나서는 나 혼자 계속 가서 했어요. 매주 두 팀의 이야기를 8년간 꼬박 들으니까 나중에는 그걸 어떻게든 결과물로 만들어주고 싶은 거예요. 너무 좋으니까. 그때 내 능력에 개탄했다고 해야 하나. 나의 능력 없음에 어쩔 줄 모르겠더라고. 나보다 더 훌륭한 사람이 저분들을 만났으면 더 좋았을 텐데, 하는 자괴감도 들고. 들려주시는 이야기를 그냥 잘 듣고 내가 그 과정을 충분히 즐기면 되는데, 그땐 이 귀한 이야기들을 나만 듣고 지나가버리는 게 너무 아깝고 뭐든 만들고 싶다는 생각이 들어서 좀 괴로웠어요. 그런데 이 자료를 가공하거나 막 쓰고 싶진 않고. 미치겠는 거야. 그래서 그때 말과 활 아카데미에서 주최하는 강좌 들으러 서울도 올라가고 그렇게 공부했어요. 기록 대학원을 가볼까도 하고, 오만 생각을 다 했지."

자기 한계를 돌파하기 위해 강좌도 찾아다니고, 곁에서 함께 기록 활동을 하는 사람들과도 꾸준히 공부했다. 그렇게 공부하면서 배운 것들이 많지만 여전히 누군가의 이야기를 듣고 기록한다는 건 쉽지 않은 일이다. 듣다 보니 궁금했다. 그는 어쩌다가 이런 일에 관심을 가지게 되었을까.

"원래 기질상으로도 책과 이야기를 좋아하는 사람인 것 같아요. 어릴 때부터 책이나 이야기가 좋고 사람들이 막 궁금하고 그랬어요. 도서관에서 일하지 않을 때도 늘 사람이 궁금하고, 사람 이야기가 재밌고. 그런 내 안의 기질이 도서관하고 딱 맞아떨어지면서 시너지가 생긴 거죠. 시작은 그렇게 된 거지만 도서관에서 만일 이 재능을 꽃피울 수 있게 기다려주지 않았다면 불가능했겠지. 그런 직장이 없어. 사람이 성장하게끔 계속 지원하고 지지하고 기다리고. 그런 곳을 내가 만난 거지. 그래서 꽃피울 수 있었던 것 같아."

마을 도서관으로서 마을의 이야기를 꾸준히 기록해온 도서관에게 꿈같은 일이 일어났다. '언젠가 마을 기록관이 만들어지지 않을까?' 머릿속으로 상상만 했던 일이 실현된 것이다. 맨발동무 도서관과 화명2동 주민 센터가 함께 2021년 마을 기록관 '화명

기록관(마을을 담는 집)'이 개관했다.

"지금까지 어떤 일을 하면서 이렇게 신경 쓴 적이 없었던 것 같아. 일을 잘하고 못하고를 떠나서 되게 신경을 썼어요. 도서관에 처음 왔을 때 상인 생애사를 만드는 일부터 시작했는데, 그때부터 활동가로서 기록하는 사람이라는 정체성이 있었어요. 도서관도 마을 기록이라는, 도서관으로서의 정체성이 있었고. 그러면서 마을 기록관이라는 걸 꿈을 꿨단 말이에요. 그게 도서관이 하게 되리라고는 상상을 못했지만, '언젠가는 마을 기록관이 생길 거야' 이렇게 생각했는데, 어쩌다 보니 정말 그런 공간이 만들어진 거지. 과정이나 결과에서 오는 어려움이나 이런 걸 떠나서 아무튼 대단하다고 생각해요. 십몇 년이 넘는 세월을 마을 도서관이 끊임없이 마을 기록을 해 왔고, 사람들과 마을을 기록했고, 그것에 대한 결과물로서 기록관이 만들어진 거니까요. 그런 자료들이 없었다면 기록관은 만들어질 수 없었을 거예요. 그 기록들을 토대로 이런 마을 기록관이 만들어진 게 정말 좋은 일이라고 생각해요."

마을 기록관이 개관하고 첫 기획 전시는 공동육아협동조합 '징검다리 놓는 아이들'에 다니는 아이들이 마을에서 채집한 소리 전시였다. 올해 초, 기록 활동에 관심을 가진 마을 사람들이 모여 '이야기들이 사는 집'이라는 기록협동조합도 만들었다. 앞으로 이 마을은 마을 기록관을 통해서 또 어떤 이야기들을 쌓아 가게 될까.

계속 살고 싶은 이 마을

그에게 이 마을은 이웃과 함께 사는 곳이면서, 자신의 일터이 고 또 끊임없이 공부하고 성장하는 곳이기도 하다. 공동육아조합 원으로서 부모의 역할을 배웠다면, 조합원을 졸업한 뒤로는 마을 안에서 한 사람으로서 잘 살아가는 방법을 배워가는 중이다. 도서 관에서는 동료 활동가들과는 마음공부를, 또 동네 아는 언니들 몇 명과는 '노자 모임'을 꾸준히 하는 것도 그 이유에서다.

"'동주집'에서 하는 모임은 보리밥이랑 윤정언니, 금란언니 이렇게 넷이서 일요일, 월요일 아침마다 모이고 있어요. 7시에 명상하고, 그 다음 강독하고. 그렇게 일주일에 두 번 만나고 있지. 『노자 이야기』 라는 책을 같이 봐요. 열매가 말한 대로 이 모임이 계속되는 것은 이 런 공부를 하고 싶다는 목표를 뚜렷하게 가진 사람들이 모여서인 것 같아. 우리의 목적은 이 공부를 하는 거지 친해지고 이런 건 아니었 거든. 물론 이걸 공부하면서 나도 두 언니들과 훨씬 더 가까워지고 보리밥도 훨씬 더 이해하게 됐지만 이 모임의 방점은 공부에 있었어. 노자 공부와 명상. 그러니까 지금까지 이어져 온 거고, 만약 친했으면 안 됐을 거야. 이걸 안 하면 우린 의미가 없는 거야. 그래서 이게 계속 이어질 수 있었던 거야."

쉬고 싶은 주말 아침부터 그를 움직이게 만드는 동력은 뭘까. 그건 '아무렇게나 나이 들고 싶지 않다'는 마음이었다.

"개인적으로는 나는 좀 단련되고 싶어. 나는 원래 기질적으로 다혈질에 의리 같은 걸 중요하게 여기고 한 번 끝이면 끝이고, 이렇게 좀 극단적인 유형의 사람이야. 옛날엔 속 시원하다, 직관적이다, 이렇게 내 성격을 장점으로 받아들이면서 살아왔다면, 도서관에서 지내면서는 이제 그렇게 살고 싶지 않은 거야. 인생이 아주 길고, 그다음에 죽음 후에도 뭐가 더 있을지 우리는 아무도 모르는데, 그 긴 시간 내가 어떤 사람을 미워하고, 단편적인 걸 보고 그 사람을 판단하고, 이런 사람으로 늙어가고 싶지 않은 거야. '그러면 어떻게 해야 하지?' 고민하다 보니까 자연히 공부해야겠다는 생각이 든 거지. 이런 공부를 해온 분들이 늙어가는 모습을 봤고, 그걸 보면서 '아, 나도 저렇게 늙어가고 싶다' 생각했고, 그래서 따라 살고 싶어지더라고. 마을에서도 그렇게 한번 해보고 싶은 언니들이 모였는데, 마침 공간이 생겨서 이걸 하게 됐지. 아무래도 명상하고 책 읽으면 좀 달라질 수밖에 없거든. 그 전에 내가 아예 관심 없을 때도 마을학교에서 명상하는 것도 봤고 '뭐 하는 거고?' 하면서 참여도 해본 게 영향이 미쳤던 것 같

아. 그런 점에서 이 마을이 주는 토양이 좋다고 생각하지. 내 인생으로서도. 여기 있어서 진짜 다행이다, 이런 생각이 들어."

그는 유년과 성인이 된 후 서로 다른 공동체를 경험했다. 어린 시절의 시골 공동체와 지금 살고 있는 이 마을 공동체는 어떻게 같고 다른지, 그에게 물어보았다.

"시골 공동체는 얽혀 있어요. 우리 집 마늘을 옆집 사람이 심어줘야 해. 지금은 사람을 사기도 하고 그렇지만, 그때는 경제적으로도 얽혀 있고, 서로의 사정을 다 알았지. 내가 밥을 아무 데서나 먹어도 이상하지 않았지. 내 나이 또래 사람들이 경험하기 어려운 아주 밀착된 공동체였지. 남해에서도 아주 안이니까요. 그리고 공동체 안에는 별사람들이 다 있지. 사람을 맨날 이용해먹으려는 사람, 범죄자도 있고, 술주정뱅이도 있고, 어떤 오빠는 도시에서 망해서 내려와서 맨날 장독 때려 부수고. 그런 사람들이 함께 사는 곳이 공동체지. 마음이 맞아서 환상적인 곳이 공동체가 아니라는 생각은 늘 있었던 것 같아. 어렸을 때 여러 사람들이랑 얽혀 살았으니까 그런 다양한 사람들에 대한 이해가 있었지. 내가 공동육아 때문에 여길 찾아왔지만, 모두와 다 잘 지낸다거나 '모두가 좋은 사람일 거야' 이런 기대는 크게 하지 않았던 것 같고. 지금은 이 마을에 살지만 어렸을 때 경험한 공동체에 비해서는 훨씬 느슨한 관계지. 남해에서의 생활은 뭐 우리 집

제사나 사정들을 사람들이 다 알았다면 여긴 내가 내놔야 알잖아. 여긴 어느 정도는 내가 선택할 수 있다는 게 다르지. 물론 공동육아 하면서는 아이가 떠빌러서 알려지는 일도 있긴 하지만 그럼에도 불구하고 내가 여는 만큼 결합할 수 있는 그 지점이 좋은 것 같아. 유년 시절엔 어린아이로서 받을 수 있는 공동체에서의 사랑을 받다가, 그곳을 떠나 도시로 왔고 여기에서는 내가 원하는 만큼 오픈할 수 있는 공동체니까 그게 또 좋지. 그럼에도 불구하고 같이 살아가면서 서로 도와주고 모자란 부분을 채워주면서 살고 싶어. 그 이름이 공동체라고, 마을이라고 하면 나는 그런 곳에서 살고 싶어."

그는 이어서 말했다.

"이 마을은 그냥 내가 사는 곳이고, 내가 같이 살고 싶어 하는 사람들이 있는 곳인 것 같아. 지금 현재로서는 내가 계속 살고 싶은 곳이지. 내 아이도 계속 여기서 키우고 싶고. 그런 편안한 곳이야."

그에게 이 마을은 살아온 곳이면서 살아갈 곳이다. 그가 마을에서 꿈꾸는 노후는 사람들에게 따뜻한 밥 한 끼를 대접하는 공간을 꾸리는 일이다. 막연한 꿈이지만, 막연하게나마 품고 살다 보면 언젠가 이뤄질지도 모른다.

"마을에서 밥집 같은 거 한번 해보고 싶어요. '밥 정도는 누구나 좀 먹을 수 있으면 좋겠다.' 이런 생각을 좀 하는 것 같아. 근데 보니까 막 공짜로 준다 하면 오히려 정말 필요한 사람들이 잘 못 온다 하더라고요. 〈유퀴즈〉 보니까 한 신부님이 3천 원짜리 김치찌개를 파시더라고요. 그래서 그런 정도의 가격으로 밥을 먹을 수 있는 밥집. 그런 걸 꿈꿔요. 생각해보면 나도 돈으로만 살고 있지는 않거든. 돈이 완전히 배제된 인생은 아니지만, 그래도 마을에서 돈이 없어도 할 수 있는 일, 돈이 없어도 되는 그런 일이 있으면 좋겠다고 생각해요. 도서관이 돈이 없어도 올 수 있고, 도서관 생일날은 돈이 없어도 와서 그냥 다 같이 먹을 수 있는 것처럼. 그런 마을 공간이 있으면 좋겠다 생각하죠."

까치의 이 바람이 언젠가 이뤄질지도 모르겠다고 생각한다. 지금까지 늘 그래왔으니까. 누군가 마음에 품어온 꿈들이 마음 맞는 또 다른 사람과 이어져서 현실로 펼쳐지는 것이 마을이라는 터전의 신비로운 지점이다. 내가 살아왔고, 사는 곳이자 내가 같이 살고 싶어 하는 사람들이 있는 곳. 그의 말처럼 나에게도 이 마을은 그런 곳이다.

배우고, 나누다

설정희 ✻ 마을밥상협동조합 이사장

일주일에 한 번, 도보 5분 거리의 집 근처 아파트 상가로 향한다. 동네 사람들이 만든 먹거리 협동조합 '마을밥상'에 들르기 위해서다. 건강 문제로 체질 식단을 지키는 중이라 구매할 수 있는 품목은 많지 않지만, 내가 즐겨 먹는 반찬인 두부는 이곳에서 자주 사다 먹는다. 마을밥상에서는 국산 콩으로 만든 건강한 두부부터 손수 지은 농산물, 방사 유정란 같은 식재료를 포함해 다양한 반찬과 디저트 등을 매주 주문을 받아 판매한다. 동네 사람들에게도 이곳은 건강하고 안전한 식재료를 비교적 저렴한 가격에 구입할 수 있는 유용한 통로다.

마을밥상은 2013년, 마을에 믿고 이용할 수 있는 밥집이 있으면 좋겠다는 바람으로 백여 명의 주민들이 모여 만든 협동조합이다. 마을 사람들이 매니저와 요리사로 참여하고, 인근 지역 소농인들이 직접 기른 농산물로 건강한 한 끼 식사를 대접하는 '우리 집밥'이 그해에 문을 열었다. 익숙한 동네 어귀에 새로 생긴 밥집이 반가워 나도 몇 번 방문해 본 기억이 난다. 하지만 친환경을 지향하다 보니 높은 식재료 원가가 문제였다. 음식 가격을 올려도 인건비를 제하고 나면 조합의 순수익은 적자일 때가 많았다. 결국 식당은 문을 연 지 2년 만에 경영난으로 문을 닫고 현재는 먹거리 전문 유통업으로 전환해 운영 중이다. 생산자와 소비자의 편의를 생각해 적은 수수료와 저렴한 판매 가격을 고수하는 데다가, 조합원가와 일반가를 따로 구분하지 않고 누구든 이용할 수 있도록 문턱을 낮춘 덕에 현재 밴드(BAND) 회원만 1,300명이 넘을 정도로 이용자가 늘었다.

공동육아에 이어 마을 도서관, 마을학교, 먹거리 협동조합까지. 주민들의 필요에 의해 하나둘 만들어진 공간들이 지금까지 잘 운영되고 유지된다는 건 생각해 보면 참 놀라운 일이다. 대천마을을 이해하기 위해서는 이 조합의 이야기도 빼놓을 수 없겠다는 생각에 작년 여름과 올봄, 마을밥상협동조합의 현 이사장인 설정희 씨를 만났다. 밥집으로 출발해 유통업으로 전환한 후 벌써 햇수로 10년째 운영 중인 마을밥상의 이야기는 곧 대천마을 공동체가 만들어지고 이어져 온 역사이기도 했다.

설정희 이사장님은 이 조합의 창립조합원이자 이사진으로 함께해오다가 2020년부터는 이사장을 맡고 있다. 작년 8월 동네 문화 공간인 '무사이' 모임방에서 만난 그는 동네 이웃들과 김해 '아라마'에서 수행하며 지내고 있는 근황을 시작으로 대천마을에서 살아온 지난 20여 년의 이야기를 차근차근 들려주었다. 재밌고 신나는 곳. 배움이 일어나고 서로가 성장하는 곳. 그에게 마을은 이런 곳이었다. 그의 이야기를 듣는 내내 마음 나눌 수 있는 사람과 살아가는 삶의 터전이, 좋은 이웃과 새로운 걸 배우고 시도하는 일상이 어떻게 우리 삶을 충만케 하는지 느낄 수 있었다.

유년의 경험을 환기하는 대천마을을 만나다

설정희 이사장님이 마을의 일들에 적극적으로 참여하게 된 것은 공동육아협동조합에 가입하면서부터였다. 그는 조합이 생긴 이듬해인 2000년에 조합원이 되었다.

"공동육아협동조합원으로 이 마을에서 첫 출발을 했어요. 가보니까 사람들이 진짜 다양했어요. 직업도, 성향도, 살아온 환경도 다 다른데 그게 재밌는 거예요. 고등학교 친구는 고향을 기반으로 해서 문화권이 같은데, 부모들은 한 30년의 서로 다른 경험을 가지고 만나는 거잖아요. 그런데도 어색함 없이 잘 맞았어요. 게다가 제가 조합에 들어갔을 때 적은 나이가 아니었거든요. 초창기 조합원들도 신기하게 다 제 또래인 거예요. 결혼이 이른 사람이 없었던 거죠. 같은 시대를 산 사람이다 보니 자연스레 공감대가 잘 형성됐고, 또 초대 조합장이셨던 이귀원 선생님이 조합원 한 사람 한 사람을 끝까지 이해하는 작업을 책임감 있게 해주셨기 때문에 친밀해질 수밖에 없었어요."

그는 공동육아를 시작으로 지금까지 마을의 여러 일들에 늘 근거리에서 함께해 왔다. 대천마을학교가 만들어질 때 일원으로 참여했고, 이듬해부터는 5년간 상근 활동가로 근무하며 마을학교가 동네의 교육문화공간으로 자리 잡는 데도 힘을 보탰다. 이후 마을밥상협동조합이 생겨날 때도 창립조합원으로 함께했고, 지금은 이사장으로서 전반적인 조합 운영을 맡고 있다. 마을 일을 하면서 사람들과 가깝게 지내다 보니, 그는 자신을 아는 것이 무엇보다 중요한 공부라는 것을 깨닫게 되었다고 한다. 그래서 뒤늦게 대학원에 진학해 상담심리학 공부를 시작했고, 지금은 대학에서 학생들에게 상담심리학과 관련된 과목을 가르치고 있다. 얼마 전에는 비슷한 이유로 상담심리학을 전공한 마을 사람들이 모여서 심리상담 공동체를 만들기도 했다. 마을에서 살아온 지난 일들을 돌아보는 그의 이야기엔 즐거움이 가득 묻어났다. 마음 맞는 이웃들과 새로운 걸 시도하고 만들어가는 그 여정은 그에게 삶의 생기를 북돋우는 귀한 시간이 되어주었다.

공동육아를 처음 만났던 때를 그는 생생히 기억했다. 이곳은 어린 시절 고향에서 느꼈던 그런 아늑한 기억들을 다시 떠오르게 했다.

"제가 아직 조합에 가입하기 전이었는데 부모들을 다 모아서 딸기밭 체험을 하러 간 적이 있어요. 가서 같이 밥 먹고 어울리는 게 마치 고향집 같더라고요. 명절 되면 일가친척이 모여서 다 같이 밥 먹는 것처럼, 너무 친근하고 좋은 거예요. 돌아보면 힘든 기억보다 재미있었던 기억이 더 많아요. 나랑 다른 것도 좋았고 무엇보다 심성이 다 착하고 곱다는 생각이 들었어요."

고향인 밀양에서 자연과 사람들 속에서 보낸 유년 시절은 그에게 평생의 자산이 되어주었다. 그곳에서 고등학교까지 다니며 유년과 성장기를 보냈다. 여름에는 동네 냇가에서 늘 목욕을 하고, 논과 밭을 가로지르며 신나게 뛰어놀았다. 소를 데리고 풀을 먹이고, 친구들과 정신없이 시골을 쏘다니고, 대청마루에 늘어져 낮잠을 자고, 땡감을 먹어보려고 애쓰기도 하던 그 기억들은 지금까지 그의 내면을 가득 채우고 있다. 어릴 적 집성촌에서 자란 그는 일가친척이 많다는 게 그렇게 좋았단다. 많은 식구들이 대청마루에 모여서 절하는 모습은 어린 그의 눈에 멋지고 근사해 보였다고. 함께 모여서 의식을 치르고, 복작복작 무언가를 하는 것에 대한 동경은 그때부터 마음에 심어졌다.

"한 번은 소를 데리고 산에 가서 소가 풀 먹는 동안 진달래꽃이랑 이것저것 따 먹으면서 놀고 있는데 소가 없어진 거예요. 너무 놀라서 울면서 집에 왔더니 소가 저 혼자 집을 찾아왔더라고요. 소가 진짜 영특한 동물이라는 걸 그 경험으로 알았죠. 할아버지가 여물 자르던 거, 소죽 먹이던 냄새 이런 것들이 지금까지도 기억이 나요. 초등학교를 밀양 읍내에서 다니긴 했지만 방학 때마다 할머니 집에서 살았거든요. 그러면 오촌, 육촌 언니한테 가서 종일 놀고 그랬어요. 그래서 제가 공동육아를 선택한 것 같아요. 그 경험이 내가 살아가는 데 너무 큰 에너지라는 생각이 많이 들었어요. 이렇게 초록빛을 본다는 게 삶의 큰 에너지구나, 하는 걸 어른이 돼서 알게 된 거죠. 공동육아에 딱 왔는데 진짜 우리 고향 같았다니까요. 육촌들이 다 모여서 뛰어노는 풍경을 보는 것 같았어요."

그가 처음 공동육아를 알게 된 건 대학 친구들과의 모임을 통해서였다. 결혼 후 서울에서 생활하다 부산으로 내려온 그는 대학 때부터 마음 맞았던 친구 몇 명과 함께 육아 모임을 만들었다. 그 친구들과 함께 아이들에게 동화책을 읽어주고 같이 나들이도 다니면서 모임을 이어갔다. 그중 한 친구가 어느 대학의 보육교사 양성과정에 등록하면서 본격적으로 공부를 시작했다. 그 친구가 중심이 되어, 몇 명의 보육교사들과 함께 공동육아를 시작하기로 뜻을 모았다. 그렇게 탄생한 것이 부산 북구 공동육아 사회적 협동조합이었다. 당시 초읍 시댁에서 살고 있던 그는, 그곳으로 가야겠다고 마음먹고는 분가 후 화명동으로 이사 와서 조합원이 되었다. 어릴 적부터 일가친척이 많은 것이 좋았다는 그는 공동육아조합에서 어린 시절의 그 기분을 다시 느꼈다. 어떤 의미에서 그에게 공동육아협동조합은 잊어버리고 있던 근원으로 다시 돌아가는 경험이기도 했다.

"저의 근원은 자연과 함께하는 것이거든요. 그 속에서 굉장히 행복하고 자유롭고 편안했어요. 저는 사람들과 어울리면서 노는 게 즐겁고 거기서 삶의 가치를 누리는 사람인 거죠."

하지만 서로 다른 사람들이 모여 지내는 시간이 항상 즐거울 수만은 없다. 가까운 거리에서 밀접한 관계를 맺다 보니 조합원들 간에 갈등을 겪을 때도 있었지만, 서로 힘을 합쳐 잘 헤쳐 나간 시간이 더 많았다.

"당시 조합원들이 386세대였으니까, 그때 문화는 갈등도 우리가 풀면 된다는 거였어요. 특히 조합장이었던 이귀원 선생님의 가치관이 그랬던 것 같아요. '교사는 만들어지는 거다'라는 얘기를 늘 하셨거든요. 가치관이나 철학이 다른 교사가 오면 되게 난감하잖아요. 우리가 원하는 태도와 가치관으로 아이를 대하지 않는 경우가 생기니까요. 그럴 때도 이귀원 선생님은 끊임없이 교사 교육을 통해서 그걸 바꾸어갈 수 있다, 변화될 수 있다 이렇게 말씀하셨어요. 엄마 모임이든 아빠 모임이든, 그 안에서 일어나는 갈등 역시 충분히 풀어나갈 수 있다고 생각하고 접근하셨어요. 이미 어른이 돼서 만난 만큼, 서로 부딪히게 되면 "니 내랑 다르네?" 하면서 그냥 회피하거나 관계가 더 깊어지는 걸 차단할 수도 있는데, 우리는 서로가 다르지만 어느 정도 좁힐 수 있는 부분도 있지 않을까, 하면서 시간과 정성을 좀 기울였다고 생각해요. 조합 안에서 사실 부모로서 내 아이에 대해 무언가를 했던 시간보다는 조합에 공들인 시간이 더 많아요. 그러면서 사람들 간의 관계가 두터워졌다고 생각하고, 그게 평생 저의 자산이 됐죠. 저는 이 부모들을 이제 정말 믿어 의심치 않거든요. 지금도 그렇고요. 가끔 이해하기 어려운 일이 있더라도 '니가 그럴 만한 이유가 있었을 거야' 이런 생각을 먼저 하는 거죠."

그렇게 만난 조합원들과는 '레인보우'라는 팀을 만들었다. 이들과는 지금까지 가장 가까운 거리에서 삶을 나누는 관계다. 서로의 가족들과 다 함께 다녀온 몇 번의 해외여행도 즐거운 추억으로 남아 있다. 그중에 초창기 조합원 다섯 가족과는 노후를 함께 보내기 위해 대동에 땅을 사서, 내후년에는 주택을 지을 계획이라고 한다. 공동육아를 통해 평생 함께할 좋은 이웃을 만난 것이다.

마을에서 새로운 공부를 만나다

조합원의 필요에 의해 만들어진 공동육아협동조합은 부모가 운영의 주체이기에 자신이 잘하는 부서를 맡아서 석극적으로 운영에 뛰어들어야 한다. 이 터전을 유지하고 지속하는 게 부모 역할인 것이다. 어린이집 홍보부터 조합원들 간의 친밀성 유지와 육아를 바라보는 인식에 관한 교육까지, 일반 어린이집에 비해 부모의 수고로움이 훨씬 크다. 기존의 보육 문화와는 다른 문화를 만들어가는 것이기에 조합 안에서의 부모 교육은 무엇보다 중요한 일이다. 그래서 초창기에는 외부에서 조합원 교육을 맡아줄 강사를 섭외해 함께 공부하는 시간을 많이 가졌다.

"조상희 선생님같이 외부에 계신 선생님 중에 이런 철학이나 가치를 가지고 계신 분들을 많이 초대해서 조합원 교육을 했어요. 아이를 키운다는 게 어떤 의미인지, 그런 배움들을 우리 삶에서 어떻게 녹여내야 하는지를 공유하는 자리였어요. 그때 그 인연이 아직까지 이어지는 거죠. 그때 순천의 '사랑어린학교'의 교장선생님과도 인연이 되어서 같이 경전 읽기 모임을 했고, 그 계기로 맨발동무도서관에서도 순천에서의 공부 모임을 지금까지 이어오고 있는 것 같아요. 부모 조합원으로 공동육아에 오니까 이런 다양한 네트워크가 교육을 통해 형성된 거죠. 조상희 선생님과의 인연 덕분에 저도 마을학교에서 일하면서 공부를 좀 더 해봐야겠다 싶어서 대학원을 가게 됐어요. 그전에 몇 분의 조합원이 먼저 대학원에 들어가셨죠."

마을에서 조합원 교육을 받으며 공부하다 보니 새로운 관심사가 생겼다. 그 계기로 대학을 졸업한 지 24년 만에 다시 대학원에 진학해 심리학을 공부하기 시작했다. 공동육아라는 경험이 그를 새로운 공부로 이끈 것이다. 철이 없어 중학교도 가지 않겠다던 그가 박사 과정까지 공부하자 그의 어머니는 지금도 놀라워 하신다고 한다.

"어쨌든 마을학교가 교육 공동체이다 보니 마을에서 소통하는 역할도 하고, 또 마을 사람들과의 관계를 좀 두텁게 하는 징검다리 역할을 하거든요. 긴 시간을 일하는 건 아니지만 사실 이 일 자체가 여러 마음을 써야 되는 게 굉장히 많아요. 1인 체제로 가는 건 너무 버겁다는 생각이 들어서 활동가 한 분이 더 오셨죠. 저한테도 조금 마음의 여유가 생기면서 그때 '내 공부가 필요하다'는 생각을 했었어요. 가끔 마을 사람들하고 부대끼다 보면 내 에너지가 왜 이렇게 다운되는지 궁금했거든요. 마을에서 일하면서 안정감은 있는데 제 안에 생기라 그럴까, 그런 에너지가 좀 보충될 필요가 있다고 느꼈고 그 돌파구로 생각한 게 공부였어요. 그래서 대학원에 간 거죠."

이런 엄마를 보고 자란 아이들도 자연스레 그 영향을 받았다.

공동육아로 양육한 두 아이 중 큰아이는 심리학을 공부하고 있고, 작은 아이는 음악 분야에 관심을 두고 있다며 말을 이었다.

"제가 큰아이한테 '왜 발달에 관심이 있어?' 하니까, 엄마가 나를 길렀던 것처럼 자기도 아이를 잘 한번 길러보고 싶다고 하더라고요. 그러기 위해서는 인간의 발달을 좀 아는 게 필요하겠다고 생각한 거죠. 그럴 때 보면 이 아이한테도 공동육아를 경험한 것이 자양분이 됐겠다 싶더라고요. 큰 애는 공동육아를 계속해서 방과후학교 마치고 마을학교까지 다녔거든요. 중학교 때도 따로 학원 안 다니고 마을학교에 계신 마을 선생님에게 영어랑 수학 배우고 글쓰기 동아리도 하고 그랬어요. 고등학교는 강원도에 있는 대안학교를 갔고요. 그래서인지 무언가를 선택하는 데 주저함이 없고, 자기 스스로 생활을 잘 해요. 유년과 학창 시절의 경험을 통해서 자기가 뭘 선택하고 결정하고 책임져야 하는 것들을 무리 없이 받아들이는 것 같아요."

마을학교와 마을밥상을 꾸리다

아이들이 자라면서 부모들의 고민도 달라졌다. 공동육아 어린이집과 초등 방과후학교를 졸업한 아이들이 마을 안에서 함께 지낼 공간이 필요하게 된 것이다. 그렇게 '대천마을학교'가 만들어졌다.

"아이들이 방과후학교를 졸업하고 나면 결국 학원을 돌 수밖에 없잖아요. 그때 이귀원 선생님이 아이들은 마을에서 뛰어놀아야 한다고 말하셨는데 다들 그 말에 동의한 거죠. 아이들이 마을 어른들의 관심과 사랑 속에서 성장하는 것이 우리에게 큰 보람이고 기쁨이겠다, 하는 마음으로 대천마을학교를 만들었어요. 아이들부터 어른들까지, 마을 사람들이 편하게 들락날락하면서 배우고 싶고 하고 싶은 것, 놀거리와 먹거리 이런 것들을 나누고 공부하는 터가 되면 좋겠다고 생각했어요."

대천마을학교를 만들고 이듬해인 2009년부터 그는 마을학교에서 상근 활동가로 일하기 시작했다. 마을학교가 생기고 얼마 되지 않은 때였으니 이 공간이 마을 안에서 잘 자리 잡는 데 적지 않은 기여를 한 셈이다. 그는 마을학교 간사로서 마을 사람들의 재능을 모으고 연결하는 일을 도맡았다.

"마을에서 기타를 배우고 싶다는 요청이 있어서 강사 섭외하려고 제가 기타 학원도 다녔어요. 직접 배워보고 원장 선생님을 만나서 마을학교를 소개했어요. '아이들이 기타를 배우고 싶어 한다, 그런데 여기는 학원처럼 수강료를 많이 드릴 수가 없다'며 사정을 이야기하고, 함께 해주시기를 바란다고 말씀드렸죠. 그렇게 기타 선생님을 모셔왔어요. 또 마을에 있는 부모님들이 많이 도와주셨어요. 외부에서 강사로 활동하는 부모님들이 마을 교사가 되어주셨죠. 어쨌든 제가 마을 안에 있었으니까 그런 걸 요청하기가 더 쉬웠던 것 같아요. 마을에서 그 사람이 뭘 하고 있는지를 알면 교육 프로그램하고 연결할 수 있었죠."

그래서인지 그에겐 마을의 여러 공간 중에서도 가장 편안한 장소가 마을학교다. 마을학교 다음으로 생긴 공간이 마을밥상협동조합이다. 이 조합 역시 창립 과정부터 함께했다.

"제일 좋은 밥상이 남이 차려준 밥상이라고 하듯이, 우렁각시가 있어서 밥 차려줬으면 좋겠다, 그런 마음들이 좀 많았어요. 공동육아가 교육 공동체이긴 하지만, 먹거리도 교육이잖아요. 아이들한테 절기 교육이나 친환경 교육을 하면서 집에서는 아이의 먹거리에 관심이 없는 건 이율배반적이라는 생각이 들더라고요. 그런 교육이 사실 우리 밥상에서부터 이루어질 필요가 있는 거죠. 친정엄마가 차려주는 밥처럼 아무 걱정 없이 대접을 받고 싶다는 마음도 있었고요. 마을에 밥집이 있어서 우리가 모여서 회의할 때 밥상에서 같이 밥 먹기도 하고, 또 마을 사람들하고도 나누어 먹으면 좋겠다는 생각으로 마을 밥집을 시작하게 됐어요."

처음엔 조합원이자 소비자로 참여하다가 이사진으로 합류하면서는 좀 더 적극적으로 밥상 살림을 들여다보게 되었다. 함께 하는 이사님들이 마을밥상에 마음과 정성을 보태고 나눈다는 것도 더 자세히 알게 된 시간이었다.

"원래는 이귀원 선생님이 6년 간 이사장을 맡아오셨는데, 협동조합 정관에 의해서 더 이상 이사장을 할 수 없게 되었어요. 그 시점에 저한테 이야기를 하시더라고요. 같이 하는 이사님들이 계시니까 저도 별로 거부감 없이 할 수 있겠다는 생각이 들었어요. 이사님들이랑 조합원들을 믿는 마음이 있으니까요. 좀 부족해도 되고 실수해도 된다는 마음이어서 할 수 있는 것 같아요."

마을밥상에서는 근교에서 농부들이 지은 농산물을 저렴한 가격에 판매한다. 생산자와 소비자 모두에게 도움이 되었으면 하는 바람으로 최소한의 수수료를 책정해 합리적인 가격으로 유통하는 것이다. 협동조합으로 운영되지만 마을의 여러 이웃들과 함께하고 싶은 마음으로 조합원가와 일반가를 구분하지 않는다. 그래서 현재 조합원은 90명가량이지만, 판매 공지와 주문을 받는 공간인 밴드의 가입자 수는 1,300명이 넘는다.

"문턱을 없애는 의미가 있었어요. 저 개인적으로는 사실 일반가 조합원가라는 기준이 없어져야 한다고 생각하기도 하고요. 마을밥상에서 필요한 물품을 선택하고 이용하는 것, 그 역할만으로도 저는 충분히 마을 분들이 소비자로서의 역할을 하고 있다고 생각하거든요. 어떻게 생각하면 마트에 가서 한 바퀴 휙 도는 게 더 나을 수도 있고, 거기가 더 쌀 수도 있거든요. 그런데 이왕이면 우리 마을에 있는 곳을 이용해주는 거고, 또 여기까지 직접 와서 수고롭게 자기가 다 찾아가야 되잖아요. 우리는 그것만으로도 소비자들이 이미 역할을 다 했다고 생각하는 거죠. 그래서 가격이나 대우에 있어서는 기본적으로 차이가 있으면 안 된다고 생각하고요. 물론 한 번씩 총회 때마다 조합원 선물을 드릴 때가 있긴 하죠. 조합원들이 마음을 내주시고 출자도 하셨는데 아무런 혜택이 없으면 죄송하니까요.”

좋은 취지로 내린 결정이지만 그로 인한 문제도 없지 않다. 조합원 아닌 일반 소비자의 경우 협동조합의 취지와 성격을 충분히 이해하지 않은 상태에서 이용하는 경우도 있기 때문이다.

“일반 소비자들에게는 조합에 대한 교육이 이루어지지 않으니 인식이 높아지지 않는 거예요. 협동조합보다는 그냥 마을에 있는 가게로 보시는 거죠. 저희는 마을의 판매처보다는 협동조합의 의미를 좀 더 나누고 싶은데, 그런 부분에서 좀 아쉬운 건 있어요. 특히 판매업으로 전환되면서 밴드가 활성화됐거든요. 초대받으면 누구든 들어올 수 있는 구조다 보니 예기치 않은 문제들이 불거질 때도 있어요. 조합과 소비자 간의 갈등도 생기고요. 가령 저희가 판매하는 음식에 어떤 문제가 생겼을 때 외부 가게랑 똑같이 바라보고 응대하는 소비자분들이 간혹 있어요. 조합에서도 분명 문제를 수정하고 보완해나갈 마음과 의지가 있는데, 그렇게 생각하시지 않고 문제 생기면 공개적으로 문제제기하고 보상해줘야 하고, 그렇게 받아들이실 때면 아쉬운 마음도 드는 것 같아요. 밥상은 어쨌든 영리사업이잖아요. 지금까지는 마을에서 뭘 해도 돈을 거의 받지 않았기 때문에 행동에서 좀 자유로운 측면이 있었다면 밥상은 현물이 오가는 현장이기 때문에 거기에 대해 더 까다로운 기준과 대처 방식, 소통 방식이 있다고 느껴요."

소소한 우여곡절이야 있지만 이 마을이 지금처럼 다양한 공간과 시도로 채워질 수 있었던 건 협동조합의 덕이 크다는 게 그의 생각이다.

"공동육아는 내 아이를 잘 길러보기 위해 참여하는 조합이잖아요. 마을밥상도 나와 내 가족들이 믿고 먹을 수 있는 먹거리를 위해 참여하는 조합인 거고요. 이런 식으로 조합은 어쨌든 사람을 모으는 역할을 해요. 조합이 있어야 사람들이 오고, 그 사람들이 모여서 무언가를 만들어 나갈 수 있는 것 같아요."

내가 가장 신나고 편안한 곳, 마을

돌아보면 그는 이 마을에서 아이를 키우고, 다양한 공부를 하고, 육아 동지이자 평생 친구를 만나고, 이웃과 힘을 모아 새로운 일을 시도하며 살아왔다. 그의 삶에서는 빼놓을 수 없는 귀한 기억은 마을 위에서 만들어진 셈이다. 그는 말했다. 마음이 불편할 때면 "아 나 진짜 짜증 나" 이렇게 편하게 말할 수 있는 사람이 옆에 있다는 것이 참 좋다고. 자신을 믿어주고 좋아해주는 사람들 곁에서 살아가는 것이 자기 삶의 큰 동력이라고 말이다. 물론 그 안에서 어떨 때는 힘들기도 했지만 대부분의 시간은 즐겁고 신나고 재미있었다. 마을에서 함께한 이십여 년을 설명하는 단어 하나를 꼽으라면 그는 아마 주저 없이 '재미'라고 말할 것이다.

그는 지금도 마을 이웃들과 함께 시도해보고 싶은 일들이 많다. 마음에 오래 품어온 일 중 하나는 올해 드디어 실현하기도 했다. 마을에서 함께 심리학을 공부한 여섯 사람이 모여서 심리 상담 공동체를 만든 것이다. 이름은 '산옹달샘 심리 상담 공동체.' 구성원 여섯 명은 모두 공동육아를 통해 마을에서 아이들을 길러낸 부모들이자 육아 동지이고, 마을에서 상담 공부를 시작한 사람들이다. 산옹달샘이라는 이름도 공동육아 아이들 방 이름인 '산들방', '옹기방', '달방', '샘물방'의 앞 글자를 하나씩 따서 만들었다.

"저희는 심리 상담도 공동육아에 대한 가치가 다 적용된다고 생각하거든요. 아이를 길러내는 마음으로 사람들을 만나고, 그 사람이 자기의 개인적인 특성을 잘 발현해서 평화롭고 또 안전하게 이 마을에 정착했으면 좋겠다, 마을을 통해서 힘을 좀 받아 가면 좋겠다, 그렇게 자기 생활을 잘해 나갈 수 있으면 좋겠다는 마음이 있어요."

이 여섯 명이 함께 공부하게 된 것도 마을이라는 터전이 있었기 때문에 가능한 일이었다. 마을에서 만난 이 인연 덕과 공덕으로 공부를 시작했으니, 그 공부와 경험을 다시 마을에 베풀자는 마음으로 마을에서 무료 상담도 하고 있다고. 산옹달샘 심리 상담 공동체 구성원들은 종잣돈을 좀 모아서 마을 안에 상담 공간을 만드는 꿈을 꾸고 있다.

"생각해보면 우리 마을은 사람들이 참 끊임없이 배우는구나, 그래서 참 좋다, 싶은 마음이 있어요. 그게 가능했던 건 마을학교 같은 공간이 있어서인 것 같아요. 적은 수가 신청을 해도 그 가치를 소중하게 알아주고, 또 공간 대관이 되니까 이런 모임들이 활성화될 수 있었던 거죠. 의지만 있다면 마을 안에서 얼마든지 여러 공부나 모임을 할 수 있다는 게 이 마을의 매력인 것 같아요."

그가 대천마을의 특성으로 꼽는 것 중 하나는 바로 다양한 사

람들이 모여서 끊임없이 새로운 걸 배우고, 그걸 다시 마을에 나
눈다는 점이다. 그런 시도가 이 마을을 지금처럼 다채롭고 풍요
롭게 만들어주었다.

"조합에는 다양한 사람들이 모여들잖아요. 연령대도 성별도 가치관
도 관심사도 다 조금씩 다른 사람들이 모이다 보니 독서, 운동, 철학,
명상, 몸, 요리 등 다양한 공부 모임이 만들어졌어요. '서로의 가치와
철학을 어떻게 살아낼 것인가' 그런 고민들이 좀 많았다는 생각이
들어요. 그런 공감대 위에서 같이 모여서 공부를 하는 거죠."

그는 이 마을에서 사는 게 너무 재미있다. 심지어 갈등과 어려
움조차도 그에게는 재미의 일부분이다.

"저는 이게 말놀이라는 마음이 있어서 더 재미가 있는 거예요. '내가
생각하지 못한 것을 이 이사님은 이렇게 제안하시네. 그게 더 재미있
겠네.' 라고요. 그러니까 '더 합리적이겠네' 이게 아니라 '아, 기발하
다, 그렇게도 생각할 수 있구나. 그게 더 재밌겠다'라는 생각이 드는
거죠. 저는 이런 만남 자체가 재미있는 것 같아요. 결이 비슷한 사람
을 만나서 얘기 나누고 소통하고 뭔가를 만들어가는 과정이 저한테
는 재미예요."

그는 공동체 안에서 사람들과 같이 호흡하며 살아가고, 그 과정에서 많은 사람들이 자신처럼 재미를 느끼면 좋겠다는 마음이다. '달라서 불편해'가 아니라, 표면적으로는 좀 불편해도 이 다름을 경험하는 게 그는 삶이라고 생각한다.

"저는 결국 이런 과정을 경험하는 게 삶이라는 생각이 좀 들어요. 자신의 전 생애에서 어떤 다름을 받아들이고 그렇게 자신이 깎이기도 하고 그러면서 '내 삶이 좀 재밌네' 하는 것들을 느낄 수 있으면 좋겠어요."

마지막으로 나는 그에게 마을이란 당신의 삶에서 어떤 의미냐고 물었다. 그는 잠시 말을 고르는 듯하더니, 단숨에 대답했다.

"마을은 저에게 신나고 재밌는 곳이에요. 무언가를 할 수 있잖아요, 마을에서는. 내가 하려는 일, 하고 싶은 일에 같이 맞장구쳐주는 사람도 있고. 같이 하자고 해주는 사람도 있고. 나를 아는 사람들, 나에 대해서 선의의 마음을 가지고 있는 사람들이 있으니까 이 사람들 앞에서는 실수해도 되고 까불어도 되니까, 저는 이 사람들이 있는 곳에서 함께 있고 싶은 것 같아요.

저희 아이들 역시 마을 안에서 다양한 사람들을 만나고 함께 자라온

게 아이들 삶에 굉장히 의미가 있었다고 생각해요. 그러면서 저 역시도 삶의 가치가 마을을 중심으로, 사람들과 소통하고 만나는 것을 중심으로 바뀐 거죠. 그 경험들이 제 중년의 삶을 풍요롭게 했다고 느껴요. 그리고 마을은 그냥 거주하는 곳이기만 한 게 아니라 사람과 사람이 이어지는 곳이죠. 사람과 사람이 연결되어서 소통하기도 하고 서로의 삶이 공유되기도 하는 곳이에요. 이것을 통해 각 개인의 인격이나 행동이 변화되는 곳이란 생각이 들어요. 내가 어떤 역할에 매몰되면 책임감이나 의무감으로 삶이 무거워지잖아요. 궁극적으로 한 개인을 생기 있게 만드는 건 이런 만남과 소통이죠. 내가 무언가에 연결되어 있음으로써 내 안에 생명력이 더 북돋고 생기가 도는 것 같아요. 그 역할을 하는 곳이 저는 마을이라고 생각해요. 그래서 재밌어요. 머물러 있는 게 아니라 이 사람을 만나면 또 새로운 걸 생각하게 되고 또 저 사람과 연결되면 새로운 호기심이 생기는 거예요. 그러니까 계속 신나고 생기가 돌고, 움직일 수 있는 힘을 얻는 것 같아요."

자기로부터 우리를 배우다

김은규 * 부산 북구 공동육아

사회적 협동조합 조합장

김은규 선생님은 내 고등학교 은사님이다. 1학년 때 국어선생님으로 만나 3년간 국어를 배웠고, 선생님이 만든 독서모임 '책소아(책으로 소통하는 아이들)'에 참여하며 인문학 공부에 재미를 붙였다. 그 독서모임을 시작으로 부산대 점필재연구소의 인문학 강연에서부터, 공교육의 변화를 모색하는 교사들이 주축이 되어 만든 '바람숲 학교' 캠프와 같은 여러 인문학 프로그램을 두루 경험했다. 덕분에 정규 수업에서는 접하기 어려운 수준 높은 인문학 공부를 학교의 안팎을 오가며 체험할 수 있었다. 돌이켜보면 그것이 지금의 나를 있게 하는 데 큰 영향을 끼쳤으리라 생각한다.

지금과는 달리 당시에는 토요일에 격주로 수업을 했다. 등교하는 토요일엔 독서 동아리 활동을, 쉬는 토요일엔 기차를 타고 밀양 캠퍼스로 가서 인문학 강연을 듣던 건 지금도 인상적으로 남아 있는 학창 시절의 기억 중 하나이다. 어느 여름 방학에는 몇 개의 독서 캠프에 동시에 참가하느라고, 캐리어에 짐을 싸서 며칠 동안을 집 밖에서 보내기도 했다. 동아리 아이들과 시낭송 축제를 준비하고, 기차 타고 청도로 문학기행을 다녀오고, 『전태일 평전』을 읽고 연극을 보러 가고, 한 해를 마무리하는 송년회를 열고…. 지금 생각하면 학창 시절의 그 모든 추억은 '함께'여서 행복했던 것 같다. 내가 배운 인문학이라는 것이, 어쩌면 다른 무엇보다 다른 사람들과 함께하는 기쁨을 배우는 것이 아니었을까 싶다.

고등학교를 졸업한 후에도 선생님과 종종 연락을 주고받았지만, 무엇보다 한동네 주민이 되면서 선생님 소식을 들을 기회가 늘었다. 십여 년 전, 선생님은 첫 아이를 공동육아 어린이집에 보내려고 이 동네로 이사를 오셨다. 그리고 지금은 여섯 가구가 함께 사는 공동주택을 지어 살고 계신다. 마을에서 공동육아로 세 아이를 키우고 있다는 건 이전부터 알고 있었지만, 몇몇 이웃들과 함께 공동주택을 지어서 살고 있다는 소식을 들었을 땐 놀랍고 신기했다. 학교 안에서 보았던 선생님의 모습이 그랬던 것처럼, 학교 밖에서도 선생님의 삶과 행보는 어딘가 좀 다르게 느껴졌다. 그 다름의 동력이 무엇일지 내심 궁금했다. 그러던 중에 어떻게 마을의 활동가들을 인터뷰할 기회가 생겼고, 마침 그 해에 선생님이 부산 북구 공동육아협동조합장을 맡고 있다는 걸 알게 되었다. 이때다 싶은 마음에 선생님에게 인터뷰를 요청했는데, 역시나 흔쾌히 응해주셨다. 늘 그랬듯이 이번에도 선생님은 몇 권의 책을 챙겨 와서 내게 건넸다. 책도 책이지만, 그런 건넴 자체에서 사람을 대하는 선생님의 마음이 따뜻하고 진하게 전해졌다. 사제 간의 관계로 만난 지가 이제 12년이 되었지만, 이렇게 녹음기를 앞에 켜 두고 마주하는 것은 또 다른 느낌이었다. 의외의 기회를 얻어 정답고 귀한 시간을 보냈다.

김은규 선생님은 올해로 11년 차 공동육아협동조합원으로 지내고 있다. 그런 꾸준한 역할 말고도 선생님은 여러 분야에서 크고 작은 사회적 책임을 다하고 있었다. 학교에서는 혁신부장을 맡고 있었고, 부산 북구 공동육아 사회적 협동조합장을 비롯해 전교조 부산지부 북부지회장까지 여러 조직에서 중책을 맡고 계셨다. 그중에서도 특히 혁신부장 일에 가장 큰 에너지를 쏟고 있다고 했다. 공교육 안에서 새로운 교육을 모색하는 혁신학교는 입시나 지식 전달 위주의 수업을 지양하고, 학생들이 그들의 삶과 연계된 공부를 할 수 있도록 도와주는 역할을 한다. 새로운 패러다임의 교육을 실천하는 것이니만큼, 그저 하던 대로의 방식으로 이루어지는 수업과는 달리 교사에게도 상당한 준비와 노고를 요구한다. 그럼에도 교사의 노고만큼 아이들이 변화하는 걸 지켜보는 그 보람은 말로 표현하기 어려울 정도라고. 선생님은 세속적인 이해가 중심이 되는 공교육의 한 중심에서, 삶과 분리되지 않는 공부, 공동체의 구성원으로서 더불어 살아갈 수 있는 교육을 실천하려는 노력을 한 번도 포기한 적이 없다. 그리고 그런 노력들은 그의 일상이나 생활과도 결코 어긋나지 않는 것처럼 보인다. 그는 교사로서 전교조라는 교육 공동체의 가치관을 따라왔고, 아버지로서 공동육아협동조합의 한 일원이 되어 양육의 공동체를 함께 꾸려왔다. 그리고 그 모든 것의 출발점에는 그가 유년을 보냈던 마을공동체의 기억이 깊숙이 영향을 미치고 있다. 선생님은 바로 그 이야기부터 들려주셨다.

마산 집성촌에서 보낸 유년

마산 농어촌 동네에서 태어난 선생님은 분교에 다니던 초등학교 시절을 '뭘 배웠다기보다는 실컷 놀았던' 시기로 기억했다. 담임 선생님과 함께 양봉을 하거나 바닷가나 산에 가서 노는 게 일과였다고 한다. 아버지가 일찍 돌아가시고 어머니가 생계를 책임지시느라 바쁘셨지만, 외로움을 느낄 새가 없었다. 마을 어른들과 육촌 누나들의 보살핌을 받으며 정서적으로 부족함 없는 생활을 할 수 있었기 때문이다. 자연과 사람에 둘러싸인 풍요로운 유년의 체험은, 훗날에 그를 자연스레 공동육아조합에 동참하게끔 이끌었을 것이다.

"당시만 해도 학교 행사랑 마을 행사를 거의 같이했어요. 운동회 날이면 마을 주민들 다 같이 모여서 어른들은 축구하고 아이들은 달리기 하고 그랬죠. 평소에 부모님들은 다들 농사나 어업 일로 바쁘셨고 아이들은 또래끼리 어울려 놀았어요. 학교 마치면 늘 가방 던져놓고 "야 놀러 가자~" 해서 꿩게 잡으러 가거나 낚시하거나 산에서 뛰어 노는 게 일이었죠. 초등학교 4학년 때까지 그렇게 놀았어요. 집성촌에서 살았으니까, 놀다가 아무 집에나 가도 다 밥을 챙겨주셨거든요."

어릴 적 선생님은 내향적이고 조용한 아이였다고 한다. 타고난 성향도 있었지만 아버지가 일찍 돌아가신 영향도 있었다. 혼자 힘든 일을 하는 엄마를 지켜보면서 여동생들을 보살펴야 하니 일찍부터 조숙해진 것이다. 섬세한 감수성 때문에 어린 시절부터 줄곧 '암되다'라는 말을 들으며 컸다. 그래서인지 혼자서 조용히 책을 읽는 것을 좋아했고, 그 상상의 세계 속에서 느끼는 아늑함을 즐겼다. 분교에서 본교로 옮긴 초등학교 3학년 무렵, 선생님으로부터 연극을 해보지 않겠느냐는 제안을 받았다. 그것이 책의 세계에 빠진 계기였다.

"책을 읽고 그 책으로 연극을 만들어서 하는 활동이었어요. 그렇게 책을 보기 시작했는데 너무 재밌는 거예요. 그때 책 읽는 진짜 재미를 알게 된 것 같아요. 당시에는 독서 카드라는 게 있었는데, 3학년 1학기 말에는 독서왕으로 뽑히기까지 했어요. 그러다가 4학년 이후로는 좀 더 도전적으로 읽기 시작했는데, 언젠가부터는 도서관 책들이 시시해지더라고요. 그 시절에는 책 장수들이 교실로 찾아오기도 하고 그랬는데, 그때 뭣도 모르고 책을 산다고 영수증을 끊어서 집으로 책 전질이 배달된 적도 있어요. 엄마한테 엄청 혼은 났지만, 전질이 생긴 덕분에 책을 원 없이 읽을 수 있었어요. 초등학교 4, 5, 6학년을 그렇게 보냈어요."

그는 학교 선생님의 제안으로 나간 웅변대회와 글쓰기 대회에서 상을 받으며 읽고 쓰는 재미를 느끼기 시작했다. 본교로 전학 가서 의기소침해 있던 시기에, 그 상들은 그에게 자신감을 심어주었다. 중학교 때 만난 국어 선생님은 국어를 너무 재미있게 가르치셨고, 그 선생님을 보면서 국어 교사의 꿈을 갖게 되었다. 어머니는 아들이 전문계고에 가기를 바랐지만, 교사의 꿈을 이루기 위해 그는 인문계에 진학했다. 하지만 생각처럼 공부가 손에 잡히지 않았다고. 방황의 시간을 보내다 1학년 겨울방학부터 마음을 다잡고 공부에 매진했다고 한다. 도시락 두 개를 싸 가서 밥먹는 시간을 빼고는 오직 공부에만 몰두하던 그 진력의 시간을 통해 성취의 기쁨을 알게 되었다. 그렇게 원하던 대로 사범대 국어교육과에 입학했고, 마침내 교사의 꿈을 이루게 되었다. 그가 처음 발령받은 학교는 사상구에 있는 모동중학교였다. 꿈을 이뤘지만 학교 현장은 생각했던 것과 많이 달랐다.

국어교사로서 만난 공동체 '전교조'

"막상 국어 교사가 되고 보니, 교실에 들어가 수업을 하는 게 너무 힘들었었어요. '이런 수업을 통해서 애들이 뭘 배울까?' 싶은 거예요. 시험 답안을 풀기 위한 지식을 전달하는 수업만 하고 있으니 계속 자괴감만 쌓이는 거지. 이렇게 가능성이 풍부한 아이들을 데려다 놓고서는, 정말 의미 있는 수업은 하지 못하고 있다는 생각이 드니까, 도대체 대한민국에서 학교란 뭔가 싶더라고요."

그런 자괴감 때문이었는지 선생님은 학교 안에서 주어진 일에 머무르기보다, 자꾸 움직이며 새로운 일을 시도했다. 그렇게라도 해야 선생인 것 같고, 사는 것 같았기 때문이다. 첫 학교에서 도서관 리모델링을 도맡아 진행한 것도 그런 이유에서였다. 학생들에게 더 좋은 도서관에서 책을 읽히고 싶다는 마음으로, 정해진 예산 안에서 직접 리모델링 설계도를 짜고 업체랑 소통하며 그 일에 매달렸다.

"전문가의 도움을 받았으면 좀 더 편했을 텐데, 그런 거 없이 설계나 도면, 배치도 다 직접 하면서 고생을 많이 했어요. 그래도 보람은 엄청 컸죠. 도서부 아이들이랑 같이 도서관을 새로 만들어간 거라 더 보람됐어요. 아이들 의견도 많이 듣고, 책 구입할 때도 같이 하고요.

아이들이 책 꺼풀을 입히자 해서 그 많은 책들을 다 입혔던 기억도 나요. 완성되고 나서 거기서 아이들하고 1박 2일 캠프도 하고 이런 저런 활동도 했어요. 아이들이랑 글 읽고 무언가를 하는 그런 공간, 그런 시간이 나한테는 되게 많이 필요했고 의미가 있었어요. 그것이 교사로서의 자존심이기도 했고. 월급 받는 것에 대한 면죄부 같은 거 였죠."

그것 말고도 학생들과 방과 후에 여러 활동을 했다. 같이 농구 하고 밥도 먹고 야간 산행도 다녔다. 아이들을 데리고 대학 도서 관과 지역 도서관을 다니며 독서 동아리 활동도 했다. 처음 교단 에서 만난 제자들인 만큼 더 돈독하고 각별했다.

"그때 아이들하고 되게 좋았어요. 그 아이들 가운데 한 명이 시집갈 때 주례를 서 달라 해서 내가 서 주기도 했지."

그 무렵 전국 국어 교사 모임도 만났다. 학교 안에서 혼자 힘 으로 해결할 수 없는 문제들로 답답함과 갈증을 느끼던 선생님 에게 그 모임은 단비 같았다. 그곳에서 자기와 같은 고민을 갖고 서 나아갈 방향을 모색하고 실천하는 멋진 선배 교사들을 많이 만났다. 수업과 학급 운영, 상담과 동아리 활동 등 선배 교사들을 보며 많은 걸 배우는 시간이었다.

"근무를 시작하고는 학교 안에서 구조적인 문제나 교사 집단 내 부조리한 일들도 많이 만났어요. 답답했죠. 교무회의에서 문제제기를 했다가 공격받기도 하고요. 이런 문제를 얘기하고 해결헤기는 데는 개인의 자각된 힘만으로는 쉽지 않겠다 싶더라라고요. 불가능한 건 아니지만 그것이 좀 더 집단적인 목소리여야 실질적인 변화를 이룰 수 있겠단 생각이 들어서 전교조에 들어간 거죠. 당시에 같이 했던 분들이 다들 훌륭했어요. 배울 게 참 많았어요."

같은 학교에 근무하던 전교조 선생님들과 가깝게 지내며 동료애를 싹틔웠다. 닮고 싶은 사람들과 학교 안팎에서 부지런히 움직이며 배웠다. 그것으로 이 일의 공허함을 조금이나마 해소했다. 하지만 중학교와 전문계고를 거쳐, 인문계고에 발령받은 후에는 이전과 또 다른 종류의 자괴감을 느껴야 했다.

"모동중학교에서는 아이들이랑 독서신문 같은 것도 만들고 또 자동차고에서는 전세 계약서, 자기소개서 쓰기, 이런 것들을 가르치기도 했거든요. 그런데 금곡고에 오니까 이제 국어 교과서를 빠트림 없이 진도 나가야 하고, 보충수업은 계속 문제 풀이만 해야 하고. 다 주입식으로, 강의식으로 수업하는 게 되게 힘들었어요. 재미도 없고, 아이들에게도 미안하고. 사실 고등학교 때 저는 수업을 안 들었어요. 그냥 문제 풀이만 하는 걸 내가 뭐 하러 들어, 이렇게 생각했어요. 근데 정작 내가 교사가 되어서 나도 안 들었던 그런 수업을 하고 있는 거야. 아이들이 안 들을 걸 뻔히 알면서. 시간 때우기 한 거지. 안 들으면 안 듣는다고 윽박지르고. 인간적으로 참 그렇더라고요."

이곳에서 느끼는 답답함은 이전 학교에서와는 질적으로 달랐다. 숨구멍이 필요했다. 일률적인 교과 수업 말고 무엇을 더 할 수 있을까. 그는 아이들과 독서 동아리를 만들어보면 어떨까, 하고 생각했다. 입시 위주로 돌아가는 인문계 고등학교에서 과연 그게 가능할까 싶었지만 용기를 냈다.

"가만히 생각해보니 저는 사람을 통해서 배우는 것도 있지만 책읽기를 통해 배우는 게 되게 컸거든요. 내가 그랬으니 우리 학생들도 그렇지 않을까 싶어서 독서모임을 꾸렸어요. 그때 부산대 점필재연구소랑 함께 인문독서교실을 시작하게 됐는데, 거기 나가는 선생님들 보니까 독서 동아리 애들을 데리고 가더라고요. 그래서 나도 애들을 좀 모아봤죠. 설득도 하고. 자발적으로 모인 애들도 있고요."

이전까지 단발성으로 독서 동아리를 운영한 적은 있어도 제대로 모임을 꾸려보기는 이때가 처음이었다. 독서 토론에 관심 있는 아이들을 모아 '책으로 소통하는 아이들(책소아)'이라는 동아리를 만들었다. 2010년도의 일이다. 내가 참여했던 그 독서 동아리다. 우리는 등교하는 토요일마다 책을 읽고 모였다. 고미숙, 김한수, 정혜신, 신영복, 윤지강, 홍세화, 장하준, 조영래, 이왕주, 이란주, 위화…. 이들의 책을 읽고 토론하고 글을 썼다. 정규 수업을 마친 후 교실에 둘러앉아 각자 챙겨온 반찬을 모아 비빔밥을 만들어 먹고 토론하던 토요일의 풍경은 지금도 선명하다. 인터넷에 카페를 만들어 글을 올리고 서로의 글에 댓글을 달던 일, 방학을 맞아 캠프에 참여해서 늦은 밤까지 마피아 게임을 하고 무서운 이야기를 나누던 일, 교내 시낭송 축제를 무사히 마친 후 동아리 아이들과 문학기행을 다녀왔던 일들이 모두 학창시절의 즐거운 추억이다. 선생님에게도 그 모임은 고무적인 기억으로 남아 있었다.

"책 읽고 글 쓰는 활동을 교과와 상관없이 해본 경험이 별로 없었기 때문에 나한테는 새로운 과제 같은 거였어요. 해보니까 아, 이게 되는구나 싶었어요. 물론 모두가 다 그렇게 했던 건 아니지만, 여러 학생들이 책 읽고 생각이 변화하고 확장하는 걸 직접 확인하게 되니까, 정규 수업 시간에 책 읽기를 좀 더 적극적으로 끌고 들어올 수 있는 에너지가 생긴 거죠."

당시 동아리를 이끌며 어려운 점은 없었는지 질문하자 선생님은 책을 구입하는 과정에서의 번거로움을 말씀하셨다. 예산 지원을 받을 수 없으니 당연한 일이었다. 선생님은 사비로 책을 주문한 뒤 아이들에게 책값을 받는 식으로 운영하셨는데, 지금 떠올려 보면 선생님에게 책값을 제대로 전해드렸는지조차 까마득하다. 아이들에게 책값을 받기도 했겠지만 선생님이 감당한 비용도 적지 않았을 것이라 짐작한다.

내가 학창 시절 바라본 선생님은 언제나 기꺼이, 기쁘게 품을 내어 재미있는 일을 꾸미고 아이들에게 손을 건네는 사람이었다. 그 모습에서는 주어진 대로만 사는 사람에게서는 발견하기 어려운 어떤 생기가 느껴졌다. 나는 선생님이 끊임없이 공부하고 새로운 일에 도전하는 그 에너지와 동력이 무엇일지 궁금했다. 선생님은 두 가지 이야기를 들려줬다. 첫째는 자신의 부족함을 누구보다 잘 알고 있다는 것. 그 사실을 알기 때문에 계속 공부할 수밖에 없다고 했다.

"그리고 사실 배우지 않으면 가르칠 수가 없어요. 교사는 가르치는 자가 아니라 배우는 자인 거죠. 무언가를 계속 배워야, 내 속에 뭔가 가득 차 있어야 아이들한테 어떻게든 영향력을, 변화의 씨앗들을 뿌릴 수 있지. 내가 가진 게 없다면 아무것도 안 되는 거죠."

두 번째 이유는 주위에 좋은 선배들이 많았기 때문이라고.

"선배들을 보니 나도 그렇게 되고 싶은 거에요. 그런데 그분들도 다 똑같이 얘기해요. 자기들도 좋은 선배들, 닮고 싶은 교사들을 따라서 계속 배웠다고요. 서로 거울처럼 바라보면서 닮으려고 노력하는 것 같아요."

부모로서 만난 공동체 '공동육아협동조합'

선생님이 부산 북구 공동육아조합을 알게 된 건 전교조에서 만난 어느 선생님을 통해서였다. 아이를 공동육아 어린이집에 보내고 있는 선배 교사로부터 도시에서 이런 경험을 할 수 있다는 게 얼마나 좋은지 모른다는 말씀을 듣고 관심이 생겼다. 아내도 이미 공동육아에 대해 알고 있었다고 한다. 금곡동에서 첫 아이를 낳고 키우던 그는 화명동의 단오 잔치에 참여하면서 이곳에서 아이를 키우고 싶다는 생각을 하게 되었다.

"여기서 단오 행사가 있대서 그때 마침 첫 아이가 돌이 안 됐을 때라 아이를 안고 다녀왔어요. '아, 도시에서 동네잔치를 이렇게도 하네?' 싶었죠. 이 마을을 더 관심 있게 보게 됐어요. 어렸을 때 마을에서 잔치하던 게 떠오르더라고요. 그때만 해도 마을 사람들이 한 가족처럼 서로를 속속들이 잘 알고 교류하며 지낼 때니까 늘 집에 사람들도 많이 오가고 북적북적했어요. 동네 집에서 돌아가면서 마을 잔치하고 이런 게 일상이었거든요. 단오 축제로 이 마을에 관심을 갖게 된 뒤에 맨발동무도서관도 가보고 하면서 그렇게 공동육아도 시작하게 됐어요. 자연 속에서 함께하는 놀이나 교육, 또 어른들이 함께 만들어가는 공간이라는 게 매력적으로 다가오더라고요. 굉장히 도전적이잖아요. 그냥 주어진 조건에 내 아이를 맡기는 게 아니라 우리가 같이 만들어가는 거니까. 아이한테도 되게 좋을 것 같았지만 저도 재밌을 것 같아서 해보고 싶었어요."

그는 특히 아이들이 자연과 가까이에서 생활한다는 것과, 정형화되지 않은 놀잇감들과 친해지는 것을 좋게 보았다.

"저는 집에 장난감 없이 컸는데, 나뭇가지나 돌멩이 이런 것들이 다 놀잇감이 되는 게 되게 좋았어요. 요즘 장난감은 어떻게 가지고 놀아야 하는지가 다 정해져 있잖아요. 그런데 천 조각 같이 비정형화된 놀잇감은 가지고 놀다가 지루해지면 계속 다른 것들로 변형할 수 있어요. 집이 됐다가 배가 됐다가 텐트가 됐다가 난리거든. 공동육아에서 추구하는 게 내가 어릴 때 놀았던 거랑 비슷하구나 느꼈고, 제 유년이 저에게는 따뜻한 기억으로 남아 있기 때문에 아이한테도 그런 경험을 주고 싶었던 거죠."

그렇게 2012년, 공동육아협동조합원이 되어 10년 차에는 공동육아협동조합장을 맡았고, 지금까지 조합원으로 지내고 있다. 공동육아협동조합은 보통 학부모들이 아이가 공동육아 어린이집이나 초등 방과후학교를 졸업하면서 조합원도 졸업하는 구조다. 공동육아에 다니는 자녀 수가 많으면 자연히 부모가 조합원으로 지내는 햇수도 길어진다. 그도 역시 세 아이를 양육하면서 10년이 넘는 시간 동안 타인과 부대끼며 함께 살아가는 일을 매년 새로이 경험하고 있다고. 그는 오래 경험했다고 해서 이 일이 더 쉬워지는 건 아니라고 했다. 여러 시행착오를 거쳐 겨우 합이 어느 정도 맞춰지면 곧 졸업할 시기가 되는 데다가, 매년 새로운 조합원이 들어오는 구조이기 때문이다. 공동육아를 경험한 많은 사람들이 입을 모아 말하는 것도, 바로 여기에서 비롯되는 관계의 어려움이다. 어른이 되어 누군가와 이만큼 밀접한 관계에서 삶을 공유하기란 드문 경험일 테니 당연한 일일 것이다. 선생님역시 그 어려움을 피해 갈 수 없었다.

"경험해보니 처음에는 너무너무 재밌었죠. 와, 어디 가서 내가 이렇게 다양한 어른들을 만날까 싶은 거예요. 저는 교사다 보니 밖에서 만나는 사람도 대개가 다 같은 교사들인데, 여기는 직업군도 다양하니까 그 점도 너무 좋았죠. 아이도 재밌게 놀면서 잘 크고 있는 것 같고, 어른들끼리도 너무 재밌고. 그러다가 힘든 건 이제 갈등이 생길 때죠. 해마다 갈등이 있더라고요. 그런 갈등으로 조합을 탈퇴하는 경우도 생기고요. 대부분의 갈등은 육아를 바라보는 관점의 차이에서 오는 경우가 많고, 아이들 사이의 문제가 어른들 싸움이 되기도 하고요. 여긴 아이도 부모도 교사도 다 얽혀 있으니까요."

그 과정에서 예기치 못한 경험도 했다. 선생님이 갈등 관계의 당사자가 된 것이다.

"한 번은, 공동육아조합원 되고 나서 2년 차쯤 되었을 때 내가 가해 자가 된 적이 있어요. 조합원 중에 내가 보기에 공동육아가 아닌 관점을 추구하는 사람이 있었어요. 11월인가 그 사람이랑 만나서 이야 기하다가 "야, 너 그럴 거면 나가라" 이 말을 해 버린 거지. 사실 그런 말은 해서는 안 될 말이고, 내가 생각한 공동육아라는 것도 정답은 아닌데, 같이 만들어가야 하는 건데 그런 말을 해 버린 거죠. 그때 많 이 혼란스러웠어요. 그전까지 저는 공동육아가 정답이 있다고 생각 했거든요. 그 일을 겪으면서 다시 또 배우고 생각하게 됐어요. 공동 육아는 같이 만들어가는 거다, 하는 걸 다시 배우고 마음에 새긴 시 간이었죠. 그리고 그때까지 저는 옳은 소리는 그냥 해도 되는 줄 알 았어요. 그런데 그게 아니라는 걸, 표현이 참 중요하다는 걸 그때 또 알았죠. 그때 정말 힘들었거든요. 우리 때문에 누군가가 조합을 나갔 다, 이렇게 표현이 되니까 많이 힘들었어요."

그 일을 겪으며 마음고생도 많았지만 배운 것도 많았다. 함께한다는 건 서로의 다름을 조율해나가는 과정이고, 그 과정에 절대적으로 옳은 것이란 없으며, 상대에게 내 생각을 표현하는 데에도 세심한 고민과 훈련이 필요하다는 걸 깨달았다. 공동체의 문제는 공동체가 풀어가는 게 중요하다는 사실을 깨달은 것도 큰 배움이었다.

"이런 어려움이 있을 때 사실 공동체의 문제는 공동체가 풀어가는 게 맞는데, 이걸 당사자 문제로만 접근한 건 대단히 좀 아쉽죠. 올해도 조합 안에서 이런 갈등이 좀 있었는데, 저는 그때의 아쉬움이 막 생각나는 거에요. 분명히 그 둘은 개인적으로 너무 힘들 텐데, 이걸 개인의 갈등으로만 가져가면 이들은 더 힘들고, 우리 조합도 성장하지 못 하겠다는 생각이 들더라고요. 올해 제가 조합장을 하면서 이사회 회의를 할 때 이건 우리에게 주어진 과제고 이걸 잘 풀어가는 게 우리가 성장해나가는 길이라는 이야기를 좀 했죠. 그리고 여기서는 표현을 안 할 수가 없거든. 표현을 하다 보면 밑바닥이 보여. 표현을 하면 뭐든지 다 드러나게 돼 있죠. 그래서 입을 닫고 있는 사람은 진짜 모르겠어요, 어떤 사람인지. 여기는 어쨌든 표현해야 하는 곳이니 자신이 드러날 수밖에 없고, 드러났을 때 그 사람을 있는 그대로 존중해주면서 무언가를 새롭게 만들어가는 문화가 필요하다고 생각해요."

그에게 공동육아는 사회운동의 일환이기도 하다. 내 아이를 잘 키우고자 하는 마음에서 시작했지만 그게 내 아이 혹은 우리 아이에서만 그치기보다는 동네 아이들로까지 나아가야 한다는 생각이다. 함께 사는 마을을 더 나은 문화로 일구어가는 일도 공동육아에 포함되는 일인 셈이다.

"이번 방학 때 화명초등학교 도서관에서 자원봉사를 했어요. 거기 있으면 아이들을 자주 봐요. 온종일 돌봄 교실이라고, 방학 때 맞벌이 가구의 아이들인 거죠. 우리 아이들 같은 경우에도 공동육아 시설이 아니면 여기서 하루를 보내게 되겠죠. 사실 공동육아에는 돈도 많이 들거든요. 아이 한 명당 한 달에 30만 원 이렇게 들어가니까. 경제적으로 지불할 능력이 되니까 이렇게 하고 있는 것이기도 하거든요. 근데 나는 이 공동육아가 사실 사회운동이라고 생각해요. 육아 시설 자체가 이렇게 가야 한다고 생각하는 거지. 공동육아가 단순히 내 아이만 잘 키우자가 아니라, 우리 동네 아이들을 잘 키우고, 이런 마을의 문화를 지속되게 하자는 관점이 있어요. 저 역시 그런 관점으로 공동육아를 하고, 여기서 주어진 역할들을 하고 있어요. 조합 내에서는 '우리 조합이 마을에서 단오 행사를 주최해야 해?' 이런 논의들도 있거든요. 올해도 있었는데, 사실은 행사하는 게 쉬운 일은 아니죠. 그런데 우리 그래도 좀 하자, 이런 쪽으로 이야기를 하게 되는 건, 우리 아이들만 잘 키우자고 이런 걸 하고 있는 건 아니니까요. 마을에 이런 문화가 필요하다, 마을의 전통문화에 또 마을 정체성 유지에 아주 의미가 있는 일이다, 라고 설득하죠. 그래서 저는 공동육아를 사회운동이라고 생각해요. 물론 학교에서도 공교육이 있지만 공교육은 많은 부분 변화하고 혁신해야 되거든요. 저도 공교육 현장에 있는 교사로서 계속해서 그런 노력을 할 수밖에 없고, 그런 주장을 할 수밖에 없어요. 내가 이런 데 관심이 있기 때문에. 좀 더 괜찮은 교육 환경을 만들어서 우리 아이들이 더 나은 조건에서 배우고 누렸으면 좋겠고, 결국 우리 아이도 공교육 현장으로 가야 하는 거니까요."

안전한 공동체를 공부하다

선생님은 자신의 실수와 실패의 경험을 배움의 토대로 삼아 나아갔다. 동료 교사들과 함께 안전한 공동체를 위한 공부를 시작한 것이다. 여기에는 공동육아조합원으로서의 경험이 큰 자양분 역할을 했다.

"공동육아는 애들만이 아니라 어른을 키워줘요. 여기서 여러 갈등을 경험해 보니, 다른 사람과 관계를 맺는 것, 내 의견을 표현하는 것, 갈등이 생겼을 때 그걸 풀어나가는 것, 이런 것에 대해 관심이 생겨요. 사실 학교에서 교사와 교사 간에 갈등이 생길 일은 그리 많진 않거든요. 내 일만 하면 되니까. 또 교사와 학생이 갈등을 겪을 일도 그리 많지 않아요. 어쨌든 대등한 관계는 아니니까. 그러니까 교사로서 직장 생활하면서 내면적으로 좀 갈등을 겪을지는 몰라도 사람들이랑 갈등을 겪을 일은 별로 없거든요. 그런데 공동육아를 하다 보면 갈등의 소지들이 많죠. 그러다 보니 갈등이 생기지 않도록 하는 것도 중요하지만 갈등이 생겼을 때 어떻게 해결할 것인가에 대해 공부하게 되더라고요. 그래서 학교에서 '회복적 생활교육'이라고 안전한 공동체를 유지하고, 위기나 갈등이 닥쳤을 때 어떻게 해결할 것인가를 공부하고 있어요."

올해로 3년째 진행 중이라는 이 공부 모임은 지난날의 갈증과 답답함, 한계의 경험들에서 비롯된 것이라 할 수 있다. 처음 모인 여섯 명의 교사는 모두 공동육아를 경험했던 사람들. 그 말은 이들 모두 공동체 안에서 적지 않은 갈등을 경험해본 데다, 그 갈등을 제대로 해소하지 못한 아쉬움을 가지고 있다는 뜻이다. 그 때문에 모두 안전한 공동체에 대한 관심도, 공부에 대한 열의도 컸다. 공부를 하다 보니 이 구성원만으로는 안 되겠다는 생각에 한국 평화 훈련원에 도움을 요청했다고 한다. 그렇게 전문 연구진들의 도움을 받아 공부를 하면서 한 달에 한 번씩 워크숍을 진행해왔고, 방학 땐 연수를 받는다. 학급 담임 선생님들은 학급 아이들과 안전한 공동체를 공부하고 나눈다. 학생들 사이의 갈등이나 학교 폭력 문제, 교사와 학생의 갈등까지 다 공부의 주제다. 현재 공부 모임의 회원은 60여 명으로 늘었다.

"우리 여섯 명이 집행부인데, 우리끼리 그런 얘기를 하죠. 우린 다 공동육아를 해 봤기 때문에 갈등의 그 지긋지긋함을 잘 안다고. 우리가 그걸 제대로 풀지 못했기 때문에 결국 여기까지 왔다면서, 그런 얘길 해요."

지난 겨울방학 때는 일주일 동안 30시간씩 갈등 조정 과정을 훈련했다고 한다. 그 과정이 쉽지만은 않았다. 실제로 해 보니 갈등이 더 증폭되면서 크고 작은 어려움들이 가시적으로 튀어나왔다. 하지만 '못 하겠다'는 마음을 넘어서니 '아 가능하겠다' 싶어지는 지점도 보였다. 소기의 성과였다. 이전에는 이론이나 연수 중심의 공부였다면 이제는 학교에서 적용할 수 있는 방법을 만들어보는 쪽으로 계속 시도하는 중이라고 했다. 지금은 다른 곳에서 강연 요청이 들어오면 기꺼이 그 공부의 소출을 나누기도 한다고. 지난한 갈등을 경험하고는 공동체에 손사래를 칠 법도 한데, 오히려 그것을 제대로 공부해보겠다는 마음으로 모임을 꾸려서 지속적으로 운영해나가는 모습이 꼭 선생님답다고 생각했다.

"그나마 지금 공동육아조합에서 살아본 건 교사로서도 큰 도움이 되는 것 같아요. 그런데 대부분 이런 건 우리가 훈련을 받지 않았잖아. 그러니 서툴 수밖에 없죠. 나는 공동육아를 하면서 대화나 회의, 갈등의 상황에 워낙 많이 노출되다 보니까 어쨌든 여기서 각자가 성장하는 지점이 분명히 있고, 그것이 공동체의 성장으로도 이어지면 참 좋겠다고 생각해요. 근데 사람들은 늘 바뀌니까. 그래서 해마다 비슷비슷한 갈등들이 반복해서 생겨나죠."

공동육아를 시작하고 얼마 후, 마을에서 공동주택을 짓는다는 소식이 들려왔다. 공동주택에서의 삶은 아내가 먼저 원했다. 처음엔 큰 관심이 없던 선생님도 아내의 말을 듣고 긍정적으로 고민하기 시작했다. 생각해 보니 어린 시절 일하는 엄마 밑에서 자랐어도 한 번도 심심하거나 보살핌을 못 받는다고 생각한 적이 없었다. 자신을 품어준 마을의 존재 덕분이었다. 여섯 가구가 함께 살아가는 공동주택을 선택한 건 그 이유가 가장 컸다.

"돌아보면 나는 되게 안정적으로 지지받고 지원받으면서 따뜻한 유년을 보냈는데, 그건 엄마와 보낸 사소한 시간들도 있지만 나와 같이 놀아줬던 그 많은 친구들, 형들, 누나들, 할머니들의 존재가 컸어요. 그리고 어딜 가도 먹을 걸 챙겨줬던 동네 어른들, 그분들이 내 삶을 풍요롭게 했다고 저는 생각해요. 우리 아이들도 그런 경험을 하면 좋겠죠. 그런데 도시에서 그런 걸 누리긴 쉽지 않잖아요. 물론 공동육아를 하고 있고, 그 안에도 많은 어른들이 있지만 일상에서 늘상 만나는 건 아니거든요. 같이 산다는 게 내가 생각하던 대로 될지 안

될지는 모르지만 일단 한 번 해보자, 하는 마음으로 뒤늦게 동참하게
됐어요."

새로운 시도 앞에서 큰 망설임보다 그저 해보는 것. 그것이 선
생님이 살아온 삶의 방식이었다. 일단 부딪혀보자는 마음으로
공동주택의 일원이 되었지만 타인과 함께 사는 일은 역시나 쉽
지 않았다.

"내가 제일 중요하게 생각하는 것, 제일 가까운 사이는 마음 편히 밥
먹을 수 있는 사이예요. 식구가 그렇잖아요? 한 가구 정도만 가까웠
고 나머지 다섯 가구는 밥 먹는 사이는 아니었는데, '밥 먹는 관계로
갈 수 있겠지?'라고는 생각했죠. 그 가능성을 믿었는데 이게 참 쉽지
않다는 걸 느꼈죠. 각자가 그리는 꿈이 달랐던 거예요. 사는 방식도
다르고요. 갈등을 겪으면서 자기 마음을 드러내는 것에 굉장히 어려
움을 겪는 사람도 있고요. 결국은 적당한 거리를 찾아 나서는 거죠.
그래서 처음 생각했던 것하고는 좀 차이가 있어요."

거리를 두고 지냈더라면 몰랐을 크고 작은 차이들이 함께 지
내는 시간 속에서 어김없이 드러났다. 다름은 당연한 것이지만
늘 그렇듯 그 다름을 조율하고 갈등을 풀어가는 과정은 지난하
고도 어려웠다. 그래서 결국 공동주택을 떠난 가구도 생겼다. 서

로가 생각하는 공동체에 대한 그림이 달랐던 것이다. 선생님은 공동육아에 이어 공동주택을 통해서도 또 한 번 관계의 어려움을 몸소 겪어내고 있었다. 어쩌면 당연한 일일 것이다. 거리를 두고 지내기에 모를 뿐, 함께하려고 거리를 좁히다 보면 생각의 차이로 인한 문제는 언제나 따라오기 마련이니까. 함께하는 데서 오는 즐거움만큼이나 피로 또한 피할 수 없는 것이다. 마을은 서로 다른 사람들이 모여서 새로운 시너지를 뿜어내는 곳인 동시에 그 다름으로 인해 끊임없이 충돌이 빚어지는 공간이기도 하다. 그럼에도 이 세상을 나 혼자서만 살아갈 것이 아니라면, 함께 살아가는 일에 동반되는 수고로움을 감당할 줄 아는 힘도 필요하다. 그것이 그가 공교육 현장에서 학생들과 함께 배워가고 싶은 귀한 공부이기도 하다.

"우리 어렸을 때 마을에 보면 동네 꼽추도 있고 술주정뱅이도 있고 말 못하는 벙어리도 있고 공부 잘하는 형도 있고 아주 어르신 같은 점잖은 분도 있고, 싸움꾼도 있고…. 정말 다양한 사람들이 살았어요. 그렇게 다양한 사람들을 지켜보며 자랐고, 그 사람들을 차별하지 않고 보듬어주는 게 공동체고 마을이라고 생각했어요. 뭔가 단절되었다거나 유리되어 있다는 느낌이 별로 없었죠. 그런데 도시에서 살면서는 단절과 어긋남을 계속 경험하잖아요. 그래서 저는 화명 대천천을 중심으로 마을을 하나의 공동체로 엮어주는 조직, 공간, 활동가들이 있다는 것이 얼마나 소중하고 귀하게 여겨지는 줄 몰라요. 그래서 저는 공간이 아주 중요하다고 생각해요. 마을을 마을답게 하는 역할을 하는 공간 말이에요. 일단 사람들이 모일 수 있는 공간이 있으면, 거기서 '뭔가 우리 한 번 해보자'가 돼요. 옛날에 마을에서 사람들이 모여서 놀다 보면 '다음번에는 누구 집에서 돼지 잡나!' 이렇게 자연스레 동네잔치가 벌어지기도 했거든요. 그러니까 사람들이 모여서 작당을 모의하고 일을 벌일 수 있는, 시골의 마을회관 같은 공간이 정말 중요한 거예요. 그래서 동네 주민으로서 맨발동무도서관이나 마을학교나 마을밥상이나 이런 커뮤니티가 되게 소중하죠. 이곳에는 직장 생활하던 어른이 방향을 틀어서 마을 활동가로도 살아볼 수 있고, 요리를 잘한다고 하면 그 재능을 살려서 마을에서 판매할 수도 있고, 이런 걸 시도해볼 수 있는 공간들이 되게 많은 거죠."

마지막으로 선생님께 어린 시절부터 경험해 온 공동체 중 가장 기억에 남는 것이 무엇인지 물어보았다. 선생님은 시기마다 경험한 공동체들이 다 달랐다며, 그 중 어느 한 가지가 아니라 그 모든 경험이 지금 이 삶의 튼튼한 토대가 되었다며 말을 이었다.

"아무래도 역할에 따라 조금씩 다른 것 같아요. 어렸을 때는 당연히 고향 마을이었죠. 유년기에 부족할 수 있는 부분을 채워준 게 마을이니까요. 그리고 교사로서 나를 성장시킨 곳은 당연히 전교조였고요.

전교조에 정말 훌륭한 선생님들이 많았어요. 그분들의 영향을 많이 받았죠. 어쩌면 좁아질 수 있는 삶을 조금 더 풍요롭게 해줬어요. 그 다음에 부모로서는 확실히 공동육아협동조합에서 많이 성장했어요. 부모로서 어떻게 살아가야 할지는 우리가 살면서 한 번도 배워본 적이 없잖아요. 그런데 여기서는 '부모 됨'에 대해 배우기도 하고 또 다양한 부모의 모습을 보게 되는데, 그걸 보는 것만으로도 내가 배울게 있더라고요. 배울 점도, 버릴 점도 배우게 되죠. 부모로서도 그렇고 어른으로서도 동네에 살면서 동네 형님들, 형수님들, 동생들이 있으니까 힘든 일이 있거나 고민이 있을 때 같이 밥 먹으면서 얘기 나눌 수 있는 사람들이 있어서 인생이 외롭지 않구나, 그런 생각이 들어요."

선생님의 삶의 모토는 '다르게 살자'이다. 그에게 다르게 산다는 건 어떤 것일까.

"난 그냥 주어진 일을 하는 데에 썩 재미가 없어요. 스스로 고민하고 선택해서 하는 일이 더 재밌어요. 그때 내가 좀 더 살아있다는 걸 느껴요. 그래서 이런 제안이 오면 물러서지 않고 하게 되죠. 물론 나도 피하는 것들도 있어요. 근데 이 정도는 내가 해낼 수 있다, 그리고 도와주는 사람들도 분명히 있으니까 하는 것 같아요. 나에게 다르게 사는 일이란 내가 일단 재미있고 내 삶에 도움이 되는 것. 내가 하는 일이 가치 있다고 느끼고 거기에 만족하는 삶 같아요. 이렇게 사는 것도 괜찮네, 라는 걸 아는 거지. 나한테 다르게 산다는 건 남들과 구별되는 게 아니라 그냥 나 스스로의 자존감이 높아지는 삶 같아요. 나로 사는 것. 내가 내 삶을 주체적으로 이끌어가면서 사는 것 말이에요."

다시, 새로운 시작

손유진 * 제로웨이스트샵 '지구숲' 점주,

화명2동 주민자치회 사무국장

'씨앗이 숲을 이룰 때까지, 지구숲.' 이것은 화명동의 복합 문화 공간 무사이 내에서 운영 중인 제로웨이스트샵 '지구숲'의 슬로건이다. 2021년 5월 문을 연 지구숲은 오랜 기간 먹거리와 생태 활동을 해온 손유진 씨가 퇴임 후 마을에서 새롭게 시도한 일 중 하나이다. 기후 문제에 관심을 갖고 일상의 작은 것에서부터 나름의 실천을 이어가고 있는 이웃이 꾸려가는 곳이라 하니, 더 마음이 가고 궁금했다. 무사이에 볼일이 있어 들어갈 때면 입구 자리를 지키고 있는 이곳 역시 거르지 않고 꼭 들르게 된다. 필요한 제로웨이스트 용품을 구매할 수 있어 편리하기도 하지만, 잠시 놓치고 살던 것들을 다시 생각해 볼 수 있게 해주니 더욱 좋다. 그는 동료들과 지구숲을 운영하는 일 외에도 대동에 있는 텃밭을 일구면서, 인근 초등학교에 텃밭 수업을 나간다. 여기다 화명2동 주민자치회의 사무국장으로까지 일하고 있으니 퇴임 이후를 오히려 더 바쁘게 지내고 있는 셈이다.

나는 맨발동무도서관에서 '길 위의 인문학' 프로그램 강사로 유진 씨를 처음 만났다. 당시 그는 아이쿱 생협 이사장이자 식생활교육북구네트워크 대표, 퍼머컬처(Permaculture) 디자이너로 활동하고 있었다. 유진 씨는 모두 여섯 번의 강좌를 통해서 기후위기 시대에 우리가 일상에서 실천할 수 있는 여러 가지 방법들을 세심하게 알려주었다. 시의적절하고 유용한 강의 내용도 좋았지만 꿀랩과 빗자루, 허브스틱, 씨드밤 등 일상에서 손쉽게 활용할 수 있는 대안 생활재를 직접 만드는 과정도 재미있었다. 프로그램 기록 담당자로 2년간 그의 강의를 듣고 정리하면서, 자신이 알게 된 걸 하나라도 더 나누려고 하는 그의 마음과 열정을 고스란히 느꼈다. 어쩌면 그 강의로 배운 건 실용적인 정보라기보다, 자신이 배우고 알게 된 걸 부지런히 실천하고 나누는 그 태도였는지도 모르겠다. 강사로만 익숙했던 유진 씨를 다시 만난 건 작년 9월이다. 오랜 조직 생활을 마무리한 뒤에, 마을에서 새로운 일들을 꾸려가는 그의 또 다른 모습이 궁금해 인터뷰를 요청했다. 여름과 겨울이 끝나갈 무렵, 우리는 무사이 모임방에서 만났다. 육아와 생협 활동가로 바쁘게 보냈던 한 시기를 매듭짓고, 이제 새로운 삶의 길 앞에선 그의 이야기에 깊이 빠져들었다.

퇴임 이후, 마을에서 삶의 길을 모색하다

마을에서 활동하는 여러 이웃들이 그런 것처럼, 유진 씨 역시 공동육아협동조합 어린이집에 아이를 보내면서 이 동네 주민이 되었다. 그의 삶에서 큰 비중을 차지해온 건 생협 활동이다. 아이를 낳고 나서 우연히 알게 된 아이쿱 생협에서 그는 물품위원장부터 이사, 상임이사, 부이사장, 이사장까지 맡아서 긴 시간을 생협의 조직원으로 일해 왔다. 이사장직을 끝으로 생협 활동을 마무리한 후, 지금은 마을을 거점 삼아 새로운 일들을 모색 중이다. 그 중심엔 '자연과 가까운 삶'이라는 그의 오랜 신념이 자리하고 있다. 텃밭에 있을 때 가장 마음이 편해지고 농사 이야기를 할 때 가장 생기가 돈다며, 스스로를 '지구 농부'라고 소개한 데서도 유진 씨가 추구하는 삶의 지향을 엿볼 수 있었다. 조직에 속해 있을 땐 자신을 직함으로 소개하는 데 익숙했지만, 이제는 그런 것 말고 정말 자기가 지향하는 말로 스스로를 소개하고 싶었다고. 그런 고민 끝에 찾아낸 것이 '지구 농부'였다.

"누구든 심각한 고민거리나 힘든 순간이 있잖아요. 그럴 때 밭에 와서 몸을 움직이고 혼잣말도 하다 보면 마음이 단순해지면서 어떤 일이든 받아들이게 되더라고요. 어제도 어떤 자리에서 저를 소개할 일이 있었는데 지구 농부라고 그랬어요. 아직 미숙하지만, '땅을 보살피면서 먹을거리를 기르는 사람'이 되고 싶은 마음이 있어요. 현재로서는 나를 소개하는 말로 가장 마음에 들어요."

최근 몇 년간 그에게 중요한 화두는 '퇴임 이후의 삶'이었다.

이사장 임기를 끝낸 후에도 조직에 남아있는 것은 현실적으로 어려운 일이다. 직장생활을 끝내고 나와서도 당당히 제 삶을 꾸려가는 모습을 보여주고 싶었다. 그것이 함께 일했던 동료들에게도 자신의 뒤를 이을 후배들에게도 부담을 주지 않는 일이라고 생각했기 때문이다. 지금이야말로 자신이 늘 말해오던 더 생태적인 삶, 적게 벌고 적게 쓰는 삶을 구체적으로 실현해볼 수 있는 적당한 때라는 생각이었다. 그래서 임기를 끝내고 마을 안으로 더 깊숙이 들어왔다. 화명2동 주민자치회의 사무국장직 제안이 들어오자 큰 고민 없이 초대 사무국장 역할을 맡았고, 퇴임한 해에 오픈한 마을의 복합 문화 공간에서 제로웨이스트 샵도 열었다.

"저는 퇴임 이후에는 이제 마을 안에서 이웃들과 함께 할 수 있는 일들을 해나갈 생각이었어요. 조직에서 요구하는 활동이 아니라 저 스스로 원하는 활동을 마을에서 해보고 싶었거든요. 이사장으로서 일할 때 했던 말들을 이제는 생활 속에서 제 삶으로 일치시키고 싶었던 것 같아요. 생협에 있을 때 우리는 사람을 뽑는 데 학력은 보지 않겠다고 했었거든요. 그러니 저 역시 학벌을 위해서 제 아이에게 사교육을 엄청 시키거나 그러고 싶지 않았어요. 적게 벌어서 적게 쓰며 살 수 있다고 말하고 다녔으니, 퇴임 후에는 그런 삶을 직접 실천해보려고 했던 거죠. 그런데 그게 생각처럼 쉽지는 않네요. 활동만 잘하면 되는 곳에서 있다가 이제는 기반이 되는 조직 없이 움직이려니, 무슨 활동을 하려 해도 어려움이 있더라고요. 조직 안에서 지낼 때보다 더 주체적으로 살다 보니 역량이 쌓이는 것도 있지만 그만큼 시간적으로는 바빠지기도 했어요."

이사장이라는 무거운 역할 하나를 내려놓았고 긴 시간 몸담았던 조직 생활을 정리했지만 마을에서의 하루하루도 바쁘긴 매한가지다. 그는 요즘의 일과가 생협 활동가로 지낼 때보다 훨씬 더 빠듯하다고 말한다. 그런데 이야기를 나누다 보니 자꾸만 그의 복장에 눈길이 갔다. 이날도 그는 역시나 멋진 베이지색 점프수트를 입고 왔다. 환경을 위해 할 수 있는 일들을 하나씩 찾아 실천 중이지만, 여전히 자신에게는 절제하기 어려운 영역이 패션이라고. 그런 유진 씨가 작년부터는 옷 소비를 줄여보고자 공적인 자리에서 입는 옷을 정해두고 계절마다 단벌을 고수해오는 중이라 했다. 그해 맨발동무도서관에서 진행한 길 위의 인문학 강좌 때도 그는 늘 같은 옷을 입고 왔다. 유진 씨는 이런 변화가 이웃들과 함께 활동하는 우리 마을이어서 가능한 것이라고 말한다.

"이사장을 계속하고 있었다면 이 옷을 입고 전국을 다니진 못했을 것 같은데, 그나마 마을이어서 가능한 것 같아요. 맡고 있는 직함이 그리 근엄하지도 않고요. 그런 의미에서 이사장직을 내려놓으니 훨

썬 자유로워진 면이 있어요."

조직에서의 생활은 즐거운 만큼 답답하기도 했다. 자리에 어울리는 옷을 입고 발언하고 행동하기를 바라는 사회적 시선이 압박처럼 느껴질 때가 많았다. 그 과정에서 개성을 중시하고 통통 튀던 그의 성격도 점점 무난해졌다. 다른 사람들의 시선에 자신을 맞추어 살아가다 보니 언젠가부터 본래의 자기를 잃어간다는 느낌을 자주 받았다고. 그러니 지금이야말로 그에겐 긴 시간 자신을 규정해 온 역할과 직함으로부터 벗어나, 본래 자신의 모습으로 자유롭게 살아보는 그런 시간이기도 한 셈이었다.

자연과 함께한 유년, 그리고 퍼머컬쳐

퇴직 후 유진 씨 삶에서 중요한 화두는 '생태적인 삶'이다. 지구 생태계와 공존하는 법을 고민하고 실천하는 삶은 생협 활동가로 지낼 때부터 줄곧 그의 관심사였다. 그중에서도 그가 빠진 분야는 퍼머컬쳐. 관심 없는 사람에게는 생소할 법한 이 용어는 'Permanent'와 'agriculture'의 합성어로, '지속 가능한 농업 문화'라는 뜻을 가지고 있다. 그는 퇴임 2년 전 우연히 퍼머컬쳐를 알게 되었다. 그동안 자신이 지향해온 가치관과도 맞아떨어졌고, 앞으로의 삶에도 의미 있는 방향을 열어줄 것이라는 기대로 단숨에 이 분야에 빠져들어 공부하기 시작했다. 퍼머컬쳐가 보여주는 삶의 방향에 그토록 공명할 수 있었던 건 그것이 자신에게 친숙하고 또 편안한 유년의 기억과 닿아 있었기 때문이다. 그의 삶에서 지금까지 일관되게 가져왔던 신념의 밑바탕엔, 자연 속에서 평안함과 풍요로움을 느꼈던 유년의 기억이 자리하고 있다. 경상남도 창녕에서 태어난 그는 시골에서 소 풀 먹이고, 친구들과 뛰어놀고, 자연 속에 있는 온갖 것들을 의심 없이 먹으며 자랐다.

"어릴 땐 시골에서 풀 베서 소죽 끓이고, 고구마 캐 먹고 과일들 따 먹으면서 컸어요. 학교 다녀오면 소 몰고 나와서 풀 먹이고 잠시 풀어두고는 잔디밭에 누워서 하늘 보고, 그게 일상이었어요. 그러다 잠깐 딴생각하고 있으면 소가 어디 가버리고 없는 거죠. 그 시절엔 소가 엄청난 자산이잖아요. 놀라 울면서 집에 가면 소가 우리 집에 와 있고 그랬어요. 소가 정말 영특한 동물이라는 걸 그때 많이 느꼈어요. 또 그 당시에 이랴 이랴 하면서 소를 때리는 걸 보고는 때리지 말라고 막 울었던 기억도 나요. 제가 그렇게까지 착한 건 아니었는데 그런 감수성이 있었나 봐요. 퍼머컬쳐를 만났을 때도 저에게 익숙한 거니까, 따로 노력하지 않아도 이미 많이 알고 있는 분야니까, 그래서 저에게 더 깊이 다가온 것도 있는 것 같아요."

온 자연이 먹을거리였던 유년기의 습성이 몸에 밴 탓인지 이런 일화도 있었다고 한다. 사람들과 함께 숲으로 워크숍을 갔는데, 주위를 막 둘러보고 있으니 한 활동가분이 그에게 '어디 따 먹을 데 없나, 하고 보는 눈빛'이라며 농을 건넸다고. 그때 그는 자기 속마음을 들킨 것처럼, 그 시선이 너무 정확해서 놀랐다고 했다.

"정말 그렇거든요. 소 먹이러 가서도 늘 망개나 이런 거 따먹고. 산비탈에 고추밭이 있었는데, 고추가 갈색일 때가 정말 달아요. 초록과 빨강을 섞은 갈색일 때 고추를 반 갈라서 씨앗을 털면 덜 맵거든요. 그걸 간식으로도 많이 먹었어요. 먹을 수 있는 풀도 뽑아먹고, 고구마도 캐 먹고, 당근은 별로 안 좋아해서 안 뽑아먹었죠.(웃음) 그렇게 자연이 주는 풍요로운 먹을거리들을 통해서 자연과 인간의 관계에 대해서 많이 배우고 깨닫게 되었던 것 같아요."

부유하진 않았지만 그래도 풍요로운 자연이 있어 그는 배곯지 않고 유년을 보낼 수 있었다. 그리고 시간이 지나도 고갈되지 않는 자연의 이미지를 마음속에 품고 살아갈 수 있었다.

"유년 시절에 대해 그다지 많은 기억을 갖고 있진 않은데, 자연과 함께한 기억들은 지금까지도 생생하게 남아있어요. 학교에서 소풍 갈 때 선생님이 업어서 강물을 건너 준 기억이라든지, 마을에 모여 줄지어서 깃발 하나 들고 산 넘어 학교로 등교하던 기억이라든지. 학교 뒤뜰 보리밭에서 보리밭 밟고 잔디 씨 훑어오고 송충이 잡아 오고, 모 심기 할 때 막걸리 배달하고…. 그런 것들이 아늑하고 정겨운 기억으로 떠올라요."

특히나 그에게 시골의 빈 논은 떠올릴 때마다 기분이 좋아지는 풍경이다.

"저는 제일 마음이 좋아지는 풍경이 빈 논이에요. 벼를 베고 나서 노랗게 그루터기만 남아 있는 빈 논이 어릴 때 제 놀이터였거든요. 나락이랑 벼 쌓아둔 볏단 속에 들어가서 놀았던 기억들, 또 논에서 쥐불놀이 한 기억들이 저한테 좋은 추억으로 남아 있어요."

시골에서 자란 이들이 그렇듯 유진 씨도 자연스레 부모 일을 도울 때가 많았다. 늘 본인 담당이었던 소 꼴 베는 일을 자주 하다 보니 낫질에는 도가 틀 정도였다고.

"두 부류가 있는 것 같아요. 저처럼 어릴 때 시골에서 일을 많이 했지만 그 기억들이 좋아서 다시 돌아가고 싶은 그리움으로 갖고 있는 사람, 그게 아니면 너무 일을 많이 해서 이제는 쳐다도 보기 싫은 사람.(웃음) 저는 그 일들이 익숙하고 편안하고, 몸은 고되어도 좋았어요. 지금도 그렇거든요."

창녕에서 살다 초등학교 때 부산으로 이사를 왔다. 아버지가 일찍 돌아가셨고 가정 형편이 어려워 근심 많고 침울한 유년을 보냈다. 아버지를 여의고 어머니마저 아프다는 말을 입에 달고 사시니 어린 마음에 무서울 때가 많았단다. 꿈꾸고 도전하길 좋아하는 성격이었지만 어린 시절엔 좀처럼 그런 생각을 가질 수가 없었다며 그는 말을 이었다.

"엄마가 '아야 아야' 하시는 걸 정말 진심으로 받아들였던 것 같아요. 엄마가 정말 빨리 돌아가실 것만 같았어요. 그러니 앞날이 암울한 거죠. 꿈을 가질 수 없었어요. '앞으로 뭘 해야지' 이런 생각을 아예 못 했어요. 그 영향 때문인지, 제 아이에겐 되도록 부모의 근심을 그대로 전하지 않으려고 조심하는 부분이 있어요. 무난하고 평탄한 가정에서 자라야지만 앞으로 뭘 하고 싶다, 아이가 그런 꿈도 키울 수 있는 것 같아서요."

진주와 부산에서 공동육아와 생협을 만나다

시골에서 보낸 유년의 경험 덕에 자연은 그에게 친숙하고 편안한 대상이었지만 도시 생활을 하다 보니 그 기억들과는 점점 멀어지게 되었다. 결혼 후 아토피로 고생하는 딸을 키우면서부터 자연과 먹거리에 다시 관심을 기울이게 됐다. 아이가 어릴 때, 남편 직장을 따라 이사한 진주에서 공동육아협동조합을 접했고, 그곳 조합원이 되면서 자연스럽게 생협의 존재도 알게 되었다. 이사 후 터를 잡은 진주 금산은 농민 운동의 발상지였고, 마을 모임에 나오는 조합원의 대부분은 진주 여성회 등에서 활동하는 사람들이었다. 그곳에서 그는 얼결에 모임장 역할을 맡았다. 모두들 바빠서 마땅히 맡을 사람이 없는 상황에서 어쩌다 그렇게 된 것이었다.

"조합원 교육을 받으러 갔더니 저 혼자밖에 없어서 결국 이사장하고 독대해서 교육을 받았어요. 그때 이사장이 우리나라 종자 얘길 하면서 씨앗 상품화 문제를 열띠게 이야기하시더라고요. 제가 그 영향을 받은 거죠. 제가 좀 곧이곧대로 받아들이는 성향이 있거든요.(웃음) 아무튼 그렇게 먹거리 문제에 관심이 생겨서 조합원 활동도 하게 되었는데, 모임 리더를 뽑으려니까 다들 바쁜 거예요. 여성회장이어서 안 된다, 뭐 해서 안 된다, 그러다가 신참인 저한테까지 '할래?'하는 뜻밖의 제안이 온 거죠. 그래서 나는 할 수 있긴 한데 컴퓨터를 잘 다

루지 못해서 보고서를 작성하기가 어렵다고 했어요. 그러니까 자기들끼리 좀 고민을 하더니 '그러면 보고서는 돌아가면서 작성하자'고 이야기가 돼서 제가 장을 맡게 된 거예요."

진주 생활에 적응해가던 차에 남편이 직장을 옮기며 다시 부산으로 돌아왔다. 부산에서도 공동육아조합원이 되고 싶어서 알아보니 두 군데가 있었다. 그중 한 곳인 부산 북구 공동육아협동조합이 있는 화명동에 어느 날 볼 일이 있어 오게 되었는데, 그때 대천천을 따라 걸으며 이 동네로 이사 와야겠다는 마음을 먹었단다.

"그날 화명동에 약속이 있어서 좀 일찍 도착해 대천천을 걸었어요. 어릴 때 시골에서 보던 버들강아지가 많더라고요. 어릴 때 그거 자주 따먹었거든요. 그걸 보는 순간 '아, 이 동네에서 살아야겠다'는 생각이 들었어요. 진주도 살기엔 좋았는데 여기처럼 바로 앞에 천이 흐르진 않았거든요. 여기 오니 너무너무 좋았죠."

그렇게 부산 화명동으로 이사와 부산 북구 공동육아 협동조합원이 되었다. 진주생협에서 마을지기 했던 경험을 살려서, 부산 지역의 생협에서는 물품위원장을 맡았다. 그때부터 유진 씨는 차근차근 단계를 밟으며 일을 해왔다. 상임이사를 맡으면서는 기획과 행사가 너무 재미있어 아무리 바빠도 힘든 줄을 몰랐다. 가슴이 뛰었다. 어린 딸의 유년 시절도, 가족끼리의 여행도 다 생협 활동과 함께 보냈다고 할 만큼 전국 각지를 돌아다니며 즐겁게 일했다.

생협에서 물품위원장으로 활동할 때는 생산지를 자주 방문했다. 그 시기는 농장과 농사, 그리고 생산자에 대한 선입견을 깨뜨리는 중요한 공부의 시간이었다. 충남 예산의 돼지 농장을 방문한 어느 날에는 돼지들이 햇빛 목욕을 즐기고 있는 모습을 봤다. 눈앞에서 직접 보니 돼지가 감수성 있는 동물이라는 말이 무슨 뜻인지 와 닿았다고 한다. 게다가 항생제를 먹지 않은 돼지의 똥은 냄새가 심하지 않다는 것도 알게 되었다. 그 똥이 미생물에 의해 발효된 후 다시 밭으로 돌아가 거름이 된다는 것도 배웠다.

"제가 시골에서 자랄 때만 해도 농사는 못 배운 사람들이 짓는다는 인식이 컸거든요. 그런데 생협 활동하면서 만난 생산자분들은 유학도 다녀오시고 공부도 깊이 하시고, 멋진 분들이 정말 너무 많은 거예요. 그때 농업에 대한 편견들을 많이 깨뜨렸어요."

생협 활동을 통해 공부한 것들이 밑바탕이 된 데다, 퍼머컬쳐를 알게 되면서 그는 자연스럽게 퇴임 이후에 살고 싶은 삶의 방향을 정하게 되었다.

"한 조직에 20년 가까이 있었다면 그 조직에 제 인생을 거의 다 바쳤다고 할 만하지 않겠어요. 그렇다고 해서 내 권리를 주장하거나 미련을 버리지 못하고 자꾸 간섭을 하면 어떻게 되겠어요. 그래서 저는 퇴임 이후의 삶이 중요하다 생각했어요. 나름의 역할을 끝내고 난 뒤에, 또 다른 일에서도 잘 적응하며 살아가는 모습을 보여주는 게 중요한 일 같더라고요. 공적으로 내 활동을 이어가는 모습을 보여주고 싶었는데 퍼머컬처, 농사로 그 길을 찾은 거죠. 내가 붙잡은 일이 어릴 적부터 나에게 친근하고 또 내가 좋아하는 일인데다가, 그게 하필 기후위기와 맞물려서 지금 시대에, 환경에 더없이 중요하고 의미 있는 일이라고 하니까 더 좋았어요."

소비자에서 생산자로: 마을 농부와 지구숲

어느덧 '소비자'라는 말은 우리 사회에서 익숙한 단어가 됐다. 늘상 쓰이는 말이니 문제의식을 가질 새도 없었는데, 유진 씨의 생각은 달랐다. 그는 사람을 소비자로 규정하는 그 말이 어딘가 불편하다고 했다. 기후위기 시대에는 적게 쓰고 절약하는 걸 넘어서 생산하는 삶으로 돌아가야 하는데, 소비자라는 말은 은연중 사람들에게 소비를 부추기는 듯 느껴지기 때문이라고.

"저는 사실 사치하는 것도 좋아하는데, 형편이 나빠지면 탁 줄일 수 있는 사람이거든요. 어릴 때 가난한 삶을 겪어봐서 그게 몸에 배어 있어요. 이렇게 소비라는 건 내가 안 하고 싶으면 안 할 수 있어야 하잖아요. 그런데 국가가 국민들에게 소비자라는 이름을 다니까 마치 소비하지 않으면 살 수 없는 것처럼 느껴지더라고요."

그는 소비보다는 생산하는 삶을 살고 싶었다. 그러다 보니 작가, 만화가, 가수, 화가, 이렇게 자신의 재능으로 무언가를 만들어내는 사람들이 부쩍 눈에 잘 들어왔고 그들이 부러웠다. '나는 무엇을 생산할 수 있을까?' 고민해보니 자신이 제일 자신 있는 건 땅을 살리고 먹거리를 길러내는 일이라는 생각이 들었다. 무언가를 생산하고자 하는 그의 욕구가 퍼머컬쳐와도 맞아떨어지면서 그는 그 길에 더욱 확신을 갖게 되었다.

"내가 그들을 따라서 재능 없는 글을 쓰거나 그림을 그릴 순 없는 거잖아요. 그래서 나는 내가 제일 자신 있는 걸로 생산자가 돼 봐야겠다, 생각한 거죠."

퍼머컬쳐는 자연의 방식을 모방한 농법이다. 인위적인 것들을 걷어내고 자연의 원리를 충실하게 따르는, 생태적이고 영속적인 농업을 가리킨다. 퍼머컬쳐 알게 된 그는 시간이 지나면서 배운 걸 적용해보고 싶다는 마음이 생겼다. 마침 마을 이웃에게 땅 나눔을 받게 되어서, 몇몇 사람들과 대동 밭에 모여 농사를 짓기 시작했다. 실제로 농사를 지어보니 역시 이론으로 배우는 것과 현실은 다르다는 걸 깨달았단다.

"땅 나눔 받고 실제로 해보니까 그냥 책으로 배울 때랑은 확실히 다르더라고요. 내가 지금 발 딛고 있는 이 대동이라는 지역의 땅에 잘 적용하는 게 중요한 거라는 걸 배웠어요. 이 밭은 이런 작물이 잘 되고, 이건 잘 안되고…. 이런 시행착오의 시간을 몇 년은 보내야 되는 것 같아요."

그는 농사를 짓기 시작하면서 수시로 밭을 찾았다. 땅과 가까운 존재로 살다 보니 그의 삶에도 몇 가지 변화가 찾아왔다. 이전보다 날씨에 훨씬 더 민감해졌고, 땅에 대한 감각도 달라졌다. 땅은 도시인들이 아니라 농사짓는 사람들이 소유해야 한다는 주장에 그 역시 공감하게 되었단다. 또 하나는 농사짓기 이전에 비해 확실히 삶이 더 풍요로워졌다고 느낄 때가 많다는 것. 손수 키운 작물들을 주변 이웃들과 나누는 기쁨도 농사의 즐거움 중 하나다. 그는 말한다. '텃밭 하는 사람은 나누지 않고는 배겨날 수 없다'고.

"호박철에는 호박 지옥에 빠지니까 매일 매일 호박을 먹지 않으면 그걸 혼자 다 감당할 수 없거든요. 산 건 다 먹지 못하고 버릴 수도 있지만 밭에서 수확한 건 버릴 수가 없으니 나눌 수밖에 없는 거죠. 그런 면에서 보면 이전보다 이웃들과 나눌 수 있는 게 많아서 제 삶이 더 풍요로워졌다고 느껴요."

혼자 다 먹지 못하는 수확물은 이웃들에게 나눠주기도 하고 마을밥상협동조합에 납품하기도 했다. 마을 안에 판로가 있으니 좋은 점도 많지만 고민되는 지점도 있다.

"가격을 매기려니까 너무 고민스러운 거예요. 생산물이라는 게 균일한 맛을 낼 수 있는 게 아니잖아요. 호박같이 덩어리로 된 작물은 갈랐을 때 상태가 어떨지도 알 수 없고. 또 내가 들인 노동력에 대한 대가를 어떻게 매길지도 고민되고요. 마을에서 아시는 분들이 먹으니까 맛에 대한 부분도 더 신경 쓰이더라고요."

퍼머컬처에서는 먹거리를 건강하게 길러내는 일뿐 아니라, 사람이 먹을 수 있는 건 충분히 먹어서 쓰레기가 되지 않도록 하는 것도 중요하게 여긴다. 잘 먹는 것이 우리에게 주어진 소명인 것이다. 그래서 그는 직접 수확한 농산물을 잘 나누고, 잘 먹기 위해 무진 더 애를 쓴다. 요즘 그의 고민은 무리하지 않고 즐겁게 지을 수 있는 적정한 농사 규모를 찾는 일. '내가 손을 움직이는 만큼 짓는다'는 모토를 중심에 두고, 무리하지 않는 선에서 밭을 일구고 그 소출을 이웃들과 나누며 살고 싶다고 한다. 그는 또 농사를 지으며 이전보다 더 부지런한 사람이 되었다는 것이 마음에 드는 변화라고 했다.

"지금도 기억나는 것 중 하나가 초등학교 생활기록부에 담임 선생님이 '게으르다'고 적었던 거였어요. 어렸을 때 저는 가정 형편이나 집안 환경 탓에 좀 암울한 아이였는데, 그 말을 보니까 충격적이더라고요.(웃음) 지금 주변 사람들은 제가 부지런하다고 놀라거든요. 전날 바쁜 일이 있어서 엄청 피곤했는데도 눈을 뜨자마자 밭에 나가요. 텃밭은 제 에너지를 갉아먹기보다는 더 활기차게 만드는 곳이라 그런 것 같아요. 주변 사람들로부터 부지런하다는 소리를 자주 들으니까 이전의 상처가 조금은 상쇄되는 느낌이에요. 텃밭은 저를 부지런하게 만들고 또 보살피는 마음을 더 기르게 하니까요. 텃밭에 있으면 화나는 일이 잘 없어요. 이전보다 분노할 일도 줄어든 것 같고, 마음가짐이 좀 달라진 것 같아요."

퍼머컬처의 연장에서 시작한 것이 제로웨이스트샵 지구숲이다. 그는 쓰레기를 줄이는 삶을 넘어 이 지구와 평화롭고 건강하게 공존하는 방법을 고민하면서 '지구숲'이라는 이름을 정하게 되었다며 설명했다.

"퍼머컬쳐는 자연의 방식을 모방해서 가급적 인위적으로 힘을 들이지 않는 자연스러운 농법이에요. 그렇게 하면 가뭄과 폭우 등 기후변화에도 적응할 수 있는 강한 작물로 키울 수 있거든요. 자연을 본래의 상태로 내버려 뒀을 때 빈 땅에 풀이 제일 먼저 날아오고, 그다음에 풀들이 크면 관목이 생기고 이러면서 결국 숲을 이루거든요. 그래서 제로웨이스트샵을 열 때 '숲'이라는 글자는 꼭 넣고 싶더라고요. 부제를 고민하다가 '씨앗이 숲을 이루기까지, 지구숲'이렇게 정하게 됐어요. 처음엔 '쓰레기를 적게 만드는 습관, 지구숲'이라고 했는데, 제로웨이스트를 쓰레기에만 국한하고 싶지 않더라고요. 공정무역 품목을 넣은 것도 그런 생각의 연장이에요. 저는 공정무역이 생산자들에게 있어서는 생계가 달린 문제라고 얘기하거든요. 공정무역이란 게 그 생산자들에게 좀 더 나은 삶을 만들어주자, 이런 생각도 물론 포함되겠지만, 그보다는 생산자들이 우선 세끼 밥을 먹을 수 있고 기본 생활이 되게 하는 것에 중점을 둬요. 공정무역을 통해서 그들에게 자기 삶의 터전을 떠나지 않고서도 살아갈 수 있는 경제적 기반을 만들어 줄 수 있다는 거죠."

제로웨이스트샵을 열기 전에는 푸른바다아이쿱생협 조합 사무실 한 켠에서 삼베 수세미 같은 대안 생활재를 판매하기도 했다. 그 경험을 통해 이 업계가 생각만큼 수익 내기가 어렵다는 걸 일찌감치 알고 있었다. 그럼에도 이 활동의 목적이 자신이 중요하다고 생각하는 삶의 가치를 공유하고 또 함께 실천하자고 독려하는 것이었기에 그런 것은 그리 문제가 되지 않았다.

"제로웨이스트샵을 차리면서 생각했던 모든 예산이 제로웨이스트 물품 비용으로 들어갔어요. 작은 가게 특성을 이해하시고 '필요한 만큼 신청해주세요.' 이러면 좋은데, 사업체들은 거의 최소 수량이 정해져있거든요. 수익까지는 아니더라도 지속 가능한 수준은 되어야 하는데, 적자가 누적되니 고민이 되는 거죠. 그동안은 열정에 취해서 그런 생각이 안 들었는데, 지금은 '이대로 계속 갈 수는 없겠다' 하는 생각이 들기도 해요."

아무리 좋아서 하는 일이라 하더라도 손해를 감수하면서까지 하긴 어렵다. 그는 이 일로 큰돈을 벌겠다는 마음은 전혀 없지만 최소한의 활동비는 마련해야 지속 가능하게 꾸려 갈 수가 있겠다는 생각은 한다.

"제가 "돈은 상관없어요." 라고 말할 때 그 상관없다는 기준은 매달 20만 원이라는 벌이를 기준으로 하는 거거든요. 최소한 그 정도는 되어야 이 일을 꾸준히 즐겁게 할 수 있을 것 같아요. 쉽지는 않겠죠. 이 일을 지속할 수 있을 만큼만 되면 좋겠어요."

일반 사업체가 아니다 보니 고민해야 하는 부분도 많다. 제로웨이스트샵이라는 정체성이 있으니 간판부터 홍보, 품목까지 세심하게 신경을 써야 했다.

"제로웨이스트샵이다 보니 홍보지도 안 만들고, 간판은 샵인샵이다 보니 당연히 없고요. 제로웨이스트를 지향한다면서 뭔가를 많이 팔려고 홍보하는 게 옳은 일인가, 하는 생각이 들 때도 있어요. 시작해 보니 생각보다 신경 써야 할 부분들이 많더라고요."

제로웨이스트샵을 운영하면서, 환경을 위한 일상 속의 작은 실천도 꾸준히 이어가고 있다. 대표적으로는 우유갑을 재활용하는 일이다.

"작년에 저스트빈 사장님께 우유갑을 자원으로 설명 드렸더니, 이거 해서 돈 버냐고 물어보시더라고요. 저희가 그냥 활동으로 한다고 하니까 그때부터 저희한테 기부해주시거든요. 그분이 손을 다쳐서 요즘은 찢어서 펼쳐주진 못하고 그냥 말려주시면 저희가 가위로 오려서 하고 있어요. 작년에 1년 치를 모아서 휴지 세 롤을 주민 센터에 기부했어요. 우리가 활동비를 받고 활동하던 시절하고 다르니까 스스로 해결해야 할 부분은 그렇게 해내야 하는 것 같아요."

마을에서 살아가다

화명2동 주민자치회의 사무국장을 맡은 것도 퇴임 후 마을에서 활동을 이어가려는 계획의 일환이었다. 사무국장 일이 무보수이다 보니 선뜻 나설 사람이 없어 보였고, 본인이 자발적으로 나선다면 좋은 선례가 될 수도 있겠다고 생각했다.

"2년 정도는 경제적인 부분에 너무 매달리지 않겠다는 마음이었기 때문에, 즐겁게 할 수 있겠다는 생각이 들었어요. 다들 자치회가 처음이니까, 마을에 존재하는 기존 공동체와 일반 주민들을 연결하는 일 정도를 하지 않겠나 예상했었고요. 기존의 마을 공동체는 사실 활동가 위주, 참여하는 사람들 위주로 꾸려지다 보니 일반 주민들의 감수성이 궁금하기도 했어요. 자치회는 주민들이 주도하는 것이지만 기존 공동체의 역량을 필요로 하는 부분도 있어요. 주민들이 공동체에 다가서기 어려운 벽을 느낀다면, 자치회를 통해 소통하고 말할 수 있으면 좋겠다, 자치회가 그런 통로가 되면 좋겠다고 생각했어요. 그런데 자치회라는 게 마을의 여러 단체가 다 들어와 있고 저마다의 이해관계가 엮여 있는 곳이다 보니 조심스러운 부분이 크더라고요. 주어진 활동에 집중하는 기존의 공동체 활동과는 달리, 자치회는 관을 비롯해 서로 다른 단체들과 다양한 주민들을 아울러 '협치'를 이뤄내야 한다는 점에서 어려운 점이 많았어요. 사람도 다르고, 사용하는 말도 다르고, 또 자치회가 이제 막 만들어져서 모양을 갖춰나가는 시기이다 보니 새로 정비해야 할 일도 많았고요. 그전에 조직에 있을 때와는 달리, 여기 와서는 회의 날짜 조율부터 사소한 것까지 하나하나 의견을 물어야 하고, 의사결정의 과정에 있어서 고려해야 할 것들이 많더라고요."

사무국장 일은 생각했던 것보다 어려운 점이 많았지만, 그래도 그는 이 과정을 통해 마을을 좀 더 깊이 경험할 수 있었다. 무엇보다 마을 공동체의 울타리 너머에 있는 또 다른 사람들에 대해 다시 생각할 수 있게 되었단다. 서로 다른 생각과 입장들 속에서 저마다의 생활을 꾸려가고 있는 주민들의 그 다채로움이야말로 이 마을의 가능성이라고 그는 말했다.

"단체마다 갖고 있는 고유함, 그 다양성이 대천마을의 힘이 아닐까 싶어요. 저는 공동체에서 활동해온 사람인데, 자치회를 하면서는 공동체에 속하지 않은 주민들도 자주 만나게 돼요. 그러면서 공동체 바깥의 사람들에 대해서 새롭게 생각해보게 되는 거죠. 이처럼 자치회가 생기면서 공동체 너머의 사람들과 어떤 관계를 만들어 나갈 것인가 더 진지하게 생각해보게 된 것 같아요."

그런 고민들과 함께 공동체 안팎의 주민들이 보다 폭넓고 풍요로운 삶의 가능성을 열어갈 수 있을 것이다. 서로 달라서 갈등이 생길 수도 있지만, 오히려 그 때문에 더 다양한 관계 속에서 새로운 만남과 공유의 기회가 펼쳐질 수 있게 되는 것이 아닐까.

"마을에 살면서 좋은 점은, 내가 상상하고 실천할 수 있는 범위가 넓어진다는 거예요. 밭을 열심히 가꿔서 생산물이 조금 남았어요. 그럴 때 '언니야 먹을래?' 하면서 대부분은 가까운 지인을 통해 나누었는데, 마을에 밥상 같은 협동조합이 있다 보니 이제는 나누는 범위가 더 넓어지게 되더라고요. 제로웨이스트샵도 마찬가지예요. 사실 무사이라는 공간이 있어서 제가 제로웨이스트샵을 하게 됐거든요. 이렇게 다양성은 나눔과 공유의 폭을 더 넓게 해주지요."

그는 주변 사람들과 함께 농사를 짓고 그 소출을 이웃과 나누는가 하면, 또 동네 초등학교에서는 텃밭 수업을 하면서 아이들에게 농사일의 고됨과 즐거움을 전해주기도 한다.

"저번에 수업했을 때는 한 아이가 갑자기 친구한테 "우리 학교 너무 좋지?" 이렇게 말하는 거예요. "얘도 지금 하고 있잖아, 같은 반이잖아." 제가 이랬는데, 그 아이는 그냥 벅차올라서 한 말인 거죠. 텃밭 수업이 사실 몸은 고되거든요. 그런데 아이들의 그런 반응을 보면서 보람을 느끼죠."

유진 씨는 말했다. 처음에는 작은 씨앗처럼 몇몇의 사람들이 소박하게 시작하지만, 결국 나중에는 마을의 여러 사람들이 함께 그 풍요로움을 나누고 누리게 되는 것 같다고. 내가 만난 열두 명의 활동가들에게도 마을은 그런 곳이었다. 각각이 따로 또 같이 느슨하게 연결되어 일상을 살아가는 사람들. 하나의 씨앗이 자연의 흐름 속에서 농부의 땀방울을 만나 열매를 맺고 여물어가듯이, 마을 사람들 각각의 생활이 여러 활동가들의 노력 속에서 든든한 공동체를 이루며 여물어가는 마을. 그것이 농부와도 같이 성실한 그 사람들을 만나서 내가 배우게 된 우리 마을의 진면목이었다."

대천마을을 공부하다

어울림의 기쁨을 아는 열두 명의 마을 사람들 이야기

ⓒ 2022, 신아영

지은이	신아영
초판 1쇄	2022년 12월 22일
편 집	하은지
디자인	박인미
사 진	김백선
마케팅	최문섭

펴낸이	장현정
펴낸곳	㈜호밀밭
등 록	2008년 11월 12일(제338-2008-6호)
주 소	부산 수영구 연수로 357번길 17-8
전 화	051-751-8001
팩 스	0505-510-4675
이메일	homilbooks@naver.com

Published in Korea by Homilbooks Publishing Co, Busan.
Registration No. 338-2008-6.
First press export edition December, 2022.

ISBN 979-11-6826-081-8 (03090)

※ 본 사업은 부산광역시 ✚부산광역시, 부산문화재단 B.OO재단 의 2022 청년문화 육성지원 사업
을 통해 사업비를 지원받았습니다.